REDLINE WIRTSCHAFT

bei ueberreuter

Klaus Schmeh

David gegen Goliath

33 überraschende Unternehmenserfolge

REDLINE WIRTSCHAFT
bei ueberreuter

Klaus Schmeh
David gegen Goliath: 33 überraschende Unternehmenserfolge
Frankfurt/Wien: Redline Wirtschaft bei ueberreuter, 2004
ISBN 3-8323-1057-6

Unsere Web-Adressen:

http://www.redline-wirtschaft.de
http://www.redline-wirtschaft.at

Alle Rechte vorbehalten
Umschlag: INIT, Büro für Gestaltung, Bielefeld
Coverabbildung: getty images, München
Copyright © 2004 by Wirtschaftsverlag Carl Ueberreuter, Frankfurt/Wien
Satz: Redline Wirtschaft bei ueberreuter, Wien
Druck: Himmer, Augsburg
Printed in Germany

Inhalt

Einführung
Sie hatten keine Chance, doch sie nutzten sie **9**

Teil 1
David und das bessere Konzept **19**
1.   *Oetti find ich gut – Oettinger gegen die Fernsehbiere* **19**
2.   *Die Arbeitsbiene aus Waltershausen – Multicar gegen Unimog* **24**
3.   *Es kann auch zwei geben – Focus gegen Spiegel* **32**
4.   *Politisch korrekter Indianer-Tabak – Natural American*
     Spirit gegen die großen Zigarettenmarken **37**
5.   *Kein kalter Kaffee – Starbucks gegen McDonald's und Co.* **44**
6.   *Was Experten nicht für möglich hielten –*
     Schulmädchen-Report gegen anspruchsvollere Filme **50**
7.   *Das Imperium der Springmaus –*
     Diddl gegen die Sendung mit der Maus **59**
8.   *20 Irre, die Fernsehen machen wollen – VIVA gegen MTV* **64**

Schlussfolgerungen **71**

Teil 2
David und die bessere Technik **75**
9.   *Google weiß alles – Google gegen die etablierten*
     Internet-Suchmaschinen **75**
10. *Der stärkste David aller Zeiten –*
     Arnold Schwarzenegger gegen Sylvester Stallone **82**
11. *Die Retter aus der Puszta – Kürt gegen Ontrack* **88**

Schlussfolgerungen **95**

Teil 3

David und die besseren Voraussetzungen **97**

12. *Legende wird Uhr – A. Lange & Söhne gegen Patek Philippe* **97**

13. *Über Gott steht nur noch Gates – Microsoft gegen IBM* **106**

14. *Der Siegeszug des Klammeraffen – Internet-Mail gegen X.400* **112**

15. *Jungfrau und Matterhorn –*
    Jung von Matt gegen die großen deutschen Werbeagenturen **119**

16. *100 Milliarden zu null – Wireless LAN gegen UMTS* **126**

17. *Das Pinguin-Prinzip – Linux gegen Windows* **132**

18. *Rotkäppchen und der kapitalistische Wolf –*
    Rotkäppchen-Sekt gegen Henkell & Söhnlein **138**

Schlussfolgerungen **145**

Teil 4

David und die bessere Vermarktung **149**

19. *Rinderwahn in Dosen – Red Bull gegen Coca Cola und Co.* **149**

20. *Alles wird becher – Müller Milch gegen Ehrmann* **159**

21. *Freiheit und Abenteuer – Marlboro gegen Reynolds* **165**

22. *Der Reiz des Verbotenen –*
    PGP gegen andere Verschlüsselungsprogramme **170**

23. *Wie man einen Markt erregt –*
    bruno banani gegen die etablierten Unterwäscheanbieter **176**

24. *Der profitabelste Witz aller Zeiten –*
    Blair Witch Project gegen Hollywood **183**

25. *Schnell wie Dell – Dell gegen die großen Computerhersteller* **191**

Schlussfolgerungen **197**

Teil 5

David und das bessere Management **201**

26. *Amerikanischer Traum in Frankreich – AXA gegen Allianz* **201**
27. *Erich gibt Gas – Sixt gegen die etablierten Autovermietungen* **8**
28. *Das Low-Budget-Dreamteam –*
    SC Freiburg gegen die Topvereine der Bundesliga **217**
29. *In Gosheim gehen die Uhren anders –*
    Hermle Uhren gegen die Konkurrenz aus Fernost **224**
30. *Der Müllkönig – USA Waste gegen Waste Management* **230**
31. *Der Leuchtturm des Ostfußballs –*
    Hansa Rostock gegen die Topclubs aus dem Westen **236**
32. *Die Wendelin-Wende –*
    Porsche gegen die Giganten der Automobilindustrie **244**
33. *Vom Bauernhof zum Weltmarktführer – Logitech gegen Microsoft* **251**

Schlussfolgerungen **257**

Der Buchautor als David **259**
Bildnachweis **261**
Stichwortverzeichnis **262**

Einführung

Sie hatten keine Chance, doch sie nutzten sie

Die Großen fressen die Kleinen? Wer zu spät kommt, den bestraft das Leben? Nicht immer bewahrheiten sich diese scheinbar unausweichlichen Weisheiten des Wirtschaftslebens. So konnte sich schon so mancher wirtschaftliche Winzling gegenüber einem übermächtigen Branchenriesen behaupten.

Bei solchen Geschichten, in denen ein Kleiner einem Großen ein Bein stellt, fühlen sich viele an eine der bekanntesten Episoden aus der Bibel erinnert: an den Kampf zwischen David und Goliath. Wer kennt sie nicht: die Geschichte des jungen, hübschen, aber eben nicht übermäßig starken David, der mit den Israeliten in den Krieg gegen die gefürchteten Philister zieht. Deren größter und stärkster Kämpfer heißt Goliath. Ausgerechnet der kräftemäßig unterlegene David fordert den wichtigsten Philister-Krieger zum Zweikampf auf und verzichtet dabei sogar auf die für derartige Kampfhandlungen übliche Rüstung.

Das Ergebnis ist bekannt: Zur Überraschung von Freund und Feind geht David als Sieger aus dem bekanntesten Duell der Weltliteratur hervor. Er gewinnt allerdings nicht im direkten Kampf, sondern mit Hilfe eines Steins, den er Goliath mit einer Schleuder an den Kopf schießt, wonach der Getroffene tot zu Boden fällt. Mit der richtigen Strategie hat es David also geschafft, einen übermächtigen Gegner zu besiegen.

Keine Frage, die Geschichte von David und Goliath übt eine enorme Faszination aus. Anders ist es nicht zu erklären, dass ausgerechnet diese kurze Episode aus dem Alten Testament einen so großen Bekanntheitsgrad erlangt hat und fast unvermeidlich immer dann als Vergleichsstück herangezogen wird, wenn ein Außenseiter einen Favoriten herausfordert. Interessanterweise drücken wir bei solchen David-

Sie hatten keine Chance, doch sie nutzten sie   **9**

Goliath-Duellen fast immer dem David die Daumen. Ein listiger Nobody, der es wagt, gegen einen übermächtigen Konkurrenten anzutre-
ten, ist uns nun einmal sympathischer als ein Kraftprotz, der seine
unterlegenen Rivalen mit dem kleinen Finger an die Wand drückt.

Diese Sympathie für den David ist natürlich auch und gerade in der
Wirtschaft weit verbreitet. Denn obwohl die meisten von uns wirtschaftlich interessierten Menschen eine große Achtung vor Weltkonzernen und Marktführern haben, so können wir uns doch meist eine
gewisse Schadenfreude nicht verkneifen, wenn es wieder einmal
einem kleinen Herausforderer gelingt, einen mächtigen Kontrahenten
zu ärgern. Dass solche Fälle in der Wirtschaft alles andere als selten
sind, ist jedem bewusst, der die Untiefen der Ökonomie aus der Praxis kennt. Nicht immer gewinnt in der Wirtschaft derjenige, der mehr
Geld auf dem Konto oder den besseren Namen hat, und die richtige
Entscheidung zur richtigen Zeit kann manchmal mehr bewirken als
die größte Finanz- und Marktmacht.

Da solche David-Goliath-Geschichten aus der Wirtschaft auch den
Autor des vorliegenden Werks faszinieren, ist dieses Buch entstanden.
Es enthält 33 Geschichten, in denen sich ein unterlegener Herausforderer auf dem Gebiet der Betriebswirtschaft nach David-Manier
gegen übermächtige Gegner behauptet. Dabei werden allerdings
nicht nur ein paar Episoden noch einmal erzählt, die dem Leser vielleicht schon bekannt sind und die in der Wirtschaftspresse teilweise
ausführlich gewürdigt wurden. Vielmehr wollte der Autor auch und
vor allem wissen, was die Gründe für den jeweiligen David-Erfolg
waren und welche Lehren man daraus ziehen kann. Ziel war es also,
dem Leser einige Ideen zu vermitteln, mit denen er selbst in einer
David-Situation gegen einen Goliath bestehen kann.

Bei der Suche nach den Ursachen von David-Goliath-Geschichten
und möglichen Schlussfolgerungen ist der Autor tatsächlich auf einige
interessante Aspekte gestoßen. Bei der Lektüre werden Sie sehen, dass
es David-Goliath-Geschichten in praktisch allen Branchen und in den
unterschiedlichsten Variationen gibt. Doch egal, wo, wann und wie
sich einer der in diesem Buch beschriebenen Außenseiter durchgesetzt
hat, in allen Fällen gilt: Sie hatten keine Chance, doch sie nutzten sie.

Was macht einen David zum David?

Doch was genau ist in diesem Zusammenhang überhaupt unter einer David-Goliath-Geschichte zu verstehen? Beispiele dafür, dass sich ein Außenseiter gegen einen Favoriten durchgesetzt hat, gibt es sicherlich in reichlicher Fülle, doch nicht alle sind an dieser Stelle wirklich interessant. Eine genauere Festlegung ist also notwendig.

Die erste Eingrenzung für dieses Buch lautet naheliegenderweise, dass das jeweilige David-Goliath-Beispiel aus dem Bereich der Wirtschaft stammen muss. Wenn der 1. FC Magdeburg im DFB-Pokal gegen den FC Bayern München gewinnt, dann ist dies zwar ein prächtiger David-Goliath-Erfolg. Vom wirtschaftlichen Standpunkt aus gesehen handelt es sich dabei jedoch nur um eine Randepisode. Daher haben solche einmaligen David-Siege aus dem Sport und ähnliche Fälle aus dem Showgeschäft keine Aufnahme in diese Sammlung gefunden.

Ebenfalls nicht Inhalt dieses Buchs sind Fälle, in denen sich ein Unternehmen in einem Wachstumsmarkt etabliert hat und mit dem Markt gewachsen ist. Obwohl auch solche Fälle sehr interessant sein können, handelt es sich dabei nicht um David-Goliath-Geschichten im engeren Sinne – weil nämlich in diesem Fall der Goliath fehlt. Die zahllosen Geschichten von Unternehmen, die nach dem Zweiten Weltkrieg im Rahmen des Wirtschaftswunders herangereift sind, spielen daher in diesem Buch genauso wenig eine Rolle wie die unzähligen Pioniere aus der Internet- oder Biotechnologiebranche.

Das eigentliche Thema dieses Buchs sind damit also diejenigen Unternehmen und Produkte, die sich gegen einen Goliath durchgesetzt haben. Dieser Goliath kann direkt erkennbar sein: So brach etwa die Zeitschrift *Focus* die jahrzehntelange Alleinherrschaft des *Spiegels*. Der Goliath kann jedoch auch in Form eines gesättigten Markts existieren: So schaffte beispielsweise die Molkerei Alois Müller (Müller Milch) ihren 1971 begonnenen Aufstieg aus dem Nichts zum Jogurt-Marktführer in einer Zeit, als der Lebensmittelmarkt längst von mächtigen Milliardenkonzernen beherrscht wurde.

Damit steht also fest: Geschichten von meist kleinen Unternehmen,

Sie hatten keine Chance, doch sie nutzten sie

die eigentlich zu spät kamen und sich dennoch mit oft bescheidenen Mitteln im Markt etabliert haben, spielen die Hauptrolle in diesem Buch. Daneben werden noch einige andere Fälle behandelt, in denen diese Vorgabe nicht ganz passt, in denen aber dennoch ein David-Goliath-Muster erkennbar ist. Dazu gehört etwa die Geschichte der kostengünstigen Wireless-LAN-Technologie, die den neuen Mobilfunk-Standard UMTS, bei dem schon allein die europäischen Lizenzen um die 100 Milliarden Euro gekostet haben, kräftig unter Druck setzt.

In der Originalgeschichte aus der Bibel tötet David seinen Widersacher, haut ihm anschließend den Kopf ab und nimmt diesen schließlich als Trophäe mit nach Jerusalem. Dieser Extremfall, in dem der scheinbar unterlegene Angreifer seinen größten Konkurrenten komplett auslöscht, ist in der Wirtschaft selten und spielt daher in diesem Buch keine Rolle. Stattdessen gelten in diesem Zusammenhang auch etwas weniger drastische Ereignisse als David-Sieg:

David überholt Goliath: Dieser Fall ist gegeben, wenn ein ehemals deutlich kleineres Unternehmen seinen größten Konkurrenten umsatzmäßig hinter sich lässt oder wenn ein Newcomer in einem seit längerem existierenden Markt zum Marktführer wird. Ein Beispiel hierfür ist die Sektkellerei Rotkäppchen, die sowohl als Unternehmen als auch mit der bekanntesten Marke alle Konkurrenten in Deutschland überholt hat. Und das, nachdem die ehemalige DDR-Firma nach der Wende fast schon am Ende war.

David schluckt Goliath: Wenn ein kleineres Unternehmen einen großen Widersacher aufkauft, dann ist dies natürlich auch ein David-Sieg. Der französische Versicherungskonzern AXA hat dergleichen in seiner bewegten Geschichte gleich mehrfach bewerkstelligt und wird daher in diesem Buch entsprechend gewürdigt.

David ärgert Goliath: Wir wollen es nicht übertreiben, und daher haben in dieses Buch auch zahlreiche Beispiele Aufnahme gefunden, in denen der David seine Kontrahenten nicht wirklich übertrumpft, ihnen dafür aber wertvolle Marktanteile abgenommen hat. In diese

Kategorie gehört beispielsweise der Thüringer Nutzfahrzeuge-Hersteller Multicar, der sich nach der Wende gegen den großen Rivalen Unimog gut behauptet hat, ohne diesem jedoch ernsthaft die Marktführerschaft streitig zu machen.

Ein typisches Merkmal einer David-Goliath-Geschichte kommt unabhängig von der Art des Siegs immer wieder vor: Der Goliath kopiert den David und spricht ihm damit ungewollt ein großes Kompliment aus. Eines von vielen Beispielen dafür ist der Musiksender MTV, der seine unangefochtene Marktführerschaft in Deutschland an den Newcomer VIVA verlor – und sie anschließend wieder zurückeroberte, indem er nach VIVA-Vorbild deutschsprachige Inhalte ins Programm nahm.

Wie kann ein David gewinnen?

Die Geschichten dieses Buchs zeigen eindrucksvoll, dass es in der Wirtschaft immer eine Chance gibt. Auch auf einem gesättigten Markt ist noch Wachstum möglich, und kein noch so übermächtiger Gegner ist unschlagbar. Die alles entscheidende Frage lautet jedoch, wie so etwas funktioniert. Wie kann ein Manager, der sich mit seinem Unternehmen selbst in der Rolle eines Davids befindet, seine Rivalen besiegen?

Natürlich gibt es keine einfache Antwort. Die Gründe für David-Siege sind nun einmal zwangsläufig vielfältig, und oft genug kommen mehrere Erklärungen in einem Fall zusammen. Deutlich einfacher ist dagegen die Frage zu beantworten, welche Faktoren im Einzelfall den Erfolg gebracht haben.

Das bessere Konzept: Oftmals ist es die etwas andere Gestaltung eines Produkts oder einer Dienstleistung, die einem Unternehmen Vorteile im Kampf gegen einen übermächtigen Gegner bringt. Die billig produzierte, aber enorm erfolgreiche Sexfilmreihe „Schulmädchen-Report" ist ein Beispiel dafür.

Sie hatten keine Chance, doch sie nutzten sie

Die bessere Technik: Manchmal sind es auch technische Innovationen oder das bessere Know-how, die einem David den Sieg bringen. Die ungarische Datenrettungsfirma Kürt ist ein solcher Fall. Diese schaffte durch ihr zu Zeiten der sozialistischen Mangelwirtschaft notgedrungen angehäuftes Spezialwissen den Aufstieg.

Die besseren Voraussetzungen: Es gibt Fälle, in denen auch ein kleiner Herausforderer spezielle Vorteile gegenüber der übermächtigen Konkurrenz hat und diese nutzt. Das kostenlose Betriebssystem Linux beispielsweise hat gegenüber allen kommerziell angebotenen Konkurrenten den unbestreitbaren Vorteil, dass es nichts kostet.

Die bessere Vermarktung: Dass für den Erfolg eines Produkts die richtige Vermarktung meist entscheidender ist als dessen Qualität, ist nichts Neues. Viele kleinere Anbieter haben diese Erkenntnis im Kampf gegen starke Konkurrenten genutzt. So auch der Tabakkonzern Philip Morris, der mit einer geschickten Werbekampagne die Zigarettenmarke Marlboro aus dem Nichts zum Marktführer machte.

Das bessere Management: Oftmals sind es von außen kaum sichtbare Management-Entscheidungen, die zum David-Erfolg führen. So kann beispielsweise Porsche als kleinster unabhängiger Autobauer gleichzeitig die größten Profite einfahren, weil der Vorstandsvorsitzende Wendelin Wiedeking seit Jahren mit glücklicher Hand agiert.

Wenn es bei den Erfolgsgeschichten außer dem jeweils wichtigsten Erfolgsfaktor noch weitere gibt – und das ist die Regel –, dann werden diese ebenfalls am Ende des jeweiligen Kapitels genannt. Und welche Erkenntnisse kann man aus den unterschiedlichen Erfolgsfaktoren ziehen? Dieser Frage wird in den Kapiteln „Schlussfolgerungen" nachgegangen, die jeweils am Ende der fünf Teile des Buchs stehen.

Gibt es übergeordnete Erfolgsfaktoren?

Als nächste Frage stellt sich nun, ob es angesichts dieser fünf Erfolgselemente auch übergeordnete Faktoren gibt, die einen David-Goliath-Erfolg begünstigen. Gehört vielleicht der Standort dazu? Auffällig ist jedenfalls, dass viele der in diesem Buch behandelten David-Unternehmen ihren Sitz nicht in Weltstädten, sondern in kleinen Provinzgemeinden wie Aretsried oder Waltershausen haben. Daraus jedoch einen Erfolgsfaktor abzuleiten erscheint dem Autor übertrieben. Schon eher ist denkbar, dass kleine Unternehmen generell – unabhängig davon, ob sie erfolgreich sind oder nicht – häufiger ihren Sitz abseits der großen Zentren haben als große Konzerne. Doch unabhängig von diesem Aspekt kann an dieser Stelle etwas Geographie nicht schaden. Um dem Leser das Nachschlagen im Atlas zu ersparen, enthält das erste Bild in diesem Buch eine Karte, auf der die oftmals kaum bekannten Standorte der in diesem Buch erwähnten Herausforderer aufgeführt sind. Da auch einige ausländische Fälle zur Sprache kommen, ist die Karte allerdings nicht vollständig.

Auf dieser Karte sind einige der in diesem Buch beschriebenen Unternehmen mit ihren Standorten eingetragen. Wie man sieht, nahmen viele David-Erfolge in der Provinz ihren Ursprung.

Sie hatten keine Chance, doch sie nutzten sie

Doch zurück zu den übergeordneten Erfolgsfaktoren für David-Siege, die es natürlich tatsächlich gibt. Als erster und wichtigster davon ist dabei das Glück zu nennen. Selbst mit dem besten Konzept, der geschicktesten Vermarktung und den günstigsten Voraussetzungen geht nun einmal nichts ohne ein gewisses Maß an Glück. So ist es zum Beispiel äußerst hilfreich, wenn der Goliath – oft aus Überheblichkeit – im Kampf gegen David Fehler macht. Besonders deutlich wird dies im Fall von IBM, das durch eine nachlässige Vertragsgestaltung Microsoft den Aufstieg zum Weltkonzern ermöglichte.

Gibt es außer glücklichen Umständen noch einen anderen Erfolgsfaktor, der in fast allen David-Goliath-Geschichten eine Rolle spielt? Ja, es gibt ihn, und zwar ist dies der Mensch. Nahezu alle Erfolgsgeschichten in diesem Buch sind untrennbar mit einem Menschen (manchmal auch mit mehreren) verbunden, der für seine Idee lebt und sie über Jahre oder Jahrzehnte hinweg nach vorne gebracht hat. So ist der Erfolg von Sixt ohne Erich Sixt genauso wenig denkbar wie Starbucks ohne Howard Schultz, *Focus* ohne Helmut Markwort, Red Bull ohne Dietrich Mateschitz, AXA ohne Claude Bébéar, der SC Freiburg ohne Achim Stocker und Volker Finke oder Microsoft ohne Bill Gates. Damit bestätigt sich auch im David-Goliath-Bereich, was Wirtschaftsexperten, Kreditinstituten und Risikokapitalgebern längst bekannt ist: Entscheidend ist der Mensch.

Interessanterweise kann jedoch auch die Persönlichkeit eines erfolgreichen David-Managers äußerst unterschiedlich ausgeprägt sein. Am besten ins Klischee des Davids vom Dienst passt natürlich ein optimistischer Charismatiker wie Michael Dell (Dell Computers), der einen unverbesserlichen Enthusiasmus ausstrahlt und Parolen wie „Es macht Freude, Dinge zu tun, die andere für unmöglich halten" von sich gibt. Doch es gibt auch den Gegenentwurf: So betont Volker Finke vom SC Freiburg, dass es nie selbstverständlich sein wird, dass sein Verein in der Bundesliga spielt. Sein Präsident Achim Stocker freute sich beim Bundesligaaufstieg vor allem darüber, dass er nun mindestens eine Saison lang nicht mit dem Abstieg in die Drittklassigkeit konfrontiert sein würde.

Doch eines haben Dell, Finke, Stocker und alle anderen erfolgreichen Unternehmer, die in diesem Buch eine Rolle spielen, gemein: Sie sind Perfektionisten und arbeiten seit langen Jahren hart für die Nutzung einer Chance, die sie eigentlich gar nicht hatten. Ohne ein solches langjähriges Engagement geht es offensichtlich nicht.

Elhanan gegen Goliath

Bevor es losgeht, blicken wir noch einmal auf das Original-Duell zwischen David und Goliath, das sich bekanntlich in der Bibel findet, genauer gesagt im ersten Buch Samuel. Erstaunlicherweise wird im zweiten Buch Samuel, also im darauf folgenden Kapitel, ein weiterer Sieg gegen Goliath beschrieben, wobei der Herausforderer dieses Mal jedoch nicht David, sondern Elhanan heißt. Diesem Elhanan wird zudem an einer weiteren Stelle der Bibel ein Sieg gegen Goliaths Bruder, der seinem Familienangehörigen äußerst ähnlich gewesen sein muss, zugeschrieben.

„Gab es zwei Goliats und wer erschlug sie, David oder Elhanan?", fragt angesichts solcher Unstimmigkeiten Manfred Barthel in seinem empfehlenswerten Buch „Was wirklich in der Bibel steht". Er liefert auch die Antwort: „Für Bibelwissenschaftler liegt der Fall klar: David hat Goliat nicht geschlagen! Ein anderer hat es getan. Erst als David durch seine Kriegstaten berühmt geworden war, haben die Chronisten ihm auch den Zweikampf mit dem Philister Goliat angedichtet."

An die Stelle des berühmten David müsste also eigentlich ein gewisser Elhanan treten und als Pate für alle Außenseiter und Unterschätzten dieser Welt dienen! (Und das Buch, das Sie gerade in den Händen halten, hätte dann ebenfalls einen anderen Namen: „Elhanan gegen Goliath".)

Literatur

Manfred Barthel: *Was wirklich in der Bibel steht.* Econ, München 2001, S. 183 ff

Sie hatten keine Chance, doch sie nutzten sie

Teil 1

David und das bessere Konzept

Wenn sich ein David in der Wirtschaft gegen einen übermächtigen Goliath durchsetzt, dann liegt das oft daran, dass der erfolgreiche Herausforderer sein Angebot etwas anders gestaltet hat. Mit anderen Worten: Entscheidend für den Erfolg ist in vielen Fällen das Konzept, das einer Ware oder einer Dienstleistung zugrunde liegt. Oftmals hat der erfolgreiche David einfach nur den Geschmack des Kunden besser getroffen als der große Widersacher oder er hat seinen Bedarf besser erkannt. Es ist erstaunlich, wie manchmal schon ein kleiner Unterschied im Konzept eine große Auswirkung auf den wirtschaftlichen Erfolg haben kann. Die folgenden acht ausführlich geschilderten Fälle und die im Anschluss daran aufgeführten weiteren Beispiele belegen dies.

1 Oetti find ich gut – Oettinger gegen die Fernsehbiere

Pia Kollmar ist Marketing-Leiterin. In einem Unternehmen mit über 900 Mitarbeitern müsste sie eigentlich einer ganzen Abteilung vorstehen, die sich um Werbekampagnen, PR-Aktionen und Sponsoring kümmert. Nicht so jedoch im bayerischen Oettingen bei der nach dem Heimatort benannten Brauerei. Das Unternehmen aus der Kleinstadt bei Augsburg macht nämlich so gut wie kein Marketing, und daher existiert auch keine Abteilung für diesen Bereich. Pia Kollmar, die Tochter des Inhabers Günther Kollmar, kümmert sich daher auch nur in Teilzeit um die Marketingleitung der Oettinger-Brauerei. Ihr Motto: „Das ganze Marketing-Getue nervt die Leute sowieso nur."

Der Erfolg gibt den Oettingern Recht: Der Familienbetrieb aus der süddeutschen Provinz hat sich nahezu unbemerkt von der Öffentlich-

Oettinger gegen die Fernsehbiere

19

keit zu Deutschlands viertgrößter Brauerei gemausert – ganz ohne Fernsehwerbung, Formel-1-Engagement und Fußball-Sponsoring. Über vier Millionen Hektoliter Bier produzierte die Oettingerbrauerei 2002 in mittlerweile fünf strategisch gut verteilten Produktionsstätten. Die vorläufig letzte davon erwarb das Unternehmen in Form der Mönchengladbacher Traditionsbrauerei Hannen. Die jährlichen Wachstumsraten lagen zuletzt immer um die 20 Prozent.

Dabei scheinen die Vorzeichen für einen solchen Erfolg derzeit denkbar schlecht. Die deutsche Bierbranche steckt seit Jahren in einer tiefen Strukturkrise, die Wachstum zur seltenen Ausnahme macht. Zwei Ursachen wirken dabei auf verhängnisvolle Weise zusammen: Zum einen sinkt der Bierkonsum in Deutschland langsam, aber anscheinend unaufhörlich. So ließ der Bierdurst der Deutschen zwischen 1997 und 2002 um 7,5 Prozent nach, was nicht zuletzt der steigenden Popularität anderer alkoholischer Getränke zu verdanken ist. Zum anderen ist die Anzahl der in Deutschland ansässigen Brauereien für einen gesunden Markt viel zu hoch. Trotz einer spürbaren Marktbereinigung in den letzten Jahren buhlen immer noch mehrere Hundert Brauunternehmen um die Gunst der deutschen Biertrinker – als Folge davon hat sich der Bierpreis in Deutschland in den letzten Jahren deutlich schwächer entwickelt als die Inflationsrate. In anderen Sparten der Lebensmittelbranche bedient oft kaum mehr als ein Dutzend Anbieter den gesamten Markt. Angesichts eines solchen Überangebots prophezeien Experten auch für die kommenden Jahre ein anhaltendes Brauereisterben. Nur für etwa ein halbes Dutzend Großbrauereien soll demgemäß in Deutschland langfristig Platz sein. Da Werberiesen wie Interbrew (Beck's) und Krombacher bisher den Markt am besten in den Griff bekommen haben, geben Branchenkenner diesen so genannten „Fernsehbieren" die besten Chancen im Verdrängungswettbewerb. Die momentane Devise auf dem schwierigen deutschen Biermarkt lautet daher: Wer nicht wirbt, der stirbt.

Doch wie um alles in der Welt ist dann der gigantische Erfolg des Werbeverweigerers Oettinger zu erklären? Einen ersten Hinweis darauf erhält, wer im Supermarkt auf die Preisschilder schaut. Wer Oettinger noch nicht kennt, muss meist ungläubig ein zweites Mal hinschauen, denn der Oettinger-Kasten kostet meist nicht einmal 6 Euro. Billiger geht es wirklich nicht. Zum Vergleich: Für die Konkurrenz von Warsteiner, Licher und Co. muss der Bierliebhaber um die 11 Euro auf den Tisch legen. Dass derartige Kampfpreise den Absatz fördern, ist klar, zumal sich inzwischen herumgesprochen hat, dass das Bier aus dem bayerischen Familienbetrieb einen Geschmacksvergleich mit den teureren Mitbewerbern nicht scheuen muss. Weniger klar ist jedoch, wie Oettinger angesichts der konsequenten Niedrigpreisstrategie so prächtig gedeihen kann.

In der Tat haben sich die Oettinger-Manager um Günther Kollmar so einiges einfallen lassen, um ihre Preise am Boden zu halten. Der konsequente Verzicht auf Werbung fällt dabei am meisten auf. Außer einer Web-Seite und ein paar Prospekten kann das Unternehmen als Mittel zur Selbstdarstellung nur die verkauften Produkte vorweisen. So hat auch bisher weder ein Fußballtrikot noch ein Formel-1-Rennwagen den Oettinger-Schriftzug gesehen. Die Oettinger-Flaschen

Mit einer eigenwilligen Strategie machte Günther Kollmar die einstmals kleine Oettinger-Brauerei zur viertgrößten in Deutschland. Das Unternehmen verzichtet auf Werbung und bietet sein Bier zu äußerst günstigen Preisen an.

Oettinger gegen die Fernsehbiere

selbst verbreiten ebenfalls wenig Glamour: Die Brauerei verzichtet auf eine Hochglanzbedruckung des Etiketts und lässt die Kronkorken unbedruckt. Was nichts nützt, wird eingespart, lautet die Devise.

Doch Marketingminimalist Kollmar hat noch weitere Gründe dafür parat, warum er alle anderen unterbietet. Eine effektive Organisation und motivierte Mitarbeiter, die er über Tarif bezahlt, gehören dazu. Und die Technik: Als „hocheffizient" preist Kollmar seine Produktionsanlagen; nicht nur die Dosenabfüllanlage gehört zu den modernsten Europas. Dafür hat der Oettinger-Chef schon so manche Million investiert und dabei offensichtlich eine glückliche Hand bewiesen.

Der größte Kostenkiller der Oettinger Erfolgsbrauerei liegt jedoch offenbar im Vertrieb. Während andere Bierproduzenten für ihre Ware meist unterschiedliche Absatzwege anstreben, beliefert Oettinger ausschließlich Supermärkte wie Rewe, Lidl und Plus. Diese Spezialisierung hat es Kollmar ermöglicht, den Vertrieb komplett selbst zu übernehmen und dabei auf Zwischenhändler zu verzichten. So fahren inzwischen über 100 Oettinger-Lastwagen über die Lande, um den Gerstensaft von den fünf Produktionsstätten direkt an den Einzelhandel zu liefern. Dieser kann ohne die Aufschläge des Zwischenhandels kalkulieren und das Bier damit konkurrenzlos billig anbieten.

Es ist schon seltsam. Da liefern sich Hunderte von Brauereien mit teilweise exorbitanten Werbebudgets einen erbitterten Wettkampf in einem schrumpfenden Markt, während ein Newcomer scheinbar mühelos den Ausstoß in ständig neue Rekordhöhen treibt. Und das mit einem entwaffnend einfachen Konzept: Bier in hoher Qualität auf möglichst einfache Weise zu einem niedrigen Preis verkaufen und dabei auf jeglichen Schnickschnack verzichten. Doch was sich nach einer perfekt geplanten Strategie anhört, wurde – wie so viele andere Erfolgsstrategien – aus der Not geboren. In den Fünfzigerjahren lag das Unternehmen am Boden, nachdem es zwei Jahrzehnte zuvor in eine Genossenschaft umgewandelt worden war, die jedoch nicht so recht funktionieren wollte. So ergab sich zwar für Kollmars Vater die Gelegenheit, die wenig attraktive Braustätte aufzukaufen. Einfach sollten dieser und sein Sohn es damit jedoch nicht haben. Kollmar

David und das bessere Konzept

war im nur sieben Kilometer entfernten Fürnheim aufgewachsen, wo seine Eltern eine kleine Hausbrauerei betrieben, die kaum mehr als den Bedarf des eigenen Gasthauses deckte. Oettingen lag zwar nicht weit von Kollmars Elternhaus entfernt, doch dazwischen verlief die Grenze zwischen Franken und Schwaben. Dadurch hatte Kollmar es doppelt schwer: Einerseits akzeptierten ihn die Oettinger Gastwirte nicht so recht, und andererseits fehlte ihm für den Aufbau eines schlagkräftigen Gaststättenvertriebs das Geld.

So machte Kollmar aus der Not eine Tugend. Er verkaufte sein Bier von Anfang an an den Einzelhandel, der seinerzeit noch durch Läden der Tante-Emma-Philosophie geprägt war. Dieses Konzept erwies sich als Glücksfall, denn als in den Sechziger- und Siebzigerjahren moderne Supermärkte die klassischen Läden an der Ecke immer mehr verdrängten, boten sich für Oettinger hervorragende Absatzmöglichkeiten. Etwa um das Jahr 1972 – genauer ist der Zeitpunkt nicht mehr auszumachen – entstand dann die heute noch gültige Geschäftsstrategie. Nachdem das Unternehmen mit ersten Werbemaßnahmen kein großes Glück gehabt hatte, strich man dieses Thema wieder aus dem Konzept und konzentrierte sich auf das Wesentliche, und das war nun einmal das Bier. Nach stetigem Wachstum gelang Oettinger 1999 der Sprung auf Platz 4 der größten deutschen Brauereien und damit endgültig der Aufstieg in den deutschen Bieradel.

Kein Wunder, dass die *Wirtschaftswoche* Oettinger nun als „Bier-ALDI" bezeichnete. Das Konzept der Brauerei erinnert in der Tat an den erfolgreichen Lebensmittel-Discounter, der ebenfalls auf Einfachheit und den Verzicht auf Werbung setzt. Wie bei ALDI, so beschränkt sich auch bei Oettinger die Kundschaft keineswegs auf arme Schlucker, die sich nichts anderes leisten können. „Vom Punker bis zum Akademiker" sieht Pia Kollmar ihre Zielgruppe, wobei gerade Letztere für die enormen Steigerungsraten der letzten Jahre verantwortlich sind. Längst macht sich um Oettinger zudem ein ALDI-ähnlicher Kult breit, dessen Anhänger den Kosenamen „Oetti" kreiert haben. „Oetti find ich gut", sagen erste improvisierte Fanclubs, die mit Oetti-Festen und dem Spiel „Fang den Oetti" die Arbeit aufgenommen haben. Gegen den ALDI-Vergleich hat Kollmar übrigens

Oettinger gegen die Fernsehbiere

nichts einzuwenden, er sieht ihn sogar als Kompliment. Eine Abneigung hat Kollmar lediglich gegenüber der Bezeichnung „Billigbier", die manchmal von Wettbewerbern verwendet wird. Er selbst bevorzugt daher eine andere Formulierung: „Das Preis-Leistungs-Verhältnis stimmt."

Erfolgsfaktoren

Das bessere Konzept Oettinger setzt auf hochwertiges Bier, das zu einem extrem günstigen Preis verkauft wird. Dafür verzichtet das Unternehmen auf Werbung.

Die bessere Vermarktung Das Vertriebskonzept von Oettinger ist sehr effektiv: Es wird nur der Einzelhandel beliefert, und das in direkter Form mit einer eigenen LKW-Flotte. Der Zwischenhandel wird übergangen.

Literatur
Anonym: „Der steile Aufstieg zum Aldi der Bier-Branche". *Wirtschaftswoche* 21/2003

Internet
www.oettinger-bier.de

2 Die Arbeitsbiene aus Waltershausen – Multicar gegen Unimog

Wer kennt ihn nicht, den Unimog, das bullige Nutzfahrzeug aus dem DaimlerChrysler-Konzern, das sich von unwegsamem Gelände genauso wenig schrecken lässt wie von verschneiten Straßen? Das „Universale Motor-Gerät", das inzwischen in Wörth bei Karlsruhe gefertigt wird, verkörpert ziemlich viele deutsche Tugenden auf einmal:

Zuverlässigkeit, Stärke, Vielseitigkeit, Schnörkellosigkeit. So wie den Unimog stellt man sich deutsche Wertarbeit vor.

Doch ausgerechnet gegen den Unimog, diesen Inbegriff zuverlässiger Nutzfahrzeugtechnologie, trat Anfang der Neunzigerjahre die ostdeutsche Firma Multicar Spezialfahrzeuge an und versuchte mit der Weiterentwicklung ehemaliger DDR-Technik, dem übermächtigen Konkurrenten aus dem Westen Marktanteile abzujagen. Der Vergleich mit David und Goliath drängte sich dabei nicht allein durch die Marktposition auf. Vielmehr erweckte schon allein das Aussehen der schmächtigen Multicar-Modelle den Eindruck, sie ständen gegenüber den bewährten Unimogs auf verlorenem Posten. Diese optische Komponente stempelte den Multicar zum Trabi unter den Nutzfahrzeugen ab und ließ kaum vermuten, dass er gegen den Kraftprotz mit dem Mercedes-Stern eine reelle Chance hätte. Wer jedoch dachte, der Multicar werde als Unimog für Arme einen schnellen Tod sterben, sah sich später getäuscht. Auch eineinhalb Jahrzehnte nach Ende des sozialistischen Einheitsfahrzeugbaus können sich die motorisierten Arbeitsbienen aus dem Osten erfolgreich gegen ihren wichtigsten Konkurrenten behaupten.

Der Multicar ist ein Multitalent. Die wendigen Kleinlaster aus Thüringen wildern erfolgreich im Revier des Rivalen Unimog.

Multicar gegen Unimog

Die Geschichte von Multicar beginnt im Jahr 1920. Damals gründete der Ingenieur Arthur Ade im thüringischen Waltershausen ein nach ihm benanntes Unternehmen, das unter dem Namen „Ade-Werke" firmierte. Die Ade-Werke stellten Anhänger sowie Anhängerkupplungen her und trugen mit ihrem gut laufenden Geschäft dazu bei, dass sich Thüringen vor dem Zweiten Weltkrieg zu einer Hochburg der deutschen Autoindustrie und deren Zulieferer entwickelte. Nach dem Krieg, in dem die Ade-Werke für die Rüstung fertigten, wurde das Unternehmen unter dem Namen „Gerätebau Waltershausen" neu eröffnet, hatte jedoch zunächst einmal unter den sowjetischen Demontagen zu leiden. 1948 erhielt die inzwischen auch im Bau landwirtschaftlicher Geräte aktive Firma den DDR-typischen Namen „VEB Fahrzeugbau Waltershausen" (VEB stand für „Volkseigener Betrieb") und steuerte damit auf vier Jahrzehnte in der sozialistischen Planwirtschaft zu.

Eine Vereinbarung unter den kommunistischen Staaten sah damals vor, dass Elektrofahrzeuge – für diese ergab sich in den Fünfzigerjahren eine steigende Nachfrage – in Bulgarien produziert werden sollten. Da man dort mit der Lieferung allerdings nicht nachkam, sprang die DDR ein. Die Herstellung von Elektrofahrzeugen in Ostdeutschland hätte jedoch gegen die besagte Absprache verstoßen, weshalb man dem nun entstehenden Fahrzeugtyp kurzerhand einen Dieselmotor verordnete. 1956 begann die Produktion des „Dieselkarren DK 3" genannten Gefährts in Ludwigsfelde bei Berlin, wurde jedoch 1958 nach Waltershausen in den VEB Fahrzeugbau verlegt. Der Dieselkarren hieß nun kurze Zeit „Diesel-Ameise", durfte den Namen jedoch nicht behalten, da er bereits geschützt war. In einem Ideenwettbewerb, der innerhalb der Belegschaft des Betriebs durchgeführt wurde, setzte sich schließlich der Vorschlag „Multicar" durch, auch wenn dieser Anglizismus bei den SED-Genossen zunächst auf wenig Gegenliebe stieß. Da das Unternehmen jedoch bereits zu diesem Zeitpunkt Kunden im Westen belieferte, sah man auch in Parteikreisen ein, dass ein international verständlicher Name durchaus seine Vorteile hatte.

In den folgenden Jahrzehnten bewährte sich der Multicar als Allzweckwaffe für den Bau, die Landwirtschaft, kommunale Aufgaben und einiges mehr, wobei etwa die Hälfte der Lieferungen ins Ausland ging. Der Großteil des Exports betraf zwar die Ostblockstaaten, doch auch im Westen konnte sich Multicar einen bescheidenen Kundenstamm erarbeiten. 1.200 Mitarbeiter sorgten dafür, dass pro Jahr etwa 9.000 Multicars vom Band liefen. Während sich die DDR-Regierung vom Automobilbau keine größeren Impulse für den Aufbau des Sozialismus versprach und diesen Industriezweig daher vernachlässigte, genoss der Multicar als Nutzfahrzeug und Devisenbringer eine deutlich höhere Priorität. Die Multitalente aus Waltershausen wurden daher bereits zu DDR-Zeiten mehrfach weiterentwickelt, wodurch der Rückstand zu den Fahrzeugen marktwirtschaftlicher Produktion bis zum Zeitpunkt der Wiedervereinigung auf einem erträglichen Niveau blieb. Anders als etwa beim Trabant, dessen Technik nach 1990 nur noch historisches Interesse erweckte.

Die zumindest im Ansatz vorhandene Konkurrenzfähigkeit war es dann auch, die dafür sorgte, dass dem Multicar von allen in diesem Buch vorgestellten Ostprodukten der schnellste Start in die Marktwirtschaft gelang. Nachdem der ehemalige volkseigene Betrieb 1990 in Multicar Spezialfahrzeuge Waltershausen umbenannt und von der Deutschen Treuhand übernommen worden war, erfolgte bereits 1991 die Privatisierung. In einem so kurz nach der Wende noch ungewöhnlichen Schritt übernahm nicht etwa ein westdeutsches Großunternehmen den Waltershauser Fahrzeugbauer, sondern im Rahmen eines Management-Buy-outs die beiden langjährigen Multicar-Angestellten Manfred Windus und Walter Botschatzki. An der Finanzierung beteiligte sich außerdem eine Tochter der Deutschen Dank. Daimler-Benz und einige andere Technologieunternehmen hatten zuvor abgewinkt.

Windus und Botschatzki hatten zu diesem Zeitpunkt bereits einen plausiblen Sanierungsplan ausgearbeitet. Zuerst nahmen sie Kontakt mit Automobilzulieferern im Westen auf und berieten mit diesen über mögliche Verbesserungen. Als größte Schwachstelle machten sie die Motoren ihrer Nutzfahrzeuge aus, deren Technik auf dem Stand von 1936 stehen geblieben war. Dies machte sich beispielsweise in einem

Multicar gegen Unimog

Verbrauch von 20 Litern Diesel auf 100 Kilometern und katastrophalen Abgaswerten bemerkbar. Mit einem von Volkswagen gelieferten Motor, Hydraulik von Mannesmann-Rexroth und einigen anderen Verbesserungen konnte sich Multicar Spezialfahrzeuge bereits 1991 auf der Hannover-Messe mit einem konkurrenzfähigen Produkt präsentieren. Andere Ost-Erfolgsgeschichten wie Rotkäppchen, bruno banani und Glashütte schlummerten zu diesem Zeitpunkt noch im Nachwendeschlaf.

Auch beim Thema Vertrieb – zweifellos eine der größten Herausforderungen für jeden Newcomer – hatte Multicar für ein Ostunternehmen gute Voraussetzungen. Abgesehen davon, dass das Produkt bereits Abnehmer im Westen hatte, konnten Windus und Botschatzki auf die 110 Vertragswerkstätten, die zu DDR-Zeiten eingerichtet worden waren, zurückgreifen. Die beiden Manager wählten die 35 am besten geeigneten davon aus und nutzten sie für den flächendeckenden Verkauf ihrer Fahrzeuge im Osten der Republik. Damit hatte Multicar in den neuen Bundesländern schon einmal ein konkurrenzfähiges Vertriebsnetz, auch wenn die Unternehmensleitung einiges an Überzeugungsarbeit leisten musste. Auch im Osten wollte man nämlich zu dieser Zeit nicht viel von Technik mit DDR-Vergangenheit wissen.

Trotz der schnellen Umstellung auf die Anforderungen der Marktwirtschaft waren zu diesem Zeitpunkt noch längst nicht alle Skeptiker überzeugt. Zu offensichtlich war, dass der Newcomer aus dem Osten im Revier des Unimogs zu wildern versuchte, was nach einem reichlich ungleichen Kampf aussah. Zwar war der Multicar deutlich billiger zu haben als ein Modell des großen Konkurrenten, doch welche Kommune oder welcher Unternehmer würde dem scheinbaren Schwächling aus der Konkursmasse des Sozialismus deswegen den Vorzug geben? Dass die kompakte Größe des Multicars auch ein Vorteil sein konnte, ahnten zu diesem Zeitpunkt die wenigsten. „Wenn es dafür einen Bedarf gäbe, hätte es die deutsche Automobilindustrie, an deren Leistungsfähigkeit doch wohl niemand zweifeln würde, längst erfunden", zitierte die *Neue Zürcher Zeitung* einen Unternehmensberater. Irren ist nun einmal menschlich.

Schon bald jedoch zeigte sich, dass es für den Multicar sehr wohl einen Bedarf gab. Vor allem Kommunen in der ehemaligen DDR orderten die Nutzfahrzeuge aus Waltershausen – zum einen weil sie diese aus DDR-Zeiten noch kannten und schätzten, zum anderen weil ein Multicar einfach weniger kostete als ein Unimog. Es zeigte sich zudem, dass der kleinere Multicar gegenüber dem Konkurrenten mit dem Mercedesstern rein praktische Vorteile hatte. Wenn es um das Räumen von Schnee, das Rasenmähen oder Heckenschneiden ging, erwies sich die schmale und wendige Gestalt der Waltershausener Arbeitsbiene oft als passender als das bulligere Unimog-Design. Je weniger Platz vorhanden war, desto mehr konnte der Multicar seine Vorteile ausspielen. Mit dem Konzept des kleinen Allzweckfahrzeugs für wenig Geld steuerte das thüringische Unternehmen zielsicher auf die Erfolgsspur. „Die Multicar steht als ein grundsolides Unternehmen da, dessen Tendenz verhaltenen Optimismus rechtfertigt", schrieb das *Handelsblatt* 1995.

Natürlich konnte die Multicar Spezialfahrzeuge GmbH mit ihren nicht einmal 100 Millionen Mark Jahresumsatz dem großen Konkurrenten Unimog nicht wirklich das Wasser reichen. Zumal 70 Prozent der Minilaster aus Waltershausen weiterhin in den Osten der Republik geliefert wurden, während das Geschäft außerhalb der Heimat nur bescheidenen Charakter hatte. Dennoch ergab sich Mitte der Neunzigerjahre eine kuriose Situation: Während Multicar im Jubiläumsjahr 1995 erstmals schwarze Zahlen verkündete, rutschte Unimog in die Verlustzone.

An der Absatzkrise von Unimog war zwar weniger die neue Konkurrenz aus dem Osten als die geänderte Lage der Weltpolitik schuld, die Rüstungsaufträge zurückgehen ließ. Dennoch suchte das Unimog-Management zur Bewältigung die Konfrontation mit Multicar und machte dem Waltershausener Unternehmen das bekanntermaßen größte Kompliment, das ein Goliath einem David machen kann: Es kopierte den Newcomer. In der Tat zeigte das 1996 eingeführte Unimog-Modell UX 100 – es war kleiner als alle anderen – eine verblüffende Ähnlichkeit mit dem Multicar und sollte diesem Kunden abjagen. Doch die Neuentwicklung erwies sich als defizitär und wurde

Multicar gegen Unimog

schließlich 1998 von Multicar Spezialfahrzeuge aufgekauft. Im gleichen Jahr übernahm das Unternehmen mit dem TREMO des Baumaschinenherstellers Kramer aus Überlingen am Bodensee ein weiteres Konkurrenzmodell. Der David Multicar schaffte sich damit wichtige Gegenspieler aus dem Weg und etablierte sich als Marktführer im Bereich der kompakten Transporter und Geräteträger.

Seitdem 1998 die Hako-Gruppe, Spezialist für die Pflege von Betrieben, Gebäuden und Grundstücken, die Mehrheit an Multicar Spezialfahrzeuge übernommen hat, hat das Unternehmen zwar seine Unabhängigkeit verloren, der Stabilität und Planungssicherheit des einzigen überlebenden Fahrzeugherstellers Ost kann dies jedoch nur nutzen. So fertigen heute etwa 250 Mitarbeiter, die sich über sichere Arbeitsplätze freuen können, pro Jahr um die 1.500 Multicars. Das kleinste Modell im Multicar-Portfolio ist der TREMO 601 mit einer Breite von 1,34 Metern und einem 85-PS-Motor. Der etwas breitere (1,59 Meter) M26 bringt es auf 90 PS, während das neueste und größte Modell im Stall – der FUMO – bei 1,62 Metern Breite 105 PS aufbietet. Das von Unimog aufgekaufte Modell wird nicht mehr produziert. Ab 25.000 Euro ist ein Multicar zu haben.

Zum Erfolg von Multicar hat sicherlich beigetragen, dass die kleinen Fahrzeuge wahre Alleskönner sind. Multicars gibt es als Kühltransporter, Schneepflüge, Dreiseitenkipper, Kehrmaschinen, Flugfeldschlepper und vieles mehr. Etwa 130 An-, Über- und Vorbauten von der Hebebühne bis zum Kühlsystem lassen kaum einen Anwendungswunsch offen. Weitere Zusatzausstattungen sind ein Allradantrieb, eine Klimaanlage für extreme Witterungsbedingungen, Motoren mit konstantem Langsamlauf und vergrößerte Fahrerkabinen für zusätzliche Insassen. Natürlich werden auch Sonderwünsche erfüllt. Angesichts der zahlreichen Variationsmöglichkeiten ist fast jeder Multicar ein Unikat, weshalb man in Waltershausen auch nur auf Bestellung fertigt.

Die wichtigste Zielgruppe sind nach wie vor Kommunen, kommunale Dienstleister, der Baubereich und inzwischen auch Flughäfen. 50 Prozent der Produktion gehen heute in die neuen Bundesländer, während der Westen Deutschlands nach einem deutlichen Anstieg in den letzten Jahren immerhin schon 30 Prozent ausmacht. Die verbleibenden 20 Prozent werden in diverse Staaten von Vietnam über Polen bis Portugal exportiert. Nach eigenen Angaben tut sich das Unternehmen schwer, Marktanteile für die eigenen Produkte zu berechnen, da eine sinnvolle Unterteilung des Markts aufgrund der vielfältigen Nutzungsszenarien schwierig ist.

Trotz der geringen Fertigungstiefe von etwa 25 Prozent – es werden also viele Komponenten zugekauft – investiert Multicar vergleichsweise viel in Forschung und Entwicklung. Neben der traditionsbedingten Popularität im Osten und der geschickten Positionierung als kleine Alternative zum Unimog gehört dies möglicherweise zu den Erfolgsrezepten von Multicar Spezialfahrzeuge. Vielleicht ist ja auch die Ameise ein Erfolgsfaktor, die dem Unternehmen in Anknüpfung an die Diesel-Ameise-Tradition aus den Fünfzigerjahren inzwischen als Maskottchen dient. Im Hightech-Look mit Rollerblades ziert das fleißige Krabbeltier heute die Prospekte des Unternehmens.

Erfolgsfaktoren

Das bessere Konzept Die Multicar-Modelle sind kleiner als die des Konkurrenten Unimog und daher für viele Anwendungen besser geeignet. Sie sind außerdem billiger.

Die besseren Voraussetzungen Multicar konnte nach der Wende auf einen treuen Kundenstamm im Osten zurückgreifen.
Ein Netzwerk von Vertragswerkstätten existierte ebenfalls von Anfang an.

Die bessere Vermarktung Multicar nutzte vorhandene Vertragswerkstätten als Verkaufsstellen.

Literatur
Ulrich Miksch: „Der Trabi ist gegangen, der Multicar lebt…" *Neue Zürcher Zeitung* vom 20.09.2003

Multicar gegen Unimog

Anonym: „Schwarze Zahlen zum 75. Jubiläum. Mit neuen Produkten auf die westlichen Märkte." *Handelsblatt* vom 21.8.1995

Internet

www.multicar.de

3 Es kann auch zwei geben – Focus gegen Spiegel

„Die Erde ist eine Scheibe. Die Mauer steht in 100 Jahren noch. In Deutschland ist kein Platz für ein zweites Nachrichtenmagazin." Mit diesem Spruch warben zum Jahreswechsel 1992/93 die Macher einer neuen Zeitschrift, die beweisen sollte, dass neben den ersten beiden Aussagen auch die dritte falsch war. *Focus* lautete der Name der Publikation, für die noch Platz sein sollte, und der Untertitel las sich wie ein Programm: „Das moderne Nachrichtenmagazin."

Mut konnte man den *Focus*-Leuten jedenfalls nicht absprechen. Das erste und einzige deutsche Nachrichtenmagazin hieß damals nämlich schon seit Jahrzehnten *Der Spiegel* und galt in Deutschland als Institution, die de facto ein Monopol in ihrem Einflussbereich hatte. Die in den Nachkriegsjahren von Rudolf Augstein gegründete Zeitschrift überstand die Wirtschaftswunderzeit genauso schadlos wie die diversen Rezessionsjahre, das Aufkommen des Fernsehens und den Übergang von der Nachkriegs- zur 68er-Generation. Egal, ob Kubakrise, Mauerbau oder Saure-Gurken-Zeit, der *Spiegel* erschien pünktlich jeden Montag, berichtete und wurde gekauft.

An Versuchen, neben dem *Spiegel* ein weiteres deutsches Nachrichtenmagazin zu etablieren, hatte es in den Jahrzehnten vor *Focus* wahrlich nicht gemangelt. Über 50 entsprechende Unterfangen sind bis heute aktenkundig. Bereits 1948 erschien *Der Scheinwerfer*, zwei Jahre später *Kritik*, und noch in den Fünfzigern folgten *Information* und *Mix*. 1960 kam der *Stern*-Ableger *Moment*, im Jahr danach das

David und das bessere Konzept

deutsch-französische Projekt (so etwas gab es auch schon vor Arte) *Kontinent* auf den Markt, bevor mit *Aktuell, Zeitung* und *Deutsches Panorama* weitere *Spiegel*-Konkurrenten um die Lesergunst buhlten. Lange halten konnte sich keines der Magazine. Ein Blick auf Länder wie Großbritannien, die USA oder Japan zeigte zwar, dass in einem Land durchaus mehrere Nachrichtenmagazine existieren konnten, doch in Deutschland galt für dieses Marktsegment scheinbar das ungeschriebene *Spiegel*-Gesetz. Und das hieß: Es kann nur einen geben.

Als sich jedoch irgendwann Ende der Achtzigerjahre der Medienunternehmer Hubert Burda auf einem Sommerspaziergang am Tegernsee mit seinem Mitarbeiter Helmut Markwort unterhielt, kamen die beiden zu einem anderen Resultat. Burda und Markwort erkannten, dass der Journalismus des *Spiegels* angesichts der fehlenden Konkurrenz mittlerweile Staub angesetzt hatte und die Aufmachung nicht mehr zeitgemäß war. Der *Spiegel* erschien damals noch in Schwarz-Weiß, wirkte durch ein schlichtes Layout recht bieder und legte den Schwerpunkt auf den Text. Da die Redaktion zudem auch vor langatmigen Geschichten nicht zurückschreckte, erschien Deutschlands einziges Nachrichtenmagazin „einem Pfarrbrief zur Fastenzeit nicht unähnlich" (*Frankfurter Rundschau*). Burda und Markwort sahen damit genug Ansatzpunkte für ein Alternativprodukt, das die unangefochtene Stellung des *Spiegels* endlich brechen sollte.

Burda rief nun unter dem Projektnamen „Zugmieze" die Entwicklung eines zweiten deutschen Nachrichtenmagazins ins Leben, dessen Chefredakteur Helmut Markwort werden sollte. Als Zielgruppe wurde die so genannte „Info-Elite" anvisiert, also Besserverdienende mit dem Bedürfnis, sich gut und kompakt zu informieren. Mit seinem Team, das er nun anheuerte, entwickelte Markwort ein Konzept, das den *Spiegel* vor allem über die Inhalte angreifen sollte. In Verkaufspreis, Vertrieb und Marketing war dagegen kein großer Unterschied geplant. Selbst bei der Erscheinungsweise – wie der *Spiegel* jeden Montag – sollte das neue Magazin dem Konkurrenten nicht aus dem Weg gehen.

Markwort verpasste der geplanten Zeitschrift zuerst einmal eine

Focus gegen Spiegel

gehörige Portion Farbe und ein modernes Layout. Die Artikel wurden im Schnitt kürzer als im *Spiegel*, der Bildanteil höher. Die oftmals tendenzielle Berichterstattung des *Spiegels* übernahm Markwort nicht und legte stattdessen mehr Wert auf Neutralität. Wichtig für ihn war außerdem der Begriff „news to use", der Leser sollte also neben allgemeinen Informationen auch konkrete Tipps erhalten. Kernpunkt des Konzepts war jedoch das, was Burda gerne als „*Focus*-Ikonologie" bezeichnete: der intensive Einsatz von Informationsgrafiken. Burda hatte sich dies einerseits bei US-Blättern wie *US News* und *World Report* abgeschaut, ließ sich nach eigenen Angaben allerdings auch von antiken Künstlern inspirieren. Zur Umsetzung der Ikonologie nutzte Markwort neueste Computertechnik und engagierte zudem ein Spezialistenteam, das zuvor die gescheiterte Ost-Boulevardzeitung *Super* mit Grafiken versorgt hatte.

Als Name für ihre neue Zeitschrift gaben Burda und Markwort *Focus* gegenüber den ebenfalls diskutierten Titeln „Logo" und „Globus" den Vorzug. Von letzterem Vorschlag blieb immerhin ein Globus im Schriftzug des Magazins erhalten. Nach einem Jahr Vorbereitung erschien die erste *Focus*-Ausgabe am 18. Januar 1993 mit Bundespräsident Richard von Weizsäcker und FDP-Politiker Hans-Dietrich Genscher auf dem Titelblatt. 600.000 Exemplare wurden zunächst gedruckt, von denen eines 4 Mark kostete. Wer eine Anzeige schalten wollte, musste für eine Seite mindestens 22.000 Mark bezahlen, was den Konkurrenten *Spiegel* deutlich unterbot.

Focus war praktisch von Beginn an ein Erfolg. Die erste Zählung der maßgeblichen Marktforschungsorganisation IVW ergab 478.000 verkaufte Exemplare, wobei das Magazin vor allem bei jungen Lesern und im Osten bestens ankam. „Wer geglaubt hatte, dass sich in der bundesdeutschen Medienlandschaft zumindest bei den Nachrichtenmagazinen bis zum Ende des Jahrhunderts nichts mehr ändert, wurde im Januar dieses Jahres aus seinem Dornröschenschlaf geweckt", kommentierte die Fachzeitschrift *werben und verkaufen* anerkennend. Der Radiosender Deutschland-Radio sprach gar von einem „Erdbeben auf dem Medienmarkt". Burdas und Markworts Strategie, auf eine neuartige Aufbereitung der Inhalte zu setzen, war voll aufgegangen. *Werben und verkaufen* nannte dies eine Fernsehoptik und sah Ähnlichkeiten zu den News-Shows der privaten Fernsehsender. Der Reintextanteil von *Focus* lag bei nur 48 Prozent.

Obwohl *Focus* wie der *Spiegel* montags erschien, wurde schnell klar, dass die *Focus*-Macher keinen Anti-*Spiegel* in die Welt gesetzt hatten. Während sich nämlich der David *Focus* schnell Hunderttausende von Lesern sicherte, ging die Auflage des Goliaths *Spiegel* nur unwesentlich zurück. Ganz offensichtlich gab es in Deutschland eben auch für zwei Nachrichtenmagazine Platz. Dennoch sorgte der unerwartete Erfolg beim *Spiegel* natürlich für Verunsicherung, weshalb das Hamburger Blatt zunächst mit keinem Wort auf den neuen Konkurrenten einging. Später machte der *Spiegel Focus* jedoch das größte aller Komplimente: Er kopierte den Newcomer in mehreren Belangen. So wurden die Berichte im *Spiegel* kürzer, die Fotos farbig und das Layout moderner. Erstmals engagierte man einen Artdirector für Fragen der grafischen Gestaltung.

Am Erscheinungsbild von *Focus* hat sich dagegen im Lauf der nunmehr zehnjährigen Geschichte wenig geändert. Als 1995 die Zahl der verkauften Exemplare 700.000 überschritten hatte, sah Markwort die „Reiseflughöhe erreicht". Der Umfang pro Ausgabe stieg zeitweise auf fast 400 Seiten an, wodurch sich *Focus* als inhaltsreichste deutsche Zeitschrift bezeichnen konnte. Das Erotik-Titelbild, das im Sommer 1995 mit der Unterschrift „Urlaub, wo er am schönsten ist" veröffentlicht wurde, blieb die Ausnahme, auch wenn so mancher Purist dem Blatt die Seriosität des *Spiegels* absprach. *Focus*-Fans störte das wenig, zumal sich das „News-to-use"-Konzept von Helmut Markwort bestens bewährte. Während beim *Spiegel* die aktuelle Nachrichtenlage die Titelblätter dominierte, scheute sich *Focus* nicht, seinen Lesern per Titelgeschichte Tipps zur Geldanlage, Fitness und Rentenplanung zu geben. Zielgruppengerecht zierten auch schon Themen wie Patchworkfamilien oder Akademikerarbeitslosigkeit die *Focus*-Frontseite. Zu den Höhepunkten des *Focus*-Schaffens gehörten zweifellos Listen der besten Ärzte und Anwälte, gegen die die entsprechenden Lobby-Organisationen erfolglos Sturm liefen. Ebenso erfolglos blieb eine Klage der Hamburger Mody-Privatbank, die gegen

Focus gegen Spiegel

die Berichterstattung des *Focus* über Finanzprobleme vorgehen wollte. Nach siebenjährigem Rechtsstreit wurde die Klage abgewiesen.

Seit 1996 rangiert *Focus* hinter dem *Spiegel* und dem *Stern* auf Platz drei der umsatzstärksten deutschen Zeitschriften. Im Boomjahr 2000 konnte das Magazin noch 7.500 Anzeigenseiten verkaufen, zwei Jahre später waren es mitten in der Wirtschaftskrise immerhin noch 5.100. Auch bei der verkauften Auflage liegt *Focus* (im Jahr 2002 786.000 Exemplare pro Ausgabe) zwar klar hinter *Spiegel* und *Stern* (beide über eine Million), dafür kann *Focus* die meisten Abonnenten und die höchste Reichweite (also Anzahl der Leser) vorweisen. So konnte die „erfolgreichste Zeitschrifteninnovation der 90er-Jahre" (*Focus* über *Focus*) im Jahr 2003 mit Stolz ihren zehnten Geburtstag feiern. Im Impressum der Jubiläumsnummer wurden die Namen aller Mitarbeiter, die von Anfang an dabei waren, rot gedruckt.

Angesichts des Erfolgs lag es natürlich nahe, die Marke *Focus* mit weiteren Produkten zu unterfüttern. Auch dabei erwies sich Markwort als geschickter Stratege. 1996 wurde der Internet-Ableger *Focus Online* lanciert, im gleichen Jahr ging *Focus TV* auf Sendung. Weniger glücklich verlief bisher jedoch die Markteinführung des Wirtschaftsmagazins *Focus Money*, dessen Start im März 2000 genau mit dem Allzeithoch der Technologiebörsen zusammenfiel. *Focus Money* konnte so zunächst fast nur über Kursstürze berichten. Bis heute ist der Business-Ableger nicht profitabel und ein Grund dafür, dass Markwort nach eigenen Angaben derzeit keine neuen Projekte plant.

Für Markwort, der interessanterweise ein bis zwei weitere Nachrichtenmagazine in Deutschland für möglich hält, wurde *Focus* zum Erfolg seines Lebens. Der 1936 geborene Vollblutjournalist mit Spitznamen „King Gong" hatte zuvor schon die Zeitschriften *Bild und Funk*, *Gong*, *Die Aktuelle* und *Die 2* als Chefredakteur geleitet und teilweise mitgegründet. Zudem war er Vorstandsmitglied bei Burdas Unternehmen Burda Medien. „Mehr als 90 Prozent der veröffentlichten Meinung haben uns einen schnellen Untergang prophezeit", berichtete Markwort mehrfach mit Stolz aus der Gründungsphase. Dass *Focus* dennoch ein Erfolg wurde, hat Markwort eine große Popularität verschafft, die nicht zuletzt auf eine seit zehn Jahren laufende Werbekampagne zurückzuführen ist. Diese lässt Markwort regelmäßig via TV seinen Spruch aufsagen, der inzwischen zum geflügelten Wort geworden ist: „Fakten, Fakten, Fakten, und an die Leser denken."

Erfolgsfaktoren

Das bessere Konzept *Focus* setzte auf modernen Journalismus mit vielen Bildern, Infografiken, vergleichsweise kurzen Artikeln und Nachrichten mit Nutzwert.

Literatur

Focus 3/2003 (Jubiläumsausgabe zum zehnjährigen Bestehen)
Frankfurter Rundschau vom 18.1.1993, zitiert nach *Focus* Jubiläumsausgabe 3/2003
Anonym: „Kunterbunte Infowelt für eine gefragte Elite". *Werben & verkaufen* 34/93

Internet

www.focus.de

4 *Politisch korrekter Indianer-Tabak – Natural American Spirit gegen die großen Zigarettenmarken*

Nein, einfach hat es die Zigarettenbranche derzeit wirklich nicht. Zwar lassen sich ihre Kunden den gesundheitsschädlichen Qualmspaß trotz aller Warnungen nicht nehmen, doch dafür heizen Politik und Justiz den Tabakkonzernen kräftig ein. Horrende Schadenersatzsummen in den USA, Werbeverbote, allerlei Selbstbeschränkungen und eine ständig steigende Tabaksteuer sind im Interesse der Volksgesundheit sicherlich zu begrüßen. Einen geeigneten Nährboden für Erfolgsgeschichten bilden sie dagegen nicht. Zu allem Überfluss haben die großen Zigarettenhersteller inzwischen auch noch mit immer populärer werdenden Billigmarken zu kämpfen. Während nicht nur die deutschen Marktführer Marlboro und West Federn lassen müssen, sagen sich immer mehr Raucher „Geiz ist geil" und greifen zu einst belächelten Handelsmarken wie Magnum (Rewe) oder Imperial (Plus). Als bisher letzte erfolgreiche Einführung einer Markenzigarette galt daher mehrere Jahre lang die Marke Winfield, die seit Mitte der Neunzigerjahre erhältlich ist. Ihr Marktanteil liegt heute bei etwa 0,15 Prozent.

Ausgerechnet im so schwierigen Zigarettenmarkt hat sich jedoch in den vergangenen Jahren ein Unternehmen durchgesetzt, das zunächst nicht auf die Unterstützung eines großen Konzerns und schon gar nicht auf ein Millionenbudget für Werbung bauen konnte: die Santa Fe Natural Tobacco Company. Deren Philosophie könnte man etwa so

Aromastoffe, Glimmhilfen, Konservierungsstoffe und dergleichen sucht man in diesen Zigaretten vergeblich. Mit dem Konzept des naturbelassenen Tabaks schaffte die Marke Natural American Spirit den Durchbruch in einem umkämpften Markt.

beschreiben: Wenn es schon keine gesunden Zigaretten gibt, dann sollte man wenigstens die qualitativ hochwertigsten rauchen.

Die Geschichte von Santa Fe Natural Tobacco begann 1982 in Santa Fe, der Hauptstadt des US-Bundesstaats New Mexico. Genauer gesagt begann sie in einem Schuppen auf einem in Santa Fe gelegenen Bahnhofsgelände, wo zwei Freunde ein Unternehmen für die Herstellung und den Verkauf von Zigaretten gründeten. Diese an sich wenig originelle Idee hatte jedoch einen gewissen Reiz, denn als Zentrum indianischer Kultur konnte man sich in Santa Fe schließlich auf eine jahrtausendealte Tradition des Tabakanbaus berufen. Und traditionell, das war klar, sollte die Herstellungsweise der Santa-Fe-Zigaretten in jedem Fall sein.

Zum Konzept der neuen Zigarettenmarke gehörte die Verwendung von ökologisch angebautem Virginia-Tabak ohne jegliche Zusätze. Keine schlechte Idee, denn bei der Produktion von Glimmstängeln greifen die Hersteller üblicherweise auf diverse Additive wie Feuchthaltemittel, Aromastoffe, Glimmhilfen, Konservierungsstoffe, Zucker, Glycerin, Propylen, Glykol, Duftstoffe und Farbstoffe zurück. Auf die in dieser Horrorliste aufgeführten Zusätze verzichtete Natural American Tobacco genauso wie auf die Strippen der Tabakblätter, die bei der Zigarettenherstellung normalerweise mit verarbeitet werden. Natur und pur hieß also die Devise für das neuartige Raucherlebnis.

Die beiden Firmengründer fanden erste Geldgeber und tauften ihr Produkt auf den Namen „Natural American Spirit". Zum Erkennungszeichen der neuen Marke, die zunächst nur per Direktbestellung erhältlich war, wurde damals schon der Friedenspfeife rauchende Indianer. Doch trotz erster Kunden, die den naturbelassenen Tabak zu schätzen wussten, wollte der Laden nicht so richtig in Schwung kommen. Erst als 1989 der Marketingfachmann Robin Summers die Leitung des Unternehmens übernahm, kam die Wende. Zwar musste auch Summers auf ein größeres Werbe- oder Vertriebsbudget verzichten, doch mit geschickt gestalteten Verpackungen und einer klaren Positionierung der Natural-American-Zigaretten als Naturprodukt schaffte er es schließlich, eine Mund-zu-Mund-Propaganda in Gang zu bekommen, die den Absatz immer weiter steigen ließ.

Natural American Spirit
gegen die großen Zigarettenmarken

Für den Sprung von Natural American Spirit nach Europa sorgte in den Neunzigerjahren der Hamburger Tabak-Manager Michael Wittrock. Wittrock hatte in einigen Werbeagenturen Marketing-Erfahrung gesammelt, als er 1973 beim Tabakkonzern Reemtsma einstieg. Dort war er maßgeblich an der erfolgreichen Einführung der Zigarettenmarke West beteiligt, die heute Platz 2 unter den meistgerauchten Zigaretten in Deutschland belegt. Nach einer beruflichen Krise gepaart mit einer Asthma-Erkrankung wanderte der New-Mexico-Fan Anfang der Achtzigerjahre zusammen mit seiner Frau in die USA aus, wo er in Santa Fe ein Haus kaufte. Als seine Gattin dort eines Tages eine Packung Natural American Spirit aus dem Bioladen mitbrachte, erwachte sein Geschäftssinn von neuem. Er nahm mit der Santa Fe Natural Tobacco Company Kontakt auf, kaufte einige von deren Aktien und überzeugte die Unternehmensleitung schließlich, den Sprung nach Europa zu wagen. 1995 kehrte Wittrock nach Hamburg zurück mit dem Ziel, Natural American Spirit in Europa zu etablieren.

Die Santa Fe Natural American Tobacco Company: Europe GmbH, an der Wittrock 50 Prozent hielt, nahm ihre Tätigkeit zunächst in dessen Wohnzimmer auf. Zusammen mit der Unternehmensberaterin Susanne Lippert, die später als Festangestellte einstieg, entwickelte er ein Konzept zur Vermarktung des naturbelassenen Tabaks im europäischen Raum. Die beiden sahen sich nun in einer klassischen David-Goliath-Situation, denn mit einem Startkapital von 500.000 Euro war an aufwendige Kino- oder Printwerbung nun wahrlich nicht zu denken. So blieb Wittrock und Lippert im Kampf gegen Marlboro und Co. zunächst nur die Ochsentour zu möglichen Kunden und Verkaufsstellen, die es von den Vorzügen des politisch korrekten Indianer-Tabaks zu überzeugen galt. Den Start ihrer Aktivitäten verlegten die beiden Natural-American-Macher in die Niederlande, wo sie 1997 in Amsterdam an den Markt gingen. Wittrock wusste, dass sich in der niederländischen Hauptstadt vergleichsweise viele Amerikaner tummelten, die Natural American Spirit bereits aus ihrer Heimat kannten. Per Fahrrad nahm sich Susanne Lippert die dortigen Tabakläden, Modelagenturen und Bars vor und bot dort ihre neuartigen Zigaretten an.

Ab 1998 gab es Natural-American-Spirit-Zigaretten dann auch in

Deutschland zu kaufen. Von einem Büro in einer ehemaligen Klavierfabrik in Hamburg aus vertrieben Wittrock und Lippert ihre Edelzigaretten zunächst nur über Naturkostläden. Später kamen Szenekneipen, Tabakläden und Tankstellen dazu. Immer wenn eine Order einging, läutete eine Schiffsglocke. Diese läutete immer öfter, denn auch die deutschen Raucher kamen nun so langsam auf den von Zusatzstoffen freien Geschmack. Ende 1998 verkaufte das kleine Unternehmen bereits eine Million Zigaretten pro Monat und konnte monatlich einen Anstieg um etwa 10 Prozent verbuchen. Auf eine eigene Produktion verzichteten Wittrock und Lippert zunächst und ließen stattdessen den aus den USA bezogenen Tabak bei Reemtsma in Nordhausen verarbeiten. Im Jahr 2000 startete der Natural-American-Verkauf dann auch in Österreich und der Schweiz.

Nach wie vor verzichtete Santa Fe Natural Tobacco auf teure Werbemaßnahmen, zeigte dafür aber beispielsweise auf Filmfestivals wie der Berlinale Präsenz. Offenbar wussten neben Filmmachern vor allem Journalisten und Werbeleute den Naturtabak aus New Mexico zu schätzen, und so entwickelte sich Natural American Spirit immer mehr zum bevorzugten Kraut der Kreativen. Diese wirkten nebenbei als gute Multiplikatoren und regten die Mund-zu-Mund-Propaganda weiter an. Prominente Natural-American-Raucher wie Leonardo di Caprio, Madonna, Kevin Costner oder Moritz Bleibtreu sorgten für zusätzliche Publicity, ohne damit das knappe Marketingbudget von Santa Fe Natural Tobacco zu belasten.

Dass der „David der Zigarettenbranche" (*Handelsblatt*) auf diese Weise mit bescheidenen Mitteln in einem Markt Erfolge feierte, auf dem normalerweise mit Werbemillionen um Marktanteile im Promillebereich gerungen wird, brachte dem Hamburger Unternehmen viel Anerkennung ein. Michael Wittrock wunderte dies jedoch offensichtlich nicht. „Zu viel Geld kann den Erfolg mitunter sogar verhindern", verriet er gegenüber der *Welt* und stürzte damit so manchen Werbemanager in eine Sinnkrise. In seinen Jahren bei Reemtsma hatte Wittrock gelernt, dass hohe Werbeetats allein auch nicht glücklich machen, und daher beschlossen, gegen einige scheinbar unumgängliche Vermarktungsregeln zu verstoßen.

Natural American Spirit
gegen die großen Zigarettenmarken

So erwies sich die Aura des Naturbelassenen bei Natural American Spirit als wirkungsvoller als jede Anzeigen- oder Spotkampagne. Eigentlich eine völlig nahe liegende Sache: Selbst ein perfekt gemachter Werbespot hat eben nicht die Überzeugungskraft einer ehrlichen Aussage eines zufriedenen Kunden. Und an denen mangelt es den Santa-Fe-Zigaretten offensichtlich nicht. So beschreiben American-Spirit-Fans ihr Raucherlebnis als weich und angenehm, loben den Geruch, der Passivraucher angeblich weniger stört als der anderer Glimmstängel, und schwören auf das außergewöhnliche Aroma. Selbst wenn vieles davon Einbildung sein sollte, dann bleibt immer noch die Reinheit des Tabaks als nachweisbarer Vorteil. „Das Rauchen an sich wird durch das Umsteigen auf Naturtabak keine gesunde Sache", schreibt hierzu ein Natural-American-Raucher im Internet-Verbraucher-Portal Ciao.com. „Aber zumindest bleiben mir bei der Wahl, die ich getroffen habe, zig andere Gifte erspart." Besser hätte es eine Anzeige auch nicht formulieren können.

So hat sich Natural American Spirit längst als die politisch korrekteste unter den Zigarettenmarken etabliert, obwohl oder gerade weil sie dem Konsumenten einiges abverlangt. Immerhin 4 Euro muss ein Liebhaber für eine 20er-Packung der Santa-Fe-Zigaretten auf den Ladentisch legen. Wie alles Besondere, so fordert natürlich auch deren zusatzfreier Tabak eine gewisse Pflege. Um das Austrocknen zu verhindern, empfiehlt der Hersteller, die Lagerung ab und zu an die frische Luft zu verlegen, ansonsten deponieren erfahrene Spirit-Raucher ihre Lieblingszigaretten auch schon mal im Kühlschrank.

Zur politisch korrekten Eigendarstellung gehört außerdem, dass die Natural-American-Macher die Gefahren des Rauchens zu keiner Sekunde herunterspielen. Die Web-Seite von Santa Fe Natural Tobacco enthält daher umfangreiche Hinweise auf Anti-Raucher-Seiten, während Susanne Lippert betont: „Es bleibt eine gesundheitsschädliche Zigarette. Punkt." Nicht die gesunde, sondern die qualitativ hochwertige Zigarette ist das Ziel, und genau so nehmen die Verbraucher Natural American Spirit auch wahr. „Insofern könnte American Spirit die Zigarettenmarke der Zukunft sein", urteilt dazu die Fachzeitschrift *werben und verkaufen*. Susanne Lippert selbst vermutet, dass es in 15 Jahren nur noch naturbelassenen Tabak zu kaufen geben wird. Ein erster Mitbewerber scheint dies genauso zu sehen, denn mit der Zigarettenmarke Manitu ist inzwischen ein Konkurrenzprodukt auf dem Markt, dessen Konzept dem von Natural American Spirit verblüffend ähnelt.

An den Erfolg von Santa Fe Natural Tobacco wird die Konkurrenz jedoch nicht so schnell herankommen. Der deutsche Ableger des US-Unternehmens schrieb Mitte 1999 erstmals schwarze Zahlen und erreichte ein Jahr später den Break-Even. Die Zahl der in Deutschland verkauften Zigaretten, die inzwischen in Österreich produziert werden, lag 2002 bei 186 Millionen. Dies entspricht zwar nur einem Marktanteil von etwa 0,11 Prozent. Für ein Unternehmen mit gerade einmal 12 fest angestellten Mitarbeitern und ohne nennenswertes Werbebudget ist dies jedoch ein phantastischer Davidsieg. Auf dem Markt für Drehtabak liegt der Natural-American-Anteil sogar bei 0,6 Prozent, während in den USA etwa 0,2 Prozent der Raucher zu den Santa-Fe-Zigaretten greifen.

Die Zeiten, in denen die Natural-American-Marke jährlich ihren Absatz verdoppelte, sind inzwischen zwar vorbei. Mit Expansionsplänen, die den Santa-Fe-Naturtabak früher oder später in ganz Europa etablieren sollen, sieht sich das Unternehmen jedoch weiter auf Wachstumskurs. Dem prächtigen Gedeihen von Santa Fe Natural Tobacco konnten auch verschiedene Änderungen in der Besitzerstruktur nichts anhaben. So übernahm Anfang 2002 der US-Tabakkonzern RJR, zu dem auch die Firma Reynolds gehört, die Muttergesellschaft in Santa Fe und damit auch 50 Prozent des deutschen Ablegers. Nach dem Ausstieg von Michael Wittrock ging im April 2003 auch die zweite Hälfte in Konzernbesitz über.

Inzwischen hat das Unternehmen auch die Null-Werbestrategie verlassen und schaltet Anzeigen in Zeitschriften wie dem *Spiegel*, der *Zeit* und *Brigitte*. Im Stil des Hauses werden dabei lediglich die Geschichte und die Vorzüge von Natural American Spirit erklärt, ohne jemanden auf direkte Weise zum Rauchen zu animieren oder die Gefahren des Tabakkonsums zu verharmlosen. „... natürlich ist es am besten, aus gesundheitlichen Gründen nicht zu rauchen", heißt es in einer der Anzeigen. Anschließend werden darin die diversen Additive erklärt, die sich der Natural-American-Liebhaber im Gegensatz zu Otto Normalraucher nicht antun muss. Der Schlusssatz fasst dann einmal mehr die Philosophie von Santa Fe Natural Tobacco zusammen: „Denn wenn wir schon rauchen, dann sollten wir wenigstens wissen, was wir rauchen ..."

Erfolgsfaktoren

Das bessere Konzept Natural American Spirit bietet ausschließlich hochwertigen, naturbelassenen Tabak ohne Zusatzstoffe.

Die bessere Vermarktung Natural American Spirit wird auch im Naturkostladen verkauft, was der Marke zusätzliche Aufmerksamkeit verschafft.

Literatur

Daniela Pemöller: „Blauer Dunst nach Indianerart". *Welt am Sonntag* 10.3.2002
Klaus Wieking: „Der große Qualmgeist aus dem Wüstenstaat". *Werben & verkaufen* 10/2001

Internet

www.americanspirit-europe.com

5 Kein kalter Kaffee – Starbucks gegen McDonald's und Co.

Manchmal lässt sich die Entstehung eines Erfolgskonzepts bis auf den Augenblick genau zurückverfolgen. Bei Starbucks, der weltweit erfolgreichen Restaurantkette von der amerikanischen Westküste, ist das so. Es war an einem Tag im Jahr 1981, als der spätere Firmenpatriarch

Howard Schultz in seinem Büro in New York saß und bei seinem Arbeitgeber eingegangene Bestellungen überprüfte. Dabei wunderte er sich über ein Unternehmen am anderen Ende der USA. Schultz, der zu diesem Zeitpunkt US-Vertriebsleiter beim schwedischen Haushaltswarenanbieter Hammarplast war, stolperte über die Tatsache, dass die kleine Kaffeeladenkette Starbucks in Seattle zum wiederholten Male eine größere Bestellung für Kaffeemaschinen eines bestimmten Typs aufgegeben hatte. Wozu brauchte das damals kaum bekannte Unternehmen so viele dieser Geräte? Hatten die Betreiber vielleicht die Marktlücke entdeckt, nach der Schultz insgeheim schon lange suchte?

Offensichtlich ja, denn aus Schultz' Aha-Erlebnis entwickelte sich eine der erstaunlichsten wirtschaftlichen David-Goliath-Geschichten der letzten Jahrzehnte. Schultz stieg bei Starbucks ein, übernahm später die Leitung der beschaulichen Miniladenkette und formte daraus ein weltweites Kaffeeimperium mit über 10 Milliarden US-Dollar Jahresumsatz. Zweifellos eine märchenhafte Geschichte, denn als Schultz sich noch über die Kaffeemaschinen-Bestellung von Starbucks wunderte, schien der Markt für Fastfoodketten längst von Giganten wie McDonald's, Burger King und Kentucky Fried Chicken besetzt. Jeder Newcomer, so schien es, würde von diesen Giganten an die Wand gedrückt werden.

Vor den Welterfolg hatten die Götter also auch bei Starbucks den Schweiß gesetzt, den Schultz zunächst einmal reichlich vergoss. Nachdem er auf die ominösen Kaffeemaschinen-Bestellungen des kleinen Unbekannten aufmerksam geworden war, galt es erst einmal, Kontakt mit dem Unternehmen aufzunehmen. Schultz stellte fest, dass Starbucks von den drei Studenten Gerald Baldwin, Gordon Bowker und Zev Siegl betrieben wurde, die zwar Kaffeeliebhaber, jedoch sicherlich keine ambitionierten Geschäftsleute waren. Ihr Unternehmen hatten sie 1971 gegründet und nach einer Figur in Herman Melvilles Roman „Moby Dick" benannt. Seine Umsätze machte Starbucks mit dem Verkauf von Kaffeebohnen und den zugehörigen Maschinen, während das Zubereiten und Ausschenken von Kaffee nicht zum Angebot gehörte.

Auch Schultz, der sich nun immer mehr für Starbucks interessierte,

Starbucks gegen McDonald's

sah die großen Chancen des Unternehmens zunächst einmal nicht in der Gastronomie. Nach einigen Überredungsversuchen schaffte er es 1982 schließlich, dass ihn die Starbucks-Besitzer einstellten und ihm die Zuständigkeit für Marketing und Verkauf überließen. Ein Jahr später kam dann die große Wende in Schultz' Geschäftsplanung. Bei einem Messebesuch in Mailand sah er die zahlreichen Kaffeehäuser in der italienischen Metropole und war von deren gemütlicher Einrichtung, dem reichhaltigen Angebot und dem allgegenwärtigen Kaffeeduft beeindruckt. Schnell war ihm klar, dass dies genau das Ambiente war, in dem sich Kaffee am besten verkaufen ließ. Aus Starbucks, so beschloss Schultz, sollte eine Restaurantkette werden.

Zunächst einmal hatte Schultz jedoch buchstäblich die Rechnung ohne den Wirt gemacht. Seine Chefs hielten nämlich nichts von einer Neuausrichtung des nach wie vor glänzend laufenden Geschäfts, und die scheinbar unrealistischen Expansionspläne des passionierten Geschäftsmanns gingen den drei Studenten ohnehin so langsam auf die Nerven. So beließen sie es bei den bestehenden fünf Läden und gestanden Schultz lediglich zu, darin ein paar halbherzig konzipierte Kaffeebars zu eröffnen. Da Schultz mit diesem faulen Kompromiss nicht leben wollte, ging er in die Offensive: 1985 stieg er bei Starbucks aus und gründete seine eigene Kaffeehauskette „Il Giornale", die innerhalb von zwei Jahren drei Filialen vorweisen konnte.

Doch bekanntlich sieht man sich immer zweimal im Leben. 1987 beschlossen die beiden verbleibenden Starbucks-Besitzer (der dritte war zwischenzeitlich ausgestiegen), ihre Kette zu verkaufen, und gaben so Schultz die Chance zum erneuten Einstieg. Dieser ließ sich das nicht zweimal sagen und schlug für 3,8 Millionen US-Dollar zu. Anschließend übernahm er den neuen alten Namen, und so firmierte sein Unternehmen, dem nun neun Filialen angehörten, fortan unter der Bezeichnung Starbucks.

Die Rückkehr zum bekannten Namen wirkte wie ein Startschuss zum märchenhaften Erfolg. Aus neun Filialen wurden noch im gleichen Jahr 17, Ende 1990 waren es bereits 84. Im Jahr 1992 – die Anzahl der Filialen hatte inzwischen die Hundertermarke überschritten – brachte Schultz sein Starbucks-Imperium an die Börse und heizte das Wachstum damit weiter an. Wer sich damals rechtzeitig mit Starbucks-Aktien eindeckte, kann heute mehr als das 21fache seines Einsatzes als Gewinn verbuchen. „Starbucks expandiert, als würde die ganze Welt auf ihre Produkte warten", schrieb das *Manager Magazin* angesichts des Wachstums, das Ende 1996 die tausendste Filialeröffnung ermöglichte. Im gleichen Jahr wagte Starbucks mit Kaffeehäusern in Japan und Singapur erstmals den Sprung ins Ausland.

Auch jenseits der US-Grenzen konnte Schultz scheinbar mühelos an seine Inlandserfolge anknüpfen. Dies bestätigt die Zahl von mehr als 6.000 Filialen, die heute weltweit Starbucks-Kaffee ausschenken und 2002 einen Jahresumsatz von 10,1 Milliarden US-Dollar einbrachten. Angesichts des Erfolgs kümmert sich Schultz inzwischen nicht mehr um das Tagesgeschäft und ist seit 1996 für die strategische Unternehmensentwicklung zuständig.

Mit seinem Rückzug ins zweite Glied konnte Howard Schultz auf eine Karriere zurückblicken, die geradezu wie die Inkarnation des amerikanischen Traums wirkte. Denn so groß seine Erfolge auch wurden, so bescheiden waren seine Anfänge. Der 1954 geborene Vorzeigeunternehmer wuchs in einer armen Gegend im New Yorker Stadtteil Brooklyn auf, von wo er immerhin den Sprung an die Universität schaffte. Danach heuerte er als Verkäufer beim Kopierer-Konzern Xerox an, der für die exzellente Ausbildung seiner Mitarbeiter bekannt war. Das Klinkenputzen für seinen Arbeitgeber erwies sich als gute Schule für das Verkaufstalent Schultz und brachte ihm später den Posten bei Hammarplast ein, von wo er dann zu Starbucks wechselte. Ein Kaffeeliebhaber ist Schultz nie gewesen, dafür hat er ein Motto: „Wer ein großes Unternehmen aufbauen will, muss große Träume haben."

Sieht man sich nach weiteren Erfolgsrezepten Schultz' um, dann kommt man zu dem Schluss: Mit dem Konzept der Fastfoodkette in gepflegtem Ambiente, die Kaffee als Hauptprodukt ausschenkt, hat der gewiefte Geschäftsmann offensichtlich eine Lücke in einem scheinbar übersättigten Markt entdeckt. Damit stimmte zumindest ein Klischee: Starbucks vermied die sprichwörtlich schlechte Hamburger- und Hot-Dog-Küche der US-Fastfood-Riesen und schaffte mit gepflegter Kaffeekultur europäischer Prägung den Aufstieg.

Starbucks gegen McDonald's

Den Rest besorgte ein schnelles Wachstum und ein kluges Management, das andere erfolgreiche Fastfoodketten nicht einfach kopierte. Besonders stolz ist Schultz beispielsweise auf sein geradezu lächerlich geringes Werbebudget, das gerade einmal 10 Millionen US-Dollar in den letzten zehn Jahren betragen hat und damit weder Printwerbung noch Fernsehspots zuließ. Dass Starbucks dennoch in zahlreichen Märkten Fuß fassen konnte, liegt unter anderem an geschickt eingefädelten Allianzen. Schultz schloss Partnerschaften mit der Buchhandelskette Barnes & Noble, mit der Fluggesellschaft United Airlines und einigen anderen Unternehmen, die ihm strategisch günstig gelegene Verkaufsstellen zusicherten.

Am auffälligsten an Schultz' Vorgehen ist jedoch zweifellos sein kompletter Verzicht auf ein Konzept, das bei McDonald's und anderen fest zur Erfolgsgeschichte gehört: Franchising. Dahinter verbirgt sich bekanntlich das Prinzip, dass die Betreiber der Filialen eines Unternehmens eigenständige Unternehmer (Franchising-Nehmer) sind und daher auf eigene Rechnung arbeiten. Von der Zentrale erhalten sie zahlreiche Vorgaben von der Art der Ladeneinrichtung bis zum Produktangebot, ansonsten sind Franchise-Nehmer jedoch unabhängig und müssen lediglich Lizenzgebühren an das jeweilige Unternehmen bezahlen.

Franchising gehört zweifellos zu den Erfolgsmodellen der jüngeren Wirtschaftsgeschichte, denn neben Einzelhandelsunternehmen und Finanzberatungen werden inzwischen sogar schon Musikschulen und Nachhilfe-Anbieter im Franchising-Modell betrieben. Die Domäne des Franchising-Wesens ist jedoch nach wie vor die Gastronomie, wo unter anderem die Mehrzahl der McDonald's- und Burger-King-Filialen eigenständig geführte Unternehmen sind. Der Vorteil dieses Konzepts ist klar: Ein Unternehmer, der auf eigene Rechnung arbeitet, ist im Normalfall motivierter als der Angestellte eines Großkonzerns.

Für Schultz ist Franchising dagegen ein Unwort, und daher werden sämtliche seiner Filialen von Angestellten betrieben. Dafür legt der Starbucks-Chef großen Wert auf eine ausführliche Schulung seiner Mitarbeiter, die außerdem Aktienoptionen und selbst in den USA eine

Krankenversicherung erhalten. Eine Folge davon ist nicht zu übersehen: Die Fluktuationsrate bei Starbucks ist die geringste unter den amerikanischen Fastfoodketten.

Seit 2002 ist Starbucks nach einigen Testjahren in der Schweiz auch in Deutschland aktiv. Ob das erfolgsverwöhnte Unternehmen auch hierzulande seinen Siegeszug fortsetzen kann, muss sich allerdings erst noch zeigen. Denn angespornt durch das erfolgreiche Vorbild, haben in Deutschland längst zahlreiche Cafés eröffnet, die das Starbucks-Konzept kopieren. „Die Amerikaner könnten sich eine blutige Nase holen", unkte deshalb der *Spiegel* und erinnerte an die ebenso teure wie erfolglose Deutschland-Offensive des Handelsriesen Walmart. Erneut muss sich Starbucks also – wenn auch unter anderen Vorzeichen – gegen ein Rudel von Platzhirschen beweisen, die sich gegen den Eindringling heftig wehren werden.

Das größte unfreiwillige Kompliment für einen David besteht sicherlich darin, dass ihn der Goliath kopiert. Der McDonald's-Konzern hat Starbucks dieses Kompliment inzwischen ausgesprochen und mit McCafé eine eigene Kaffeehauskette gegründet, die dem Vorbild in vielem ähnelt. Auf dem deutschen Markt ist das schultzsche Kaffee-Imperium seinem Klon aus der McDonald's-Familie jedoch zuvorgekommen. Dort startete McCafé erst ein Jahr nach Starbucks.

Erfolgsfaktoren

Das bessere Konzept Starbucks setzte auf ein anspruchsvolles Angebot an Kaffeeprodukten, die in einem gepflegten Ambiente ausgeschenkt werden. Damit traf das Unternehmen den Geschmack der Kundschaft.

Literatur
Deborah Steinborn: *Der Kaffee-König.* Die Zeit 17/2003
Wolfgang Hirn: „Rastlos in Seattle". *manager-magazin.de* vom 23.5.2002

Starbucks gegen McDonald's

Thomas Hillenbrand: „Nichts als aufgeschäumte Milch?". *Spiegel Online* vom 22.5.2002

Internet
www.starbucks.com

6 Was Experten nicht für möglich hielten – Schulmädchen-Report gegen anspruchsvollere Filme

Die Siebzigerjahre gestalteten sich für die deutsche Filmbranche alles andere als rosig. Während die nach wie vor steigende Popularität des Fernsehens zahlreiche Kinos in die Pleite trieb, konnten sich deutsche Filmproduzenten der Konkurrenz aus Hollywood immer weniger erwehren. Ausgerechnet in diesem äußerst widrigen Umfeld startete 1970 Deutschlands erfolgreichste Filmserie aller Zeiten ihren Siegeszug und lockte innerhalb von zehn Jahren über 100 Millionen Menschen in die Kinos. Da die Produktion einer Serienfolge gerade einmal 200.000 Mark kostete, ist es mehr als gerechtfertigt, dabei von einem David-Goliath-Erfolg zu sprechen. Immerhin waren zu dieser Zeit zweistellige Millionenbudgets für Filmproduktionen längst keine Seltenheit mehr. Schade nur, dass dieser Megaerfolg nicht etwa einem deutschen Star-Filmemacher wie Rainer-Werner Fassbinder oder Volker Schlöndorff gelang. Stattdessen zeichnete für den neuen Meilenstein der deutschen Filmgeschichte ein bis heute wenig bekannter Produzent namens Wolf C. Hartwig verantwortlich. Der Name seiner Filmreihe ist dagegen umso populärer geworden: „Schulmädchen-Report".

Nun ja, einen Platz in der Ruhmeshalle hochwertiger Filmkultur kann Hartwig mit seiner Schulmädchenreihe sicherlich nicht für sich beanspruchen. Doch wer interessiert sich schon für derart nebensächliche Fragen bei einem so überaus erfolgreichen Konzept? Auch wenn selbiges im Wesentlichen darin besteht, möglichst viele nackte Mädchen in möglichst dämlichen Episoden möglichst nahe an den absoluten Nullpunkt des cineastischen Niveaus zu manövrieren. Jedenfalls nicht diejenigen Zeitgenossen, die für die vorgeblich aus dem Alltag deutscher Schülerinnen stammenden Sexgeschichten millionenfach in die Kinos pilgerten.

Ein bisschen Masochismus muss wohl schon vorhanden gewesen sein, wenn es darum ging, die als Reportagen getarnten und teilweise mit pseudoernsthaften Kommentaren unterlegten Inhalte über sich ergehen zu lassen. Vielleicht sah ja für viele Männer genau so das Wunschbild der damaligen weiblichen Jugend aus: sexgeile Nymphomaninnen, deren Lebensinhalt vornehmlich aus klamaukigen Beziehungen zum anderen Geschlecht bestand. Seinen Glauben an das Gute in der Welt sollte man bei der Betrachtung des Schulmädchen-Erfolgs besser beiseite legen.

Angesichts der peinlich-schmerzhaften Inhalte der Schulmädchen-Reporte erntete Wolf C. Hartwig trotz des gigantischen Erfolgs nur wenig öffentliche Bewunderung. In den Werken zur deutschen Filmgeschichte wird die 13-teilige Filmreihe jedenfalls genauso totgeschwiegen wie in Büchern über wirtschaftliche Erfolgsgeschichten. So ist es der Journalistin Annette Miersch zu verdanken, dass diese Leiche im Keller der deutschen Filmkultur über 20 Jahre nach der letzten Schulmädchenfolge dann doch noch fachgerecht seziert worden ist. Mierschs 2003 erschienenes Buch „Schulmädchen-Report – Der deutsche Sexfilm der 70er-Jahre" ist somit die einzige umfassende Analyse des ansonsten chronisch missachteten Themas und liegt daher zwangsläufig auch den Ausführungen in diesem Kapitel zugrunde.

Mindestens ebenso interessant wie der enorme Erfolg der dümmlichen Sexreihe ist die Tatsache, dass deren Entstehung ausgerechnet auf einen Film zurückging, der vom Bundesgesundheitsministerium gefördert wurde. „Helga" hieß dieser 1967 erschienene Streifen, in dem auf durchaus ernsthafte Weise – es ging um eine schwangere Frau, die über mehrere Monate mit der Kamera begleitet wurde – sexuelle Aufklärung betrieben wurde. Obwohl dieser Film in das wenig

Schulmädchen-Report

publikumsträchtige Genre der Dokumentationen eingeordnet wurde, mauserte sich „Helga" zum größten deutschen Leinwanderfolg seit 30 Jahren und lockte weltweit die phantastische Zahl von 40 Millionen Besuchern in die Kinos. So gesehen wäre die mit überschaubaren Mitteln realisierte „Helga"-Produktion als Star einer typischen David-Goliath-Geschichte schon für sich allein ein Kapitel in diesem Buch wert. Dabei ist natürlich der Verdacht nicht ganz von der Hand zu weisen, dass sich die meisten Zuschauer weniger für den Informationsgehalt von „Helga" als vielmehr für die zahlreichen Nacktdarstellungen interessierten.

Der enorme Publikumszuspruch des „Helga"-Films blieb nicht ohne Folgen. Im Fahrwasser des ersten deutschen Aufklärungsstreifens produzierte beispielsweise der als Sexualpapst bekannt gewordene Journalist Oswalt Kolle Filme wie „Deine Frau, das unbekannte Wesen" oder „Das Wunder der Liebe" und setzte sich damit an die Spitze der deutschen Aufklärungsbewegung. Eine wesentlich wichtigere Rolle an der Kinokasse als die von Kolle mit pädagogischem Ernst gedrehten Werke spielten in der Folgezeit jedoch anspruchslose Sexfilme, bei denen Nacktdarstellungen nicht mehr als Mittel, sondern als Zweck dienten.

Erotik- und Pornofilme waren zu dieser Zeit zwar nicht mehr neu, sie wurden jedoch bis dahin nur in speziellen Etablissements und ohne öffentliche Werbung gezeigt. Durch den Erfolg von „Helga" entdeckten die Produzenten einen neuen Vermarktungsweg, indem sie ihre Filme in normale Kinos brachten und damit eine viel größere Zielgruppe ansprachen. Voraussetzung dafür war natürlich, dass die Schmuddelfilmchen die Zensur der Freiwilligen Selbstkontrolle (FSK) überstanden und damit (wenn auch nur mit einer Freigabe ab 18) über die üblichen Wege vermarktet werden durften. Aus dieser Notwendigkeit heraus entstand Ende der Sechzigerjahre ein neues Filmgenre, das die bereits erwähnte Autorin Annette Miersch als „Sexfilm" bezeichnet. Sexfilme zeichnen sich gemäß dieser Definition dadurch aus, dass ihr Inhalt hauptsächlich aus Nacktdarstellungen (vorzugsweise von Frauen) besteht. Im Gegensatz zu den Bereichen Porno und Erotik verzichten Sexfilme jedoch aus den genannten

Zensurgründen auf Inhalte wie die direkte Darstellung von Geschlechtsverkehr oder Nahaufnahmen von Genitalien.

Doch Sexfilm ist nicht gleich Sexfilm, und so nimmt Miersch in ihrem Buch eine weitere Unterteilung dieses Genres vor. Den ältesten, letztendlich jedoch auch kleinsten Teilbereich bilden dabei die ernst gemeinten Aufklärungsfilme, die mit „Helga" ihren Anfang nahmen. Als wesentlich bedeutender erwiesen sich schon bald so genannte Sex-Reporte, die als Dokumentationen getarnt nackte Körper ins Bild rückten, dabei jedoch keinen pädagogischen Anspruch mehr geltend machen konnten. Die 13 Schulmädchen-Reporte gehören allesamt zu den erfolgreichsten Filmen dieser Klasse.

Neben den sonstigen Sexfilmen, die ohne einen vorgeschobenen Informationsanspruch, dafür aber mit so geistreichen Titeln wie „Wenn die prallen Möpse hüpfen" einen Unterbereich bildeten, entwickelten sich schließlich noch die so genannten Lederhosen-Sexfilme zum Subgenre. Mit Filmen wie „Pudelnackt in Oberbayern" oder „Beim Jodeln juckt die Lederhose" knüpften die Lederhosen-Filmemacher an alte Heimatfilmtraditionen an, ersetzten dabei jedoch die bekannten Herz- und Schmerzgeschichten durch an Dämlichkeit kaum noch zu überbietende alpenländische Sexepisoden. Wie praktisch alle Sexfilme jener Zeit, so zeichneten sich auch die Lederhosenstreifen durchweg durch billige Produktionstechnik und dilettantisches Laienschauspiel aus – es waren eben die nackten Tatsachen, die zählten. Nicht anders verhielt sich dies in anderen Bereichen, in die sich der Sexfilm vorwagte, etwa beim Landschaftssexfilm mit Titeln wie „Die Jungfrauen von Bumshausen" oder beim Märchensexfilm („Lass uns knuspern, Mäuschen").

Zum Thema pseudodokumentarische Sex-Reporte kam bereits im „Helga"-Jahr 1967 mit dem „Intim-Report" der erste Film auf den Markt. Die Reporte der ersten Jahre berichteten in erster Linie aus Umgebungen, die schon für sich genommen mit Sexualität in Verbindung gebracht wurden, beispielsweise aus dem Prostituierten-Milieu. Dies änderte sich, als 1970 der erste Schulmädchen-Report auf den Markt kam. Dieser Film und seine zahlreichen Nachahmer suchten sich als Ziel ihrer Berichte die unmittelbare Umgebung des Durch-

Schulmädchen-Report

schnittsbürgers aus und boten dem Zuschauer allerlei Pseudoenthüllungen aus diesem Bereich. Interessanterweise war der Schulmädchen-Report also nicht der erste Sex-Report und schon gar nicht der erste Sexfilm überhaupt. Dennoch besetzten die niveaulosen Reportage-Episoden des Wolf C. Hartwig mit ihren Schulmädchen-Phantasien offensichtlich eine noch offene Nische in einem damals schon dicht besetzten Markt.

Die literarische Vorlage für die erste Schulmädchen-Peinlichkeit fand Hartwig im Buch „Schulmädchen-Report" des Sexualforschers Günther Hunold. Dieses Werk, dem nach Angaben des Autors authentische Interviews mit Schülerinnen zugrunde liegen, hatte sich in den Jahren zuvor zum Bestseller gemausert. Auch wenn es sich dabei sicherlich nicht um eine wissenschaftlich hochwertige Arbeit handelte, so war Hunolds Abhandlung dennoch ernst gemeint und sprach sicherlich auch eine soziologisch interessierte Zielgruppe an. Wolf C. Hartwig kaufte die Filmrechte am Schulmädchen-Report für einen Schnäppchenpreis von 30.000 Mark und produzierte anschließend mit dem Regisseur Ernst Hofbauer den Film zum Buch. 1970 kam schließlich der Film „Schulmädchen-Report: Was Eltern nicht für möglich halten" in die Kinos. Was Filmexperten nie für möglich gehalten hatten, waren die Heerscharen von Besuchern, die diese Pseudodokumentation anschließend in die Kinos lockte.

Wie alle nun folgenden Schulmädchen-Reporte, so berichtete auch der erste Teil in mehreren Episoden über allerlei sexuelle Begebenheiten aus dem angeblichen Schulmädchenalltag. In den ersten Folgen wurden diese Enthüllungen noch mit Straßenumfragen zu Sexthemen des späteren Schauspielstars Friedrich von Thun ergänzt, doch dieses Element fiel später weg. Die zahlreichen Darstellerinnen, von denen insgesamt etwa 800 in den diversen Schulmädchen-Folgen ihre Hüllen fallen ließen, gingen allerdings in den seltensten Fällen tatsächlich noch zur Schule. Stattdessen rekrutierte Hartwig seine Miminnen zu einem großen Teil aus Verkäuferinnen, die häufig direkt angesprochen wurden. Auch über Inserate und Agenturen fanden viele Mädchen den Weg auf die Leinwand. Mindestens 16 Jahre alt mussten die Pseudoschulmädchen aus rechtlichen Gründen sein, aber am besten jünger aussehen. Schauspielerische Begabung stand bei der Auswahl nicht unbedingt im Vordergrund, was selbst dem geneigtesten Schulmädchen-Zuschauer nicht entgangen sein dürfte. Es soll im Übrigen gar nicht so einfach gewesen sein, genügend freizügige Darstellerinnen zu finden, auch wenn Hartwig mit 500 Mark pro Tag für damalige Verhältnisse gut bezahlte (eine Verkäuferin verdiente zu dieser Zeit etwa 800 Mark im Monat). Angesichts der ständigen Knappheit an interessierten Hobby-Stripperinnen stiegen die Gagen im Lauf der Serie etwas an, und die Regisseure – zunächst Hofbauer, später Walter Boos – mussten zunehmend auch ältere Mädels ins Rennen schicken.

Schaut man auf die Besetzungsliste der diversen Schulmädchen-Reporte, dann drängt sich der Gedanke an die aus der Regenbogenpresse bekannte Rubrik „Sie waren jung und brauchten das Geld" geradezu auf. So genehmigten sich zahlreiche spätere Schauspielgrößen wie Sascha Hehn, Friedrich von Thun, Andrea L'Arronge, Jutta Speidel, Ekkehardt Belle und Heiner Lauterbach im Lauf der 13 Folgen ihre Jugendsünden. Während die später als Sexbombe bekannt gewordene Ingrid Steeger, die ebenfalls ihre Schulmädchen-Visitenkarte abgab, ihre Sexfilm-Erfahrungen mit Humor nehmen kann, dürfte der inzwischen als Volksmusik-Moderator erfolgreiche Bayer Peter Steiner auf seine Auftritte im Schulmädchen-Report sowie in diversen Lederhosen-Sexfilmen nicht mehr besonders gut zu sprechen sein.

Was den Zuschauerzuspruch anbelangt, können jedoch selbst die später prominent gewordenen Schulmädchen-Mimen ihre ersten Auftritte als Karrierehöhepunkt verbuchen. Schließlich lockte Hartwigs sexuell-revolutionäres Konzept bereits mit der ersten Schulmädchen-Folge über 6 Millionen Zuschauer in die deutschen Kinos. Ursprünglich war dieser Film zwar als Einzelkunstwerk geplant gewesen, doch schon in der Premierennacht zog es derart viele Schulmädchen-Fans in die Lichtspielhäuser, dass Hartwig gleich am nächsten Morgen die Produktion eines zweiten Teils in die Wege leitete. Dieser kam ein halbes Jahr nach dem ersten ins Kino und trug den Untertitel „Was Eltern den Schlaf raubt". Unter dem Motto „Dieser Film zeigt, was

Schulmädchen-Report

der erste noch verschweigen musste" (Werbespruch) gönnten sich allein in Deutschland etwa 4 Millionen Zuschauer den 90-minütigen Filmgenuss.

In den Folgejahren schickte Wolf C. Hartwig elf weitere Schulmädchen-Reporte ins Kinorennen und vermied dabei tunlichst größere Konzeptänderungen. Der Abstand zwischen den Produktionen nahm mit der Zeit etwas zu, während die Zuschauerzahlen allmählich abbröckelten. Doch selbst der letzte Film der Serie lockte 1980 noch respektable 1,2 Millionen Zuschauer vor die Leinwände und gehörte dank des erneut spartanischen Budgets zu den kommerziell erfolgreichsten Filmen des Jahres. Wolf C. Hartwig gab später gegenüber Annette Miersch an, dass weniger wirtschaftliche Gründe als vielmehr sein nachlassendes Interesse den Ausschlag für das Ende der Erfolgsgeschichte gab. Nach 13 Folgen fand er einfach keine interessanten Schulmädchen-Themen mehr und wollte sich fortan anderen Projekten widmen. Finanziell hatte er die peinlichen Sex-Episoden ohnehin nicht mehr nötig, denn die „Idee seines Lebens" (Hartwig) hatte ihn längst zum reichen Mann gemacht.

Seinen Reichtum konnte Hartwig nicht zuletzt deshalb anhäufen, weil er die alte Kaufmannsregel, wonach der Gewinn im billigen Einkauf liegt, in vorbildlicher Weise beherzigt hatte. Im Schnitt dauerten die Dreharbeiten für einen Film gerade einmal 18 Tage und kosteten bescheidene 200.000 Mark. Auch wenn die genauen Einnahmen von Hartwigs damaliger Produktionsfirma Rapid nicht bekannt sind, so kann man sich dennoch leicht ausrechnen, welchen Reibach das Unternehmen angesichts der über 100 Millionen Zuschauer gemacht hat. Weitere Zahlungen auf Hartwigs Konto kamen hinzu, als die Schulmädchen-Reihe später auf Video veröffentlicht wurde und im Fernsehen zu sehen war.

Das Fernsehen war es dann auch, das die Schulmädchen-Reporte Anfang der Neunzigerjahre noch einmal ins Gespräch brachte. Nachdem Leo Kirch die Rechte an den Filmen erworben hatte, bereicherte SAT 1 mit den damals immer noch bestens bekannten Streifen sein Nachtprogramm. Sehr zum Unmut beispielsweise der Fernsehzeitschrift *TV Spielfilm*, die jeden der 13 Teile mit einem Daumen nach unten abstrafte und mit dem Schreiben vernichtender Kritiken kaum noch nachkam. Selbst in der Bewertungsrubrik Erotik erhielten die Schulmädchen-Reporte stets nur einen von drei Punkten. Mit der Zeit war den Redakteuren offensichtlich sogar die Vergabe des „Flops des Tages" für die konstant schlechten Schulmädchen-Streifen zu schade. Die Zuschauer kümmerte das wenig, und so bescherten die „Antierotik"-Filme (*TV Spielfilm*) SAT 1 zu nächtlicher Stunde ungeahnte Quotenerlebnisse. Erst nachdem der Kirch-Sender die 13 Schulmädchen-Teile zum fünften Mal durchgenudelt hatte, verschwanden die kaum noch erträglichen Filmchen endlich im Archiv.

Natürlich war die Schulmädchen-Serie bei weitem nicht die einzige erfolgreiche Sexfilmproduktion ihrer Zeit. Annette Miersch zählt für die Jahre zwischen 1967 und 1980 über 300 Filme dieses Genres auf, die zum Teil beachtliche Zuschauermengen mobilisierten. Ihren Höhepunkt erlebte die Sexfilmwelle 1971, als nicht weniger als 38 deutsche Produktionen dieser Art auf die Menschheit losgelassen wurden. Und das mit Erfolg, denn die vorderen Plätze in den Besucherranglisten machten die Vertreter der Sexgattung in diesem Jahr unter sich aus. Im Verlauf der Siebzigerjahre ließ die Sexfilmbegeisterung der Deutschen zwar immer mehr nach, was sicherlich auch an einer Gesetzesänderung zugunsten von Pornoproduktionen lag. Doch noch immer sorgten die diversen Sexfilmer für reichlich Nachschub.

Bei der Suche nach den Ursachen für den häufig unterschätzten David-Erfolg der Schulmädchen-Reporte wäre es sicherlich falsch, alles auf die alte Weisheit „Sex sells" zu schieben. Schließlich war auch schon damals die Konkurrenz in der Branche groß und selbst unter den Sexfilmen mussten sich die 13 Folgen erst einmal behaupten. Unbestritten ist in jedem Fall, dass die Strategie, die Streifen in normalen Kinos abzuspielen und dabei durch die Vermeidung allzu drastischer Darstellungen die Zensur zu umgehen, einen großen Anteil am Gedeihen der Siebzigerjahre-Sexfilme hatte.

Man könnte zudem vermuten, dass der Reportagestil und damit ein scheinbar vorhandener Informationsgehalt für viele Kinobesucher als willkommener Vorwand diente, um sich ungeniert an einem Sexfilm zu ergötzen. In der Tat gibt es zahlreiche Beispiele, in denen Erotikthe-

---

Schulmädchen-Report

men mit einem gewissen Maß an Anspruch das Alibi zum Zuschauen lieferten und damit Erfolg hatten. Die als niveauvolles Erotikmagazin gestartete Vox-Sendung „Liebe Sünde" (später zu Pro 7 gewechselt) gehört etwa dazu. Beim Schulmädchen-Report scheidet diese Erklärung jedoch von vornherein aus, denn spätestens nach den ersten zehn Filmminuten dürfte selbst dem intellektuell minderbemitteltsten Kinobesucher klar geworden sein, dass man den peinlichen Schulmädchen-Spaß nun wirklich nicht für bare Münze nehmen durfte.

Was aber war es dann, was Hartwigs Produktionen über andere Sexreihen hinaushob? Als Erklärung bleibt wohl nur, dass er mit der Schulmädchen-Thematik genau den Nerv des Publikums getroffen hatte. Da konnten die prallen Möpse noch so hüpfen und die Liebesgrüße aus der Lederhose noch so herzlich ausfallen, gegen die Schulmädchen-Phantasien hatten sie keine Chance. Der auch als semidokumentarisch bezeichnete Stil der Reporte feierte interessanterweise in den letzten Jahren in einem völlig anderen Bereich neue Erfolge, und zwar bei den allnachmittäglichen Gerichtsshows. Auch Barbara Salesch und Co. arbeiten mit Erfolg in einer auf authentisch getrimmten Aufmachung.

Was die Schulmädchen-Zuschauer an den Pseudoreportagen von der Sexfront letztendlich wirklich bewegte, wird voraussichtlich trotz aller Theorien für immer ein Geheimnis bleiben. Solche für jeden Marktforscher bedeutenden Fragen wurden nämlich angesichts des großen Zuschauerzuspruchs seinerzeit erst gar nicht untersucht. So schreibt Annette Miersch über das Schulmädchen-Publikum: „Empirische Untersuchungen, statistische Angaben oder historische Abhandlungen, zum Beispiel über dessen Zusammensetzung, Motivationen, Einstellungen und Filmerlebnisse, liegen nicht vor."

Dass seine Schulmädchen-Klamotten zusammen mit den zahlreichen anderen Sexfilmen den Begriff Schund neu definiert haben, scheint Wolf C. Hartwig nicht zu stören. Im Interview mit Annette Miersch verkündete er sogar – man höre und staune –, er habe sich bemüht, „mit den Schulmädchen-Reporten eine gewisse Qualitätslinie einzuhalten". Seltsam nur, dass man dies den Filmen nicht ansieht. Nicht zu bestreiten ist dagegen eine andere Aussage Hartwigs:

Angesichts der Tatsache, dass 50 Prozent aller deutschen Filme Ende der Sechzigerjahre nicht einmal die Produktionskosten einspielten, habe er „viele deutsche Kinos in dieser schwierigen Zeit vor dem Untergang gerettet".

Erfolgsfaktoren

Das bessere Konzept Die Schulmädchen-Episoden mit vielen nackten Tatsachen trafen offenbar genau den Geschmack des Publikums.

Literatur

Annette Miersch: *Schulmädchen-Report. Der deutsche Sexfilm der 70er Jahre*. Bertz Verlag, Berlin 2003

7 Das Imperium der Springmaus – Diddl gegen die Sendung mit der Maus

„Bis heute gelten vor allem ausgeklügelte Kampagnen via Film und Fernsehen als Voraussetzung für den kommerziellen Erfolg von allerlei Plüsch-, Plastik- und Papierprodukten", schrieb das Nachrichtenmagazin *Focus* 1999. „Doch seit am 24. August 1990 eine eigentümliche Springmaus mit dem Namen Diddl das Licht der Cartoonwelt erblickte, scheint diese Theorie ins Wanken geraten zu sein." In der Tat missachtete man beim Geesthachter Depesche-Verlag scheinbar einige Grundregeln der wirtschaftlichen Vernunft, als 1990 der Würzburger Cartoon-Zeichner Thomas Goletz mit der Idee für eine Cartoon-Maus ankam.

Schon die Figur an sich hätte wohl den meisten anderen Unternehmen nicht mehr als ein lautes Gähnen entlockt. Nach Mickymaus, der Sendung mit der Maus, Tom und Jerry, Speedy Gonzales und anderen schien der Markt für Comic-Mäuse nun wirklich gegessen wie ein Stück Käse – da biss die Maus keinen Faden ab. Auch die Idee, ein

Diddl gegen die Sendung mit der Maus **59**

Merchandising-Geschäft um eine Figur zu entwickeln, die in keiner Film- oder Comicproduktion eine Rolle spielte, schien etwa so sinnvoll wie eine Mausefalle ohne Speck. Zumal der mittelständische Depesche-Verlag aus der norddeutschen Provinz nun wahrlich keine Marketing-Millionen in der Kriegskasse hortete.

Dass es anders kam und dass sich Diddl zum Mittelpunkt einer kaum fassbaren David-Goliath-Geschichte mauserte, liegt vor allem an zwei Personen. Die eine davon heißt Thomas Goletz, ist Cartoon-Zeichner und lebt auf einem nicht näher bekannten Bauernhof in Bayern. Goletz war 24 Jahre alt, als er 1990 ein knuddeliges Känguru mit Latzhose entwarf, das sich nach einigen Änderungen schließlich in eine Maus verwandelte, die er „Diddl" nannte. Nach Goletz' Angaben war der 24. August jenes Jahres das exakte Datum, an dem die Maus entstand, und angeblich spürte er sofort, dass Diddl etwas Besonderes war. Optisch stimmte das in jedem Fall, denn das weiß-rosafarbene Tierchen mit den großen Füßen und dem langen Schwanz fiel deutlich aus dem Rahmen.

Goletz fertigte 13 Postkartenentwürfe mit Diddl-Motiven und machte sich auf die Suche nach einem Unternehmen, das diese auf den Markt bringen würde. Ohne allzu langes Suchen stieß er auf den Geesthachter Depesche-Verlag, dessen Chef und Gründer Kjeld Schiotz die zweite Person wurde, die für den Diddl-Erfolg verantwortlich zeichnen sollte. Der Däne Schiotz hatte früher in seiner Heimat die Vermarktung des Comic-Katers Garfield organisiert und erkannte offensichtlich sofort, welches Potenzial in Diddl steckte. Depesche gab erst einmal 48 Diddl-Postkartenmotive bei Goletz in Auftrag und fand in der Lübecker Karstadt-Filiale einen ersten Abnehmer im Einzelhandel.

Umsatz- und Produktionszahlen werden von Depesche zwar wie ein Staatsgeheimnis gehütet, doch offensichtlich verkauften sich die Diddl-Postkarten gut. Mit Sprüchen wie „Spielst du mit mir das Liebesdschungel-such-und-knutsch-mich-Spiel?" in Kombination mit entsprechenden Diddl-Zeichnungen erfand Goletz den Postkartenmarkt zwar nicht neu, traf aber offensichtlich punktgenau den Nerv der meist jugendlichen Kundschaft. Zu den Stilmitteln der immer populärer werdenden Maus gehörte auch die Vokalvervielfachung, wodurch Begriffe wie „suuuuperknuddelsüüüüüüß" das Vokabular der deutschen Sprache bereicherten.

Zu den Postkarten gesellten sich nach dem Anfangserfolg schnell weitere Diddl-Produkte vom Schreibblock über Bettwäsche bis zum Radiergummi. Inzwischen ist der Katalog mit Diddl-Ware 400 Seiten stark, während über 8.000 Geschäfte in Deutschland insgesamt um die 1.000 Diddl-Artikel anbieten. Selbst Diddl-Kleidung blieb den gestressten Eltern von Springmaus-Fans nicht erspart, genauso wenig wie eine Musik-CD, die mit Titeln wie „Alle Diddl knuddeln gern" oder „Lehrer Grandls Motzemauleschluckauf" für musikalische Sternstunden sorgte. Seit 1995 gibt es mit dem *Käseblatt* sogar eine viermal jährlich erscheinende Diddl-Zeitschrift, die es auf eine beachtliche Auflage von 400.000 Exemplaren bringt und mehr als 20.000 Zuschriften pro Ausgabe verzeichnet.

Erstaunlich am Diddl-Erfolg ist vor allem, dass der Depesche-Verlag von Anfang an komplett auf Werbung und PR verzichtete. Im Gegensatz zu anderen Cartoon-Mäusen gibt es zu Diddl auch weder einen Film noch irgendwelche Comichefte, die für eine Nachfrage hätten sorgen können. Diddl kam aus dem Nichts und verkaufte sich ausschließlich über seine Präsenz im Einzelhandel sowie über Mundpropaganda. Eine solche Vermarktungsstrategie konnte sich nur ein David ausdenken, denn jeder Großkonzern hätte in dieser Situation – mit Speck fängt man schließlich Mäuse – entweder eine millionenschwere Werbekampagne gestartet oder die Vermarktung einer Comicfigur ohne Hintergrundgeschichte gleich ganz gelassen.

Obwohl der Depesche-Verlag seine Maus zu melken wusste und somit kräftig abkassierte, nahm von den Fachleuten zunächst kaum jemand Notiz. Dies lag wohl daran, dass sich Mädchen im Alter zwischen 7 und 14 als größte Diddl-Fans erwiesen, während sich vor allem der männliche Teil der erwachsenen Bevölkerung nicht sonderlich dafür interessierte. Auch Menschen, die sich für intellektuell halten, haben sich bisher kaum vom Diddl-Fieber anstecken lassen. Diese Missachtung in weiten Teilen der Bevölkerung sowie die Tatsache, dass Diddl in der Werbewelt praktisch nicht existierte, sorgte

Diddl gegen die Sendung mit der Maus

offensichtlich dafür, dass die kleine Maus zunächst einmal gründlich unterschätzt wurde.

Erst Ende der Neunzigerjahre tauchten in den Fachzeitschriften und Nachrichtenmagazinen erstmals Berichte über Diddl auf und ließen die Fachwelt staunen. Die meisten Diddl-Beiträge in den Medien fielen jedoch reichlich dünn aus, da weder Diddl-Erfinder Thomas Goletz noch der Depesche-Verlag allzu viele Details aus dem Imperium der Springmaus veröffentlichten und sich lieber mucksmäuschenstill über ihren Erfolg freuten. So musste man schon froh sein, als Goletz für die Diddl-Zeitschrift *Käseblatt* sein bisher einziges Interview gab und darin wenigstens ein paar Oberflächlichkeiten ausplauderte. „Ich halte mich bewusst aus der Öffentlichkeit zurück", lautete eine seiner Aussagen. Nach Umfragen ist Diddl heute unter den Kids zwischen 8 und 14 noch vor Mickymaus die beliebteste Comicfigur. Zweifellos ein gigantischer David-Goliath-Erfolg, denn zwischen dem Milliardenkonzern Disney und dem mittelständischen Depesche-Verlag liegen Welten. Wie viel Umsatz das Unternehmen macht, ist zwar nicht bekannt, Schätzungen gehen jedoch von 150 Millionen Euro jährlich aus, wovon ein Großteil aus den Diddl-Produkten stammen dürfte. Bekannt ist dagegen, dass Depesche die Anzahl seiner Mitarbeiter seit dem Diddl-Start von 100 auf 300 gesteigert und damit das benachbarte Atomkraftwerk Krümmel als größten Gewerbesteuerzahler in Geesthacht abgelöst hat.

Die ganze Branche rätselt inzwischen, wo wohl die Gründe des ungewöhnlichen Diddl-Erfolgs liegen könnten. „Durch Diddl spreche ich wohl die Herzen vieler Menschen in ganz besonderer Weise an", verrät Goletz in besagtem *Käseblatt*-Interview und liefert damit wenigstens so etwas Ähnliches wie eine Erklärung. Etwas nüchterner formuliert könnte man auch sagen, dass Goletz in einem übersättigten Markt noch eine Lücke entdeckt und meisterhaft ausgefüllt hat. Interessant, aber bisher nicht zu beantworten ist dabei die Frage, ob Goletz und Depesche anfangs tatsächlich die heute so Diddl-begeisterten 7- bis 14-jährigen Mädchen im Visier hatten oder ob sie mit ihren Postkarten, die ja eher für eine ältere Zielgruppe sprechen, nicht eher andere Käuferschichten ansprechen wollten.

Ob gewollt oder ungewollt, jedenfalls gab es eine so an der Gefühlswelt der jugendlichen Zielgruppe orientierte Comicfigur wie Diddl bis dahin nicht. Mickymaus konnte diese Rolle jedenfalls nie ausfüllen und schon gar nicht die ohnehin hölzern wirkende „Sendung-mit-der-Maus"-Maus. Interessant ist, dass uns Letztere nun schon seit Jahrzehnten in einer Fernsehsendung mit Kultstatus verfolgt und trotzdem in den letzten Jahren von der Springmaus aus Geesthacht in puncto Beliebtheit locker weggediddlt wurde. Dies zeigt, dass ein gutes Konzept unter dem Strich oft mehr Mäuse einbringen kann als selbst die umfangreichste Medienpräsenz.

Am 24. August 2000 feierte Diddl ihren zehnten Geburtstag. Der Depesche-Verlag spendierte ihr zu diesem Anlass eine deutschlandweite Roadshow, was angesichts der Werbezurückhaltung des Unternehmens schon etwas Besonderes bedeutete. Diddl-Exponate gibt es übrigens auch in einer Sonderschau eines Geesthachter Museums zu betrachten. Überflüssig zu erwähnen, dass die Springmaus der ansonsten nur mäßig besuchten Einrichtung ungeahnte Besucherrekorde beschert hat.

Erfolgsfaktoren

Das bessere Konzept Die knuddelige, weiß-rosafarbene Diddl-Maus traf den Nerv der jugendlichen Kundschaft einfach besser als die meisten anderen Comicfiguren.

Die besseren Voraussetzungen Als kleines Unternehmen konnte der Depesche-Verlag nahezu unbemerkt an seinem Erfolg arbeiten und musste so zunächst keine Nachahmer fürchten.

Literatur

Pascal Morché: „Unglaublich diddlig". *Die Zeit* vom 18.2.1999
Hanka Forchner: „Diddl, die Supermaus". *Focus* 31/1999

Internet

www.diddl.de

Diddl gegen die Sendung mit der Maus

8 20 Irre, die Fernsehen machen wollen – VIVA gegen MTV

Als am 1. August 1981 der US-Fernsehsender MTV mit dem Videoclip „Video Killed the Radio Star" symbolträchtig den Sendebetrieb aufnahm, begann für die Musikbranche eine neue Ära. Das Programm des neuen Senders, dessen vollständiger Name „Music Television" lautete, bestand im Wesentlichen aus Popsong-Videoclips, die von den Plattenfirmen zwecks Vermarktung ihrer Interpreten praktisch kostenlos zur Verfügung gestellt wurden. So konnte MTV mit ausgesprochen kostengünstigen Produktionsbedingungen kalkulieren, während die mit dem Programm hauptsächlich angesprochenen Teenager für die Werbebranche eine begehrte Zielgruppe bildeten. So erwies sich das MTV-Konzept als ausgesprochen lukrativ.

1984 fuhr MTV, dessen Muttergesellschaft der internationale Konzern Viacom ist, mit 12 Millionen US-Dollar erstmals einen Gewinn ein und startete anschließend seinen Siegeszug um die Welt. 1987 ging in London der europäische Ableger MTV Europe auf Sendung und versorgte damit auch die deutsche Jugend mit den neuesten Clips ihrer Pop- und Rockidole. In Deutschland, das nach den USA und Großbritannien als drittgrößter Musikmarkt der Welt gilt, funktionierte das Konzept von MTV genauso wie in zahlreichen anderen Ländern, ohne dass das Management des Senders die Inhalte allzu sehr an lokale Gegebenheiten anpassen musste. Auch mit der schrillen Aufmachung und der Auswahl der Moderatoren traf MTV offenbar genau den Geschmack der jugendlichen Zuschauer und ließ damit beispielsweise die deutsche Videoclip-Sendung Formel 1 buchstäblich alt aussehen. MTV war einfach cool und vor allem so gut wie konkurrenzlos.

In Anbetracht der Tatsache, dass sich MTV auch in Deutschland längst breit gemacht hatte, gehörte Anfang der Neunzigerjahre sicherlich einiges an Mut dazu, einen Konkurrenzsender ins Leben zu rufen. Diesen Mut hatten zu dieser Zeit die Hamburger TV-Produktionsfirma MME sowie die im gleichen Geschäft aktive Firma DoRo

64   *David und das bessere Konzept*

in Wien. Allein brachten die beiden mittelständischen Unternehmen das zu einer Sendergründung notwendige Kapital allerdings nicht auf, weshalb sie sich auf die Suche nach Geldgebern machten. Die Idee zu einem deutschen Musikfernsehen war übrigens zu diesem Zeitpunkt nicht mehr neu. Bereits einige Jahre zuvor hatte der Sender Musicbox um Pop- und Rockfans als Zuschauer gebuhlt, musste aber 1988 mangels ausreichender Quoten die Pforten schließen. Musicbox wurde anschließend in Tele 5 umgewandelt, aus dem später das Deutsche Sportfernsehen (DSF) hervorging.

Die Investorensuche erwies sich für MME und DoRo zwar nicht gerade als einfaches Unterfangen, doch schließlich fanden sie in Time Warner und SONY potente Geldgeber. Später gesellten sich noch EMI, Philips (über die Tochter PolyGram) und Frank Otto, Sohn des Besitzers des gleichnamigen Versandhauses, dazu (Letzterer stieg jedoch frühzeitig wieder aus). Eine breitere Basis hätte der neue Sender, der schließlich VIVA getauft wurde, kaum haben können, denn immerhin repräsentierten die vier Großkonzerne, die das Kapital für VIVA bereitstellten, 85 Prozent der weltweiten Tonträgerindustrie. „Das ist ungefähr so, als würden Springer, Gruner + Jahr und Bauer einen News-Sender gründen, in dem Dagmar Berghoff – unterbrochen von einzelnen Werbespots der Verlage – die neuesten Berichte aus *Welt, Stern, Focus* und *Playboy* vorliest", schrieb dazu die Marketing-Fachzeitschrift *Kontakter*. Prompt meldete die für die Lizenz zuständige Landesanstalt für Rundfunk aufgrund der großen Marktmacht Bedenken an und erteilte später die Genehmigung nur unter Vorbehalt. Als Zugeständnis räumten die Investoren daraufhin VIVA vertraglich eine Unabhängigkeit von den Muttergesellschaften ein und konnten die Medienwächter schließlich davon überzeugen, dass der Wettbewerb nicht in Gefahr war. Auch das Bundeskartellamt gab schließlich seinen Segen.

Obwohl VIVA damit fast die gesamte Tonträgerindustrie mit im Boot hatte, blieben die meisten Branchenbeobachter skeptisch. „Die haben keine Chance", urteilte beispielsweise RTL-Chef Helmut Thoma, während offensichtlich auch die Investoren selbst nicht wirklich an ihr Projekt glaubten. Sie stellten insgesamt ein Startkapital

---

VIVA gegen MTV

von 80 bis 100 Millionen Mark zur Verfügung, was für die vier Milliardenkonzerne kaum mehr als einen Griff in die Portokasse bedeutete. Die Vorsicht hatte natürlich nicht zuletzt mit dem Goliath zu tun, gegen den der David VIVA zwangsläufig antreten musste. Dieser hieß MTV und hatte auch in Deutschland längst eine treue Fangemeinde, die nicht ohne weiteres zu einem neuen Kanal abwandern würde.

Ein mindestens genauso großer Gegner wie MTV war für VIVA zudem der traditionell schwierige deutsche Fernsehmarkt. Schon zu Zeiten des VIVA-Starts waren in Deutschland einschließlich der diversen dritten Programme über ein Dutzend öffentlich-rechtliche Programme aktiv, die sich hauptsächlich aus Gebühren finanzierten und so kaum ein wirtschaftliches Risiko eingehen mussten. Für die Privaten erwies es sich angesichts dieser Konkurrenz als äußerst schwierig, die notwendigen Einschaltquoten für ihre Werbegelder einzufahren. Mitte der Neunzigerjahre konnten von den zahlreichen deutschen Privatsendern daher nur Pro7 und RTL schwarze Zahlen vorweisen, während beispielsweise SAT 1 – neben RTL der beliebteste Privatkanal – bis heute seinen Anlaufverlusten hinterherläuft. Dass ausgerechnet der Minisender VIVA in den exklusiven Club der profitablen TV-Stationen aufsteigen würde, wollte verständlicherweise niemand so recht glauben.

Die Skepsis der Branche verstärkte sich noch, als VIVA trotz mehrerer Versuche nicht aus den Startlöchern kam. Mitte 1993 hatte der Sender immer noch keine Mitarbeiter angestellt, obwohl es bei Sendebeginn 120 sein sollten. So musste der Start mehrfach verschoben werden, nachdem die Gesellschafter sich nicht einmal auf einen Geschäftsführer einigen konnten. Erst als der für Ende 1993 anvisierte Programmstart schon bedrohlich nahe rückte und eine erneute Verschiebung drohte, fanden die Investoren schließlich einen geeigneten Geschäftsführer: den im Popgeschäft erfahrenen Dieter Gorny. Am 1. November 1993 trat er sein Amt an.

Ob Gorny der richtige Mann für die VIVA-Leitung war, darüber wurde in der Szene heftig diskutiert. Unbestritten war allenfalls, dass es sich bei ihm um eine interessante Persönlichkeit handelte. Der 1955 geborene Gorny hatte Kontrabass und Komposition studiert und als

Streicher in nordrhein-westfälischen Symphonieorchestern erste Erfahrungen im Musikgeschäft gesammelt. Er erkannte jedoch, dass das Pop- und Rockgenre interessantere Entwicklungsmöglichkeiten als die Klassik bot, und verdingte sich daher 1984 als Fachbereichsleiter Popularmusik an der Universität Wuppertal. 1985 übernahm er die Leitung des Rockbüros NRW, einer Landesinitiative zur Förderung junger Rockmusiker, und gründete 1988 die Musikmesse PopKomm. Diese sollte zu seinem größten geschäftlichen Erfolg werden.

Zu Gornys Stärken gehören bis heute beste Beziehungen zur Landespolitik in Nordrhein-Westfalen, auch zu Kanzler Schröder hat er einen guten Draht. Immer wieder wurden ihm daher Ambitionen auf ein Ministeramt in Düsseldorf (etwa für Kultus oder Wirtschaft) nachgesagt. Von Anfang sah er die große Chance von VIVA vor allem darin, dass MTV kaum auf deutsche Belange einging: „Die würden doch eher ein Pausenzeichen senden als ein Lied von Pur", lästerte Gorny nicht ganz zu Unrecht, denn in der Tat hatte es für die deutsche Jugend schon Ereignischarakter, wenn sich MTV beispielsweise zum Abspielen des Rap-Songs „Die da" von den Fantastischen Vier herabließ.

Am 1. Dezember 1993 konnte es dann endlich losgehen. Wie zwölf Jahre zuvor MTV, so startete auch VIVA seinen Sendebetrieb mit einem symbolträchtigen Videoclip: „Zu geil für diese Welt" rappte das Stuttgarter Hiphop-Ensemble Die Fantastischen Vier und stimmte das Publikum von Anfang an auf einen hohen Anteil deutscher Rockmusik ein. Was in den folgenden Wochen so alles über den neuen Sender dudelte, fanden Teenager und Kritiker dagegen weniger geil, denn die Endlosschleife von Videos und langweiligen Moderationen konnte man allenfalls als Notprogramm bezeichnen. Kein Wunder, denn Dieter Gorny hatte zu diesem Zeitpunkt nach eigener Aussage gerade einmal „20 Irre, die Fernsehen machen wollen", um sich geschart und schaffte es zunächst nicht, sich um Nebensächlichkeiten wie das Programm zu kümmern.

Um Geld zu sparen, verzichteten die VIVA-Macher gänzlich auf vertraute Moderatoren-Gesichter und gaben dafür dem Nachwuchs eine Chance. Heike Makatsch, Nils Bokelberg und Mola Adebisi hießen einige der VIVA-Moderatoren der ersten Stunde, die damals nie-

VIVA gegen MTV

mand kannte. Auf eine Sprechausbildung oder journalistische Erfahrung legte VIVA dabei nicht allzu viel Wert, was die Presse mit Wertungen wie „pubertäres Gezappel" quittierte.

Erst nach einigen Anlaufschwierigkeiten gelang es VIVA schließlich, Profil zu gewinnen. Die Programmgestaltung wurde professioneller, während die viel gescholtenen Amateur-Moderatoren bei den Teenagern glänzend ankamen. Offensichtlich konnten sich die jugendlichen Pop-Konsumenten mit den kumpelhaften und außerdem Deutsch sprechenden VIVA-Frontleuten deutlich besser identifizieren als mit den coolen, aber unnahbaren MTV-Videojockeys, die sie ohnehin kaum verstanden. Gerade der Heimvorteil war es, den VIVA nun geschickt nutzte, indem es anfangs 20 bis 30 Prozent deutsche Rockmusik und zahlreiche Neuigkeiten aus der deutschen Szene sendete. Nahezu täglich stiegen die Einschaltquoten, und immer mehr der Teenies stiegen von MTV auf VIVA um.

Gorny, der bei VIVA einfach nur „der Dieter" gerufen wird, erwies sich letztendlich als der richtige Mann für die Position des VIVA-Geschäftsführers. Seine guten Politikkontakte nutzte er, um bei den Landesmedienanstalten die begehrten Sendekanäle für seinen Sender zu erhalten. Dabei betonte er stets den kulturellen Anspruch seines Senders, der nicht einfach nur Geld verdienen, sondern auch deutsche Kultur fördern sollte. Die zunächst angekündigten 40 Prozent deutscher Musik, die VIVA senden wollte, erreichte der Sender zwar zunächst nicht. Nach einigen Jahren ergab sich diese Quote allerdings praktisch von selbst.

Diese Entwicklung war vor allem darauf zurückzuführen, dass neben dem Sender selbst auch die deutsche Rockmusik eine ungeahnte Blüte erlebte. Sieht man von der Neuen Deutschen Welle Anfang der Achtzigerjahre einmal ab, dann stand Rockmusik made in Germany bis dahin immer im Schatten internationaler Hitparaden-Helden wie Michael Jackson oder Phil Collins. Deutsche Rockstars wie Heinz Rudolf Kunze hatten angesichts der internationalen Musikdominanz sogar allen Ernstes eine Quotenregelung in Fernsehen und Rundfunk zugunsten deutscher Produktionen gefordert. Nun war das nicht mehr notwendig, denn die deutschen Rockmusiker hatten in

VIVA auf einmal ihr eigenes Forum, in dem sie mindestens so gewürdigt wurden wie Michael Jackson und Co. Interpreten wie Sabrina Setlur, Tic Tac Toe oder Xavier Naidoo hätten ohne VIVA wohl kaum Karriere gemacht.

Doch trotz aller Anfangserfolge nahm der große Konkurrent MTV VIVA immer noch nicht wirklich ernst. 1995 machte der Londoner Sender sogar einen Fehler, der VIVA enormen Auftrieb geben sollte: Er strahlte sein Programm per Satellit verschlüsselt aus, wodurch jeder, der keinen Kabelanschluss hatte, für MTV einen Decoder benötigte. Doch statt sich ein solches Gerät zu besorgen, schalteten die meisten Teenager, die MTV über Satellit empfingen, lieber auf VIVA um und beflügelten dessen Einschaltquoten damit beträchtlich. So konnte VIVA für das Jahr 1995 mit 6 Millionen Mark erstmals einen Jahresgewinn vermelden und sich damit neben RTL und Pro7 als dritter profitabler Sender in Deutschland etablieren. 1996 war es schließlich amtlich: Gemäß mehreren Umfragen hatte VIVA MTV in der Zuschauergunst überholt und konnte vor allem auch höhere Werbeeinnahmen vermelden.

Für das weltweit erfolgreiche MTV bedeutete dieser Rückstand gegenüber VIVA natürlich eine empfindliche Schlappe. „Eine solche Niederlage hatte der globale Musik-TV-Konzern bis dahin in keinem Land hinnehmen müssen", schrieb dazu die *Süddeutsche Zeitung*. Immerhin nahmen die Londoner den Kampf nun endlich an und gingen mit dem Konzept, deutsche Inhalte ins Programm aufzunehmen, ihrerseits in die Offensive. „Es ist so weit, dass sogar MTV VIVA kopiert", kommentierte die *Frankfurter Rundschau* diesen Vorgang, der für den Kölner David natürlich ein ungewolltes Kompliment bedeutete. Ab 1999 strahlte MTV sein Programm wieder unverschlüsselt aus und baute mit zahlreichen deutschsprachigen Programmfenstern die Sprachbarriere ab. Da MTV damit de facto einen zweiten deutschen Musikkanal einrichtete, konnten sich nicht zuletzt auch die deutschen Popmusik-Fans als Gewinner des Konkurrenzkampfs sehen.

Unter der neuen Deutschland-Chefin Christiane zu Salm startete MTV eine Marketing-Offensive, um das verlorene Terrain zurückzuerobern. Konkurrenz belebt bekanntlich das Geschäft, und in diesem

VIVA gegen MTV

Fall sorgte sie zumindest für Unterhaltung, denn der Kleinkrieg zwischen zu Salm und Gorny entwickelte sich in den kommenden Jahren zu einem Running Gag der Medienbranche. Gorny nannte zu Salm ein „Rockprinzesschen", während diese den VIVA-Chef als „Helmut Kohl des Musikfernsehens" bezeichnete. MTV beanspruchte schon bald die Marktführerschaft wieder für sich, was angesichts unterschiedlicher Statistiken – die von den meisten anderen Sendern als Grundlage verwendeten Einschaltquoten der Gesellschaft für Konsumforschung lehnten beide Sender als unpassend ab – allerdings Interpretationssache war. Ab dem Jahr 2000 ließ sich jedoch nicht mehr leugnen, dass MTV wieder leicht die Nase vorn hatte.

In jüngster Zeit haben VIVA und MTV allerdings mehr mit der anhaltenden Krise auf dem Musikmarkt als mit gegenseitigen Sticheleien zu tun. Während die Tonträgerindustrie Umsatzrückgänge vermeldet und die Auflagen von Zeitschriften wie *Bravo* sinken, müssen auch die beiden Musiksender Rückschläge hinnehmen. Vor allem das Internet mit seinen neuen Möglichkeiten der Musik-Distribution macht den Clip-Kanälen zu schaffen. Anlass zu feiern gab es für VIVA jüngst trotzdem: 2003 feierte der Sender sein zehnjähriges Bestehen.

Erfolgsfaktoren

Das bessere Konzept VIVA nahm mit deutschsprachigen Inhalten dem englischsprachigen MTV die Zuschauer weg.

Die besseren Voraussetzungen VIVA hatte als Sender, der nur im deutschsprachigen Raum sendet, einen Heimvorteil gegenüber dem internationalen MTV.

Literatur

Klaus Neumann-Braun (Hsg.): *Viva MTV!* Edition Suhrkamp, Frankfurt 1999
Claudius Sedl: „Pop-art für Sozialdemokraten". *Der Spiegel* 33/1995
Konstantin von Hammerstein, Oliver Link, Thomas Tuma: „Clip, Clip, Hurra". *Der Spiegel* 39/1999

Ulf Brichcy: „Das Trauma Viva". *Süddeutsche Zeitung* vom 13.7.2000
Markus Misiewicz: „Gesucht: Jung und trendy. Ein Musiksender für Teenies auf dem Weg zum Erfolg". *Frankfurter Rundschau* vom 16.9.1998

Internet
www.viva.de

Schlussfolgerungen

Es gibt noch einige weitere Beispiele aus anderen Teilen dieses Buchs, in denen das bessere Konzept zu einem David-Sieg beigetragen hat:

Google: Die erfolgreiche Internet-Suchmaschine bietet nur in sehr beschränktem Umfang Werbemöglichkeiten an. Durch dieses Konzept verzichtet das Unternehmen zwar auf eine interessante Einnahmequelle, wird aber für die Nutzer attraktiver (siehe Kapitel 9).

Lange Uhren setzte in Auftreten, Produktion, Preis und Vertrieb auf noch höhere Exklusivität als beispielsweise Rolex und konnte sich so am Markt etablieren (siehe Kapitel 12).

Internet-Mail war X.400 technisch scheinbar unterlegen. Die geringere Komplexität erwies sich jedoch als besseres Konzept und trug damit zum Erfolg bei (siehe Kapitel 14).

Linux wurde von ehrenamtlichen Programmierern nach speziellen Regeln entwickelt. Dieses Konzept erwies sich als sehr erfolgreich (siehe Kapitel 17).

Red Bull ist eigentlich eine Limonade, die nach Gummibärchen schmeckt. Diese als „Energy-Drink" zu deklarieren brachte Red Bull den Erfolg (siehe Kapitel 19).

Schlussfolgerungen

Müller Milch setzte auf ständig neue Milchprodukte im Plastikbecher und gewann damit viele Kunden (siehe Kapitel 20).

PGP ist eine vor allem auf Heimanwender zugeschnittene Verschlüsselungssoftware, die eine hohe Sicherheitsstufe bietet. Diese Kombination fand zahlreiche Anhänger (siehe Kapitel 22).

bruno banani fand mit Designerunterwäsche zu erschwinglichen Preisen eine Lücke in einem scheinbar gesättigten Markt (siehe Kapitel 23).

Man sieht, auch in heftig umkämpften Märkten findet sich oftmals noch eine Möglichkeit, sich mit einem besseren Konzept als Newcomer durchzusetzen. Interessant ist dabei die Frage, ob es Konzepte gibt, die für einen Branchen-David besser geeignet sind als für einen Branchen-Goliath. Tatsächlich ist dies zunächst einmal deshalb der Fall, weil manche Konzepte auf einen Nischenmarkt zugeschnitten sind, der für einen Goliath zu klein ist. Ein Beispiel hierfür ist die Firma Multicar, deren kleine, wendige Fahrzeuge nur in vergleichsweise geringen Stückzahlen hergestellt werden. Für das Unternehmen in Waltershausen reicht dies aus, während der wichtigste Konkurrent Unimog mit einer derartigen Nische allein nicht bestehen könnte. Ein richtiger David-Vorteil lässt sich aus dieser Fokussierung auf einen kleinen Markt jedoch nur ableiten, wenn ihn der David erfolgreich gegen den Goliath verteidigen kann. Ansonsten spricht für den größeren Kontrahenten nichts dagegen, in der gleichen Nische aktiv zu werden wie der Herausforderer und diesem dort das Leben schwer zu machen. Außerdem kann ein David einen Goliath durch das Besetzen einer Nische natürlich nie überflügeln.

Es gibt jedoch auch gewichtigere David-Vorteile bei der Wahl des richtigen Konzepts. Einer davon ergibt sich beispielsweise dadurch, dass ein kleines Unternehmen unauffälliger agieren und damit sein möglicherweise gutes Konzept besser verbergen kann als ein großer Konkurrent. Davon hat beispielsweise der Depesche-Verlag profitiert, dessen Erfolg mit Diddl jahrelang niemandem so richtig aufgefallen ist. Auch die Oettinger-Brauerei wurde in der Branche lange unterschätzt.

Der größte Vorzug für einen kleinen Herausforderer bei der Wahl eines schlagkräftigen Konzepts dürfte jedoch die Tatsache sein, dass ein solcher weniger Rücksicht nehmen muss und weniger zu verlieren hat. So konnte etwa der David Google vor allem deshalb problemlos auf bestimmte Werbeeinnahmen verzichten, weil es diese in dem neu gegründeten Unternehmen ohnehin nicht gab. Einem Konkurrenten hätte ein solcher Schritt erheblich mehr wehgetan, weil er zunächst mit einem erheblichen Umsatzverlust verbunden gewesen wäre. Ähnliche Argumente kann man für das Exklusivitätskonzept von Lange Uhren anführen: Ein Unternehmen wie Rolex oder Patek Philippe hätte sich nicht ohne erhebliche Magenschmerzen von dem weniger exklusiven Teil seiner Klientel trennen können, während dies für einen Newcomer kein Problem war.

Schlussfolgerungen

Teil 2

David und die bessere Technik

So stellt man sich eine typische David-Goliath-Geschichte vor: Ein heller Kopf brütet in seiner Hinterhofwerkstatt eine geniale Erfindung aus, welche die bisher übliche Technik revolutioniert. Mit dieser Neuheit macht sich der Tüftler auf, den etablierten Unternehmen seiner Branche das Fürchten zu lehren, und landet schließlich den ganz großen Erfolg.

Nach diesem Klischee lief allerdings keine der in diesem Buch beschriebenen Geschichten ab. Auch sonst spielt eine überlegene Technik nur selten die entscheidende Rolle beim Zustandekommen eines David-Goliath-Effekts. Offensichtlich haben Aspekte wie das Konzept, die Voraussetzungen, die Vermarktung und das Management einen wesentlich bedeutenderen Einfluss, wenn es um den Sieg gegen einen überlegenen Gegner geht. Doch gerade weil sie die Ausnahme bilden, sind die wenigen Fälle, in denen die bessere Technik den Ausschlag für den Erfolg eines Davids gegeben hat, besonders interessant. Drei Geschichten zu diesem Aspekt sind im Folgenden aufgeführt, wobei in einer der Begriff „Technik" auch nur im übertragenen Sinne zu verstehen ist.

9 | Google weiß alles – Google gegen die etablierten Internet-Suchmaschinen

Wenn in der Computerbranche von einer Monopolstellung die Rede ist, die irgendjemand mit politischen Maßnahmen bekämpfen will, dann konnte damit lange Zeit nur Microsoft gemeint sein. Schließlich dominiert die von Bill Gates gegründete Firma den Softwaremarkt in einer Art und Weise, die bei vielen Computer-Freunden Zweifel am noch vorhandenen Wettbewerb aufkommen lässt. Als jedoch im Sommer 2003 eine Studie der Bertelsmann-Stiftung die Übermacht eines Anbieters in der Internetbranche aufzeigte und ein Mitarbeiter dieser Institution anschließend „neue Regulierungsansätze" ins Spiel brachte, war der Anlass ausnahmsweise einmal nicht Microsoft. Vielmehr ging es um die marktbeherrschende Internet-Suchmaschine, und diese heißt Google.

Der Erfolg von Google ist ein Phänomen. Etwa 70 Prozent aller Internetnutzer steuern derzeit die Web-Seite des Unternehmens aus dem kalifornischen Mountain View an, wenn sie nach etwas suchen. Und während andere Firmen der New Economy mit einer anhaltenden Krise zu kämpfen haben, kann sich Google über fette Gewinne freuen. Bei der führenden Suchmaschine funktioniert offensichtlich sogar das, was anderswo tausendfach gescheitert ist: der Versuch, über bezahlte Anzeigen auf Internet-Seiten Geld zu verdienen. Fast scheint es, als wären die Gesetze der Betriebswirtschaft bei Google außer Kraft gesetzt.

Noch erstaunlicher als der Google-Erfolg an sich ist allerdings die Art und Weise, wie er zustande kam. Von einer Pioniertat kann dabei jedenfalls keine Rede sein, denn als die beiden Studenten Sergey Brin und Larry Page das Unternehmen 1998 gründeten, hatte die Zahl der Internetnutzer bereits die 100-Millionen-Grenze überschritten, und der Markt für Suchmaschinen schien längst gesättigt. Yahoo!, Altavista und Excite hießen die Platzhirsche, die sich einen heftigen Verdrängungswettbewerb lieferten, in dem scheinbar jeder Newcomer zermahlen werden würde. Auch im Nachhinein ist es kaum zu glauben, dass in diese Phalanx der Goliaths ein David einbrechen konnte.

Doch Brin und Page wollten die Chance nutzen, die sie nicht hatten. Die beiden hatten im Rahmen ihres Studiums an der Stanford-Universität in Kalifornien ein Verfahren entwickelt, mit dem sich eine zuverlässige Bewertung der Wichtigkeit einer Web-Seite berechnen lässt. Die Idee dabei war so einfach wie genial: Je mehr Verweise von anderen Seiten auf eine bestimmte Web-Seite führen, desto höher wird diese bewertet. Dieser neue Ansatz sollte später die Überlegenheit von Google gegenüber der Konkurrenz ausmachen. Als eines der wenigen in diesem Buch beschriebenen Unternehmen verdankt Google somit seinen Erfolg einer technischen Innovation.

Doch zunächst dachten Brin und Page weniger daran, ihre Erfindung selbst zu verwerten, sondern boten sie erst einmal Branchengrößen wie Altavista und Excite an. Diese winkten jedoch ab. Das fehlende Interesse war nicht zuletzt darauf zurückzuführen, dass viele Suchmaschinen-Betreiber nicht glaubten, dass eine verbesserte Suchtechnik wesentlich mehr Nutzer bringen würde. „Solange wir 80 Prozent der Leistung unserer Mitbewerber bieten, reicht das aus", zitiert man bei Google einen nicht genannten Suchmaschinen-Boss, der offenbar der richtigen Vermarktung seines Diensts Priorität vor der Technik einräumte. Angesichts der in diesem Buch bestätigten These, dass technische Überlegenheit nur selten der Grund für den Erfolg ist, sicherlich eine richtige Vorgehensweise. In diesem speziellen Fall sollte sie sich jedoch als falsch erweisen.

Erst nach den Absagen der etablierten Suchmaschinen-Betreiber beschlossen Brin und Page, mit einem eigenen Suchdienst an den Markt zu gehen. Immerhin fanden sie in Andreas von Bechtolsheim, dem deutschen Gründer der Firma Sun Microsystems, einen Investor, der nach einer kurzen Betrachtung des Suchsystems spontan 100.000 US-Dollar spendierte. Mit diesem Startkapital gründeten Brin und Page im Herbst 1998 ein Unternehmen, das sie „Google" nannten. Dieser Name ist aus dem Begriff „Googol" abgeleitet, der in der Mathematik für die Zahl 10^{100} steht (dies ist eine Eins mit 100 Nullen). Die Anlehnung an diese unvorstellbar große Zahl ergab sich aus der Überlegung, dass im Internet unvorstellbar viele Informationen abrufbar sind.

Das erste Firmendomizil schlug Google in der Garage eines Freundes der beiden Jungunternehmer auf. Das viel bemühte Klischee einer Erfolgsgeschichte, die in einer Garage begonnen hat, trifft bei Google also tatsächlich zu. Angesichts der Tatsache, dass die neue Suchmaschine im Umfeld der Stanford-Universität schnell Freunde gewann, fanden Brin und Page relativ schnell weitere Investoren. Mit Kleiner Perkins Caufield & Byers und Sequoia Capital stellten die

Google gegen die etablierten Internet-Suchmaschinen

zwei renommiertesten Risikokapitalgeber des Silicon Valley insgesamt 25 Millionen US-Dollar zur Verfügung, wobei die beiden Google-Gründer natürlich davon profitierten, dass die Internetbranche zu diesem Zeitpunkt noch boomte.

Schon in der Testphase zog Google die Internetanwender geradezu magisch an. Obwohl das Unternehmen keinerlei Werbung machte, sprach sich schnell herum, dass die neue Suchmaschine aufgrund des innovativen Bewertungsverfahrens bessere Suchergebnisse lieferte als die Konkurrenz. Schon früh berichteten daher Medien wie *USA Today*, *Le Monde* oder das *PC Magazine* über den neuen Suchdienst und verschafften Google so weitere Popularität. Als Brin und Page im September 1999 die Testphase ihrer Suchseite offiziell für beendet erklärten, gingen pro Tag bereits 3 Millionen Anfragen ein.

„Google weiß alles", staunte man unter Internetnutzern, und schon bald wurde daraus ein geflügeltes Wort. Viele schienen daran zu glauben, und so ging das Wachstum von Google in atemberaubendem Tempo weiter. Als wären alle anderen Suchmaschinen nur Statisten, zog Google informationshungrige Web-Surfer zu sich und vergrößerte ständig seinen Marktanteil. Im Frühjahr 2001 überrundete Google den größten Konkurrenten Yahoo! und erreichte damit die größten Nutzerzahlen der Branche. Damit hatte es das Unternehmen innerhalb von nur drei Jahren aus dem Nichts zum Marktführer in einem Milliardenmarkt gebracht – eine solche Erfolgsstory sucht in der Wirtschaftsgeschichte ihresgleichen.

Im vierten Quartal 2001, als die gesamte Branche längst unter der Dotcom-Krise ächzte, schaffte Google den Sprung in die schwarzen Zahlen. Genaue Informationen veröffentlicht das Unternehmen zwar nicht, der Jahresumsatz 2002 wurde jedoch von Branchenkennern auf etwa 300 Millionen US-Dollar geschätzt. Der Gewinn soll stolze 100 Millionen US-Dollar betragen haben. Für den Großteil der Einnahmen dürften dabei Werbeerlöse gesorgt haben, während der Rest hauptsächlich auf Lizenzeinnahmen für die Google-Technik fiel. Zu den Kunden, die diese nutzten, gehörten Unternehmen wie Procter & Gamble, Cisco und sogar der Konkurrent Yahoo!. 2003 gewann man in Mountain View auch die Telekom-Tochter T-Online als Lizenznehmer.

Auch technisch kann Google mit beeindruckenden Fakten aufwarten: Nicht weniger als 10.000 Linux-Computer sorgen auf zwei Standorte verteilt für die schnelle Bearbeitung von über 150 Millionen Anfragen täglich. Zwar weiß Google nicht wirklich alles, doch mit 3,1 Milliarden Web-Seiten und 700 Millionen News-Forum-Einträgen im Speicher kommt die Suchmaschine diesem Ziel schon sehr nahe. Verständnisschwierigkeiten dürfte es dabei kaum geben, denn immerhin lässt sich Google in 86 Sprachen abfragen.

Durch das glänzend laufende Geschäft ist Google in einer gebeutelten Branche zu einer Oase der Glückseligkeit geworden. „Im Googleplex, der Zentrale der Internet-Suchmaschine, erinnert vieles an die goldenen Zeiten des Silicon Valley", schrieb dazu *Focus Money*. In der Tat bietet Google seinen Mitarbeitern von kostenlosen Massagen bis zum Fitnessstudio so manches Extra, das anderswo längst gestrichen wurde. Auf dem Parkplatz vor dem Googleplex spielen die Angestellten regelmäßig Rollhockey.

Angesichts der gestiegenen Management-Herausforderungen haben die Firmengründer Sergey Brin und Larry Page inzwischen einige erfahrene Manager für die Führung des Unternehmens verpflichtet und sich selbst wieder auf die Technik konzentriert. Die neue Google-Führung um den Vorstandsvorsitzenden Eric Schmidt, den ehemaligen Chef der Softwarefirma Novell, weitete das Angebot der Suchmaschine aus. So bietet Google inzwischen auch die Suche nach Einträgen in News-Foren an, mit Google News (Nachrichtensuche) und Froogle (Suche nach Einkaufsangeboten) gibt es weitere neue Dienste.

Keine Frage, der Aufstieg von Google zum einsamen Marktführer ist eine einzigartige Perle unter den David-Goliath-Geschichten. Unglaubliche 70 Prozent aller Internet-Suchanfragen landen nach Expertenschätzungen heute bei Google – ein Marktanteil, von dem andere nur träumen können. Nebenbei prämierte die Markenagentur Interbrand Google sogar zur Marke des Jahres 2002 – und das gerade einmal vier Jahre nach deren Entstehung und ohne dass Google in nennenswertem Umfang Werbung gemacht hat. Auch die anfangs erwähnten Sorgen einiger Medienwächter bezüglich einer Monopolstellung wird man bei Google eher als Kompliment verstehen.

Google gegen die etablierten Internet-Suchmaschinen

Da kein anderes Unternehmen, das in diesem Buch erwähnt wird, auf einen so überwältigenden Erfolg verweisen kann wie Google, ist es umso interessanter, nach den Gründen dafür zu fragen. Natürlich wird in diesem Zusammenhang immer auf die bessere Suchtechnik verwiesen, die Google zu bieten hat. In der Tat dürfte das spezielle Verfahren, das Sergey Brin und Larry Page entwickelt haben, einer der Hauptgründe für den Erfolg sein. Google liefert einfach bessere Ergebnisse als andere und schaffte damit das beste Argument für seine Nutzung.

Als weiterer Erfolgsgrund hat sich erwiesen, dass sich Google im Gegensatz zur Konkurrenz komplett auf das Thema Informationssuche konzentrierte. Andere Suchmaschinenbetreiber, wie Altavista, Yahoo! oder Web.de, versuchten, ihre Seiten zu Vielzweck-Portalen auszubauen, die neben der Suche noch andere Dienste wie E-Mail und Nachrichten anbieten. Google verzichtete dagegen auf alles, was nicht zum Kerngeschäft gehörte. Dies ist der Web-Seite des Unternehmens, die in einem geradezu spartanischen Design realisiert ist, deutlich anzusehen. Während die Internetnutzer bei anderen Anbietern also offensichtlich die Orientierung verloren, lenkte bei Google nichts vom Wesentlichen ab.

Als weiterer Erfolgsfaktor gilt die Tatsache, dass Google keine auffälligen Werbebanner einblendet und auf eine Bevorzugung bestimmter Suchergebnisse gegen Bezahlung verzichtet. Die einzige Form von Werbung, die man bei Google buchen kann, sind Verweise auf andere Seiten, die als bezahlte erkennbar sind. Durch diese Einschränkungen verzichtet das Unternehmen zwar auf interessante Einnahmequellen, bietet dafür aber den Nutzern zwei erhebliche Vorteile: Zum einen müssen diese sich nicht mit nervigen Werbebannern herumplagen, und zum anderen sind die Suchergebnisse garantiert nicht zugunsten eines zahlenden Kunden manipuliert. Damit trug eine konsequente Kundenorientierung, die Vorrang vor möglichen Einnahmequellen hatte, zum Google-Erfolg bei.

Eine technische Innovation gepaart mit einem besseren Konzept, das Fehler der Konkurrenz ausnutzt, sind zusammengefasst also die Gründe für den Google-Erfolg. Zweifellos hat Google dabei wie viele andere Davids von seiner Rolle als kleiner Herausforderer profitiert. Man stelle sich einmal vor, bei einem etablierten Suchmaschinen-Betreiber wäre man nach einer Analyse des Markts zum Ergebnis gekommen, der Verzicht auf Bannerwerbung und bezahlte Suchergebnisse sei sinnvoll. Kaum anzunehmen, dass das Management diese Erkenntnis in die Tat umgesetzt und damit die wichtigsten Einnahmequellen gestrichen hätte. Google hatte als Newcomer dagegen diesbezüglich nichts zu verlieren.

Angesichts des enormen Erfolgs versteht es sich fast von selbst, dass die Konkurrenz Google in einigen Belangen kopierte. Während die Techniker bei den Mitbewerbern fieberhaft an der Verbesserung ihrer Suchverfahren arbeiteten, stellten mehrere Suchmaschinen-Betreiber, beispielsweise Yahoo! und Lycos, auf einen einfacheren und übersichtlicheren Aufbau ihrer Seiten um. Selbst der Online-Dienst AOL, der nicht direkt mit Google konkurriert, machte sich über den Erfolg des Newcomers offensichtlich seine Gedanken und vereinfachte die Gestaltung des eigenen Auftritts.

Nicht nur die zahlreichen Nachahmungsaktivitäten der Konkurrenz zeigen, dass Google inzwischen selbst zum Goliath geworden ist. Längst hat die Konkurrenz zur Aufholjagd geblasen, und so waren im Herbst 2003 Schlagzeilen wie „Herausforderer greifen Marktführer Google an" keine Seltenheit. Man darf also gespannt sein, ob der ehemalige David Google seine Ausnahmestellung behalten wird.

Zu den Konkurrenten könnte demnächst auch der marktbeherrschende Softwareanbieter Microsoft gehören, der eine eigene Suchlösung angekündigt hat. Dabei hat die Gates-Firma nicht nur unbestritten das Know-how, um Google herauszufordern, sondern noch einen weiteren Vorteil: Microsoft könnte eine Suchfunktion in die hauseigenen Windows-Betriebssysteme integrieren und Google somit das Wasser abgraben. Nicht umsonst schreibt die Marketing-Fachzeitschrift *werben und verkaufen*: „Kein Zweifel, Google muss sich wappnen."

Einstweilen kann man sich bei Google jedoch noch um andere Dinge als eine etwaige Aufholjagd der Konkurrenz kümmern. Dazu gehört beispielsweise der „Google Zeitgeist" (der deutsche Name

Google gegen die etablierten Internet-Suchmaschinen

wird auch im Englischen verwendet). Dahinter verbirgt sich eine Nutzungsstatistik, die als ein „Fenster zum kollektiven Bewusstsein" dienen soll. Je mehr Suchanfragen zu einem Begriff bei Google eingehen, so die Idee von Google Zeitgeist, desto größer ist dessen Bedeutung. 2002 war der Rapper Eminem weltweit der meistgesuchte Mann. Bei den Frauen lag Jennifer Lopez vorne.

Erfolgsfaktoren

Die bessere Technik Durch ein besonderes Suchverfahren liefert Google bessere Ergebnisse als alle anderen Internet-Suchmaschinen.

Das bessere Konzept Google bietet Werbemöglichkeiten nur in bescheidenem Umfang an. Dadurch verzichtet das Unternehmen zwar auf eine interessante Einnahmequelle, wird aber für die Nutzer attraktiver.

Literatur
Thomas Kuhn: „Strikt Neutral". *Wirtschaftswoche* 3/2003
Anonym: „Planet Google". *Focus Money* vom 30.1.2003
Susanne Lob: „Goliath gegen Google". *werben & verkaufen* 34/2003

Internet
www.google.de
www.google.com/corporate/history.html

10 Der stärkste David aller Zeiten – Arnold Schwarzenegger gegen Sylvester Stallone

Zugegeben, in der Rolle eines Davids wirkt der österreichische Bodybuilder und Hollywood-Star Arnold Schwarzenegger auf den ersten Blick wie eine Fehlbesetzung. Doch der Schein trügt. Betrachtet man die Sache nämlich etwas genauer, dann fällt schnell auf, dass der steirische Kraftprotz geradezu ein Musterbeispiel für einen Nobody ist, der eine nicht vorhandene Chance genutzt und schließlich die gesamte Konkurrenz geschlagen hat. So gesehen verkörpert Arnold Schwarzenegger eine Fleisch gewordene David-Goliath-Geschichte, wobei man „verkörpern" und „Fleisch" durchaus wörtlich nehmen kann.

Wie es sich für einen echten David gehört, wurde Schwarzenegger seine spätere Karriere wahrlich nicht in die Wiege gelegt. Der 1947 geborene Sohn eines Polizisten verbrachte seine Kindheit und Jugend im österreichischen Thal in der Nähe von Graz im Bundesland Steiermark. Als Kleinkind hatte er unter seiner labilen Gesundheit, als Heranwachsender unter seinem überstrengen Vater zu leiden. Seine Eltern, so wird berichtet, sollen an seinem älteren Bruder Meinhard mehr Freude gehabt haben. Immerhin zeigte der jugendliche Arnold ein gewisses Talent für sportliche Betätigungen, und so betrieb er Leichtathletik, boxte und spielte Fußball. Seine eigentliche Leidenschaft war jedoch

Außer Muskeln hatte Schwarzenegger scheinbar wenig zu bieten, als er 1967 in die USA auswanderte. Dennoch wurde er dort zum erfolgreichen Unternehmer, gefeierten Schauspieler und inzwischen sogar zum Gouverneur.

Schwarzenegger gegen Sylvester Stallone **83**

das Kino, in dem er sich vorzugsweise die Action-Filme seines Lieblingsschauspielers Reg Park („Vampire gegen Herkules") anschaute.

Mit 15 Jahren entwickelte Schwarzenegger eine neue Leidenschaft: das Krafttraining. Sicherlich trugen seine Kinoerlebnisse zu dieser neuen Passion bei, vielleicht aber auch die Hilflosigkeit gegenüber seinem strengen Vater. „Und mancher vermutete später in des Vaters Macht und Strenge den Grund, warum das Kind Arnold eines Tages beschloss, so gewaltig zu wachsen", schrieb der *Stern* dazu. Tatsache ist jedenfalls, dass Schwarzenegger fortan wie ein Besessener die Hanteln schwang und oft bis zur Erschöpfung trainierte. Bei seinen Eltern stieß er auf wenig Verständnis, doch seine Muskeln wuchsen und machten seinen Körper immer mehr zu einem Kunstwerk.

Schwarzenegger wuchtete die Gewichte mit einer solchen Intensität, dass er sich innerhalb weniger Jahre zu einem der weltbesten Bodybuilder entwickelte. Mit 19 Jahren belegte er den zweiten Platz in der Amateur-Kategorie des Bodybuilding-Wettbewerbs Mister Universum, ein Jahr später gewann er den Titel. Schon mit diesem Erfolg hatte Schwarzenegger für einen Noname aus der steirischen Provinz eine Menge erreicht. Doch wie sich zeigen sollte, war dies erst der Anfang, denn der österreichische Muskelmann verstand es in seinem späteren Leben wie kaum ein anderer, Erfolge von einem Bereich in andere zu übertragen – der Sprung vom David zum Goliath gelang ihm dabei gleich mehrfach.

Die größte Herausforderung seines Lebens stellte sich zweifellos 1967, als Schwarzenegger nach Militärdienst und einem Aufenthalt in München in die USA übersiedelte. Außer einem gewaltigen Muskelberg hatte er wenig zu bieten, um im Land der unbegrenzten Möglichkeiten zu bestehen, schon gar nicht besondere Sprachkenntnisse. Sein einziger Vorteil lag darin, dass er gute Beziehungen zum US-Bodybuilding-Mogul Joe Weider unterhielt, der ihm in seiner neuen Heimat Kalifornien so manche Tür öffnen konnte.

Schwarzenegger kam in den USA von Anfang an gut zurecht. Er nahm weiterhin erfolgreich an Bodybuilding-Wettbewerben teil und konnte dabei weitere Mister-Universum-Titel sowie einige andere Auszeichnungen zu seiner Sammlung hinzufügen. Zusätzlich studierte der ehrgeizige Österreicher Wirtschaftswissenschaften und gründete eine Firma, mit der er sich mit beachtlichem Erfolg im Immobiliengeschäft sowie im Bodybuilding-Markt engagierte.

Joe Weider war es dann, der Schwarzenegger an einen Filmproduzenten vermittelte. Dieser suchte für einen drittklassigen Action-Streifen einen geeigneten Muskelprotz und fand in dem österreichischen Bodybuilder zumindest in optischer Hinsicht die Idealbesetzung. So feierte Schwarzenegger 1970 als Hauptdarsteller in „Herkules in New York" sein Leinwanddebüt, wobei er unter dem Namen „Arnold Strong" auftrat und seine noch allzu österreichisch klingende Stimme nachsynchronisieren lassen musste. Auch wenn Schwarzeneggers Premiere als Schauspieler heute nur noch unfreiwillig komisch wirkt, so wurde „Herkules in New York" doch zum Startpunkt einer großen Karriere.

Doch noch musste sich der Nachwuchsmime gedulden. Zwar nahm Schwarzenegger nun Schauspielunterricht, doch die Filmangebote blieben erst einmal rar, und so dauerte es bis 1976, bis Schwarzenegger in „Stay Hungry" erstmals eine ernst zu nehmende Rolle übernehmen und sein Schauspieltalent beweisen konnte. Ein Jahr später war er Mittelpunkt des erfolgreichen Dokumentarfilms „Pumping Iron", in dem sein Bodybuilder-Dasein porträtiert wurde. Schwarzeneggers Popularität wuchs.

1982, im Alter von 35 Jahren, erlebte Schwarzenegger schließlich seinen Durchbruch als Schauspieler. Er spielte die Hauptrolle im Kassenknüller „Conan der Barbar", der weltweit über 100 Millionen US-Dollar einspielte. Die Rolle des muskelbepackten Urmenschen Conan, der wenig sprach, dafür umso mehr seiner Urzeitgenossen ins Jenseits beförderte, war Schwarzenegger buchstäblich auf den Leib geschrieben. Noch während die Kritiker hörbar die Nase über die tumbe Urzeitsaga rümpften, konnte sich Schwarzenegger erstmals als Hollywood-Star fühlen und damit eine weitere David-Goliath-Geschichte zu seinen Gunsten abschließen. Seine Intelligenz wurde zu diesem Zeitpunkt noch von vielen unterschätzt – zu nahe liegend erschien das alte Klischee vom Muskelprotz mit Spatzenhirn.

Mit „Conan der Barbar" und dem Nachfolger „Conan der Zerstö-

Schwarzenegger gegen Sylvester Stallone

rer" schaffte Schwarzenegger den Aufstieg in die erste Liga unter den Action-Darstellern und konnte sich fortan mit Größen wie Jean-Claude van Damme oder Bruce Lee auf eine Stufe stellen. Sein größter Rivale an den Kinokassen wurde allerdings der ein Jahr ältere Sylvester Stallone, der sich vor allem durch seine Rocky- und Rambo-Filme in die Herzen der Filmzuschauer geprügelt und geschossen hatte. Zweifellos hat auch Stallone, der 1976 mit dem ersten Rocky-Teil den Durchbruch schaffte, viel erreicht, und auch bei ihm trifft nichts weniger zu als das Klischee des hirnlosen Kraftprotzes. Unter dem Strich muss man jedoch Schwarzenegger die größere Karriere zubilligen, und das obwohl dieser als österreichischer Einwanderer mit erheblichem Akzent nun wahrlich nicht die besten Voraussetzungen für einen Schauspieler hatte.

Nachdem der Durchbruch mit Conan geschafft war, spielte Schwarzenegger im „Terminator" die wohl wichtigste Rolle seines Lebens. Ein noch größerer Erfolg als der erste Teil wurde „Terminator II", der sich mit einem Einspielergebnis von 500 Millionen US-Dollar unter den 20 erfolgreichsten Filmen aller Zeiten etablierte. Die aus diesem Film stammenden Worte „Hasta la vista baby" wurden zu einem der meistzitierten Sprüche der Filmgeschichte, während Kinder in den USA den Akzent Schwarzeneggers als vermeintliche Heldensprache imitierten. Cineastisches Niveau war nach wie vor nicht Schwarzeneggers Sache, dafür lieferte er stets Action vom Feinsten ab. 15 Millionen US-Dollar für einen Film lautete seine Rekordgage.

Mit weiteren Filmen wie „Predator", „Red Heat" und „Twins" landete Schwarzenegger weitere Megaerfolge, wobei sein muskulöser Körper eine immer geringere Rolle spielte. Später wagte er es, seine Action-Spektakel mit einer komödiantischen Komponente zu versehen, was im Falle der 1993 erschienenen Action-Parodie „Last Action Heroe" jedoch gründlich schief ging. Offenbar gierten die rezessionsgeplagten Amerikaner zu dieser Zeit nach echten Helden und hatten nichts für Ironie übrig, weshalb „Last Action Heroe" zu Schwarzeneggers größtem Flop wurde. Noch heute wird der Film zu den größten Missgriffen in der Hollywood-Geschichte gezählt, obwohl ihn viele Kritiker für einen der besten Schwarzeneggers halten.

Arnold Schwarzenegger, der seit 1983 die US-Staatsbürgerschaft besitzt, ist jedoch nicht nur als Bodybuilder, Unternehmer und Schauspieler erfolgreich, sondern auch als Familienvater. 1986 heiratete er die aus der Kennedy-Dynastie stammende Maria Shriver und wurde Vater von vier Kindern. Die 17 Jahre, die die beiden inzwischen zusammen sind, sind für Hollywood-Verhältnisse zweifellos eine lange Zeit.

Dass David-Goliath-Erfolge in aller Regel eng mit bestimmten Persönlichkeiten verknüpft sind, wird in diesem Buch zigfach belegt. Schwarzenegger bestätigt diese Regel in besonders eindrucksvoller Form, denn nur durch seine zahlreichen Talente und seinen unbändigen Ehrgeiz ist er zu seinem heutigen Ruhm aufgestiegen. Da sein einzigartiger Körperbau den wichtigsten Ausschlag für seine Karriere bildet, gehört Schwarzenegger zu den wenigen David-Figuren in diesem Buch, die ihren Aufstieg zu einem wesentlichen Teil der besseren Technik – wenn man Muskeln als solche bezeichnen kann – verdanken.

Doch je weiter seine Karriere fortschritt, desto weniger spielten seine Muskeln eine Rolle und desto mehr erwies er sich als geschickter Manager seiner selbst. So gesehen verkörpert Arnold Schwarzenegger den Prototyp eines Genies, der seine Möglichkeiten in kommerzieller Hinsicht optimal genutzt hat. Offensichtlich ist Letzteres auch besonders wichtig für ihn, denn obwohl der ehemalige Mister Universum längst ein Vermögen von mehreren Hundert Millionen US-Dollar angehäuft hat, ist er bisher nie der Versuchung erlegen, für den Massengeschmack weniger interessante Projekte anzugehen. Und das, obwohl Schwarzenegger als Kunstsammler durchaus einen Sinn für anspruchsvollere Sinnesfreuden haben dürfte.

So gesehen ist es nur konsequent, dass Schwarzenegger 2003 einen weiteren Terminator-Teil in die Kinos brachte. Zwanzig Jahre nach seinem schauspielerischen Durchbruch ist Arnold Schwarzenegger jedoch nicht nur als Schauspieler so aktiv wie eh und je, sondern auch als Unternehmer im Immobilien- und Fitnessbereich erfolgreich.

Außerdem hat er ein neues – natürlich wieder einmal massenwirksames – Betätigungsfeld für seinen David-Goliath-Instinkt entdeckt:

Schwarzenegger gegen Sylvester Stallone

die Politik. Mit der Wahl zum Gouverneur von Kalifornien im Herbst 2003 geriet gleich sein erster Versuch zum Erfolg, auch wenn nun eine denkbar schwierige Aufgabe auf ihn wartet. Zu den kleineren Problemen gehört dabei, dass sein politisches Engagement einige familiäre Tücken mit sich bringt: Seine Frau stammt aus dem Kennedy-Clan, dessen Mitglieder der Demokratischen Partei angehören. Er selbst ist jedoch Republikaner.

Erfolgsfaktoren

Die bessere Technik Wenn es um Muskeln geht, dann kann weder Sylvester Stallone noch ein anderer Hollywood-Star Schwarzenegger das Wasser reichen.

Das bessere Management Schwarzenegger ist mit einer klug gewählten und konsequent durchgezogenen Strategie zum Weltstar geworden.

Literatur
Thomas Kleine-Brockhoff: *Wird Arnold Schwarzenegger Gouverneur?* Die Zeit 40/2003
Bernd Volland: „Arnold Schwarzenegger". *Stern Biografie* 2/2003

Internet
www.schwarzenegger.com

11 Die Retter aus der Puszta – Kürt gegen Ontrack

„Drei Dinge auf dieser Welt sind sicher: der Tod, die Steuern – und Datenverlust!", lautet einer der Lieblingssprüche der beiden ungarischen Brüder Janos und Sandor Kürti. In der Tat hat die Computerindustrie in den letzten Jahrzehnten nun wahrlich vieles entwickelt – ein Speichermedium, das sich nicht kaputtkriegen lässt, gehört allerdings nicht dazu. So kommt es immer wieder vor, dass Feuer, Wassereinbruch, mechanische Zerstörung oder einfach nur falsche Bedienung wertvolle Daten vernichten, und nicht immer hat der Anwender zuvor eine Kopie angefertigt. Die Folgen können verheerend sein: Ein Festplatten-Crash – und die mühsam erstellte Doktorarbeit ist weg, ein Brand im Rechenzentrum – und sämtliche Unternehmensdaten verschwinden im Nirwana.

In der Branche wird beispielsweise die Geschichte eines Architekturbüros erzählt, dessen mit einem Spezialprogramm erstellte Baupläne nach einem Festplatten-Defekt nicht mehr lesbar waren. Da es keine Sicherheitskopien gab und sich die zugehörigen Häuser bereits in einem fortgeschrittenen Baustadium befanden, schien die Katastrophe perfekt.

In solchen Situationen schlägt die Stunde der so genannten Datenretter. Dabei handelt es sich um Experten, die mit Spezialwerkzeugen defekten Disketten, angebrannten Festplatten und zerrissenen

Verbrannte (links) und mechanisch zerstörte (rechts) Festplatten gehören zum Alltag in der Datenrettungsbranche. Die ungarische Firma Kürt schaffte nach der Wende unter schwierigen Umständen den Markteintritt und feierte damit einen David-Sieg.

Kürt gegen Ontrack

Magnetbändern zu Leibe rücken, um diesen die darauf noch gespeicherten Informationen zu entlocken. Kein einfacher Job angesichts der Tatsache, dass weltweit über 10.000 unterschiedliche Typen von Speichermedien in Verwendung sind, von denen die Hersteller meist nicht einmal detaillierte Konstruktionspläne veröffentlichen. Hinzu kommt, dass ältere Geräte naturgemäß besonders anfällig sind und der Datenretter daher oft auch Experte für Computer-Geschichte sein muss. Ob es gelingt, aus einer verkohlten Diskette oder einer Festplatte mit Wasserschaden noch irgendwelche Informationen zu extrahieren, ist somit in erster Linie eine Frage des Know-how.

Spezialwissen ist also in der Datenrettungsbranche gefragt, und davon kann beispielsweise die englische Firma Ontrack einiges aufbieten. Das Unternehmen, das seit 1987 seine Rettungsdienste anbietet, gilt als Marktführer in diesem Bereich. Über 165.000 Rettungsaufträge hat das Unternehmen nach eigenen Angaben bis heute erhalten. Weitere Goliaths unter den Datenrettern sind die norwegische Firma IBAS sowie die britischen Anbieter Convar und Vogon.

Zwar ist die Datenrettung ein vergleichsweise kleiner Markt, auf dem weltweit nicht mehr als ein paar Hundert Millionen Euro pro Jahr umgesetzt werden. Als lukrativ gilt das Geschäft jedoch allemal. Dies liegt zum einen daran, dass der umfangreiche Bedarf an speziellem Expertenwissen die wenigen Anbieter vor allzu vielen Konkurrenten schützt. Zum anderen sind die Gewinnmargen recht hoch, da der Wettbewerb meist nicht über den Preis ausgetragen wird. Sind die Daten nämlich erst einmal verschwunden, dann spielt das Vertrauen eines Computeranwenders in den Datenretter oft eine größere Rolle als die Kosten, und für Preisverhandlungen hat in einer solchen Lage ohnehin kaum jemand einen Nerv.

So bildet also die Datenrettung eine Marktnische, in der einige Spezialanbieter seit Mitte der Achtzigerjahre gutes Geld verdienen. Natürlich rechnete niemand damit, dass nach dem Fall des Eisernen Vorhangs ausgerechnet ein Unternehmen aus dem technologisch rückständigen Ostblock in den exklusiven Kreis der Datenretter würde aufsteigen können. Genau das passierte jedoch, als die ungarische Firma Kürt 1994 als David in diesen Markt einstieg und sich zu

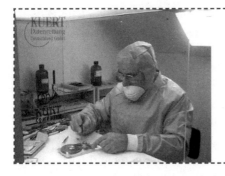

Mit modernster Technik versuchen die Kürt-Spezialisten die Daten von den beschädigten Speichermedien zu retten.

einem ernsthaften Konkurrenten der marktführenden Firmen Ontrack und IBAS entwickelte.

Gegründet wurde die Firma Kürt von den beiden ungarischen Brüdern Janos und Sandor Kürti. Janos Kürti arbeitete vor der Wende als Hardware-Spezialist in einer staatlichen Elektronikfirma, während sein Bruder sich um Software-Belange bei einer Raffinerie kümmerte. Interessanterweise waren es gerade die schlechten Bedingungen der sozialistischen Mangelwirtschaft, die den beiden Ungarn das entscheidende Wissen für den späteren Erfolg vermittelten.

Insbesondere Janos Kürti, der bei seinem damaligen Arbeitgeber für die Reparatur von Computern zuständig war, bekam die Probleme zu spüren. Hardware, insbesondere aus dem Westen, war schwer erhältlich und teuer. Defektes wurde daher nicht einfach weggeschmissen, sondern nach Möglichkeit repariert. „Anderswo auf der Welt reparierte kein Mensch Festplatten", berichtet Janos Kürti. „Wenn eine kaputt war, hat man einfach eine neue gekauft." Dabei hatten die Reparaturen durchaus ihre Tücken, denn natürlich erhielten die ungarischen Tüftler keine Unterstützung vom Hersteller und mussten oft sogar ohne Dokumentation auskommen. Ersatzteile hatten Seltenheitswert.

Notgedrungen eignete sich Janos Kürti somit genau die Fähigkeiten an, die er später für die Datenrettung gebrauchen konnte. Doch als 1989 die Zeit der sozialistischen Planwirtschaft endlich vorbei war und sich die beiden Kürti-Brüder als Unternehmer versuchten, dachten sie zunächst an andere Geschäftsfelder. Ursprünglich wollten sie mit Computern handeln und zusätzliche Dienstleistungen anbieten, wobei die Reparatur von Festplatten – seinerzeit in Osteuropa noch ein interessantes Geschäft – einen breiten Raum einnehmen sollte. Ihre Mitarbeiter rekrutierten sie hauptsächlich aus Budapester Technologiefirmen und staatlichen Instituten.

Die Strategie der beiden Kürtis änderte sich, als kurz nach der Firmengründung eine ungarische Justizbehörde auf das Unternehmen zukam und um die Lösung eines Problems bat. In der Behörde war eine Speichereinheit auf den Boden gefallen, wonach die darauf befindlichen Daten nicht mehr ausgelesen werden konnten. Da man wieder einmal nicht an eine Sicherheitskopie gedacht hatte, schienen wichtige Informationen für die Verfolgung von Kriminellen unwiederbringlich verloren. Die noch junge Firma Kürt nahm sich der Sache an und musste erst einmal tief in die aus sozialistischen Zeiten gut gefüllte Trickkiste greifen. Nach 40 Tagen harter Arbeit hatten die bis dahin noch ungeübten Datenretter das Problem gelöst und konnten dem Auftraggeber die wiederhergestellten Daten übergeben.

Durch ihren nicht geplanten Erfolg ermutigt, nahmen die Kürti-Brüder das Thema Datenrettung 1993 fest in ihr Angebot auf. Das Unternehmen entwickelte sich gut in der neuen Marktwirtschaft, und so konnte sich Kürt schnell als mit Abstand größter Datenretter Ungarns etablieren. Bereits 1993 konnten die Kürtis 120 gelöste Fälle von Datenverlust verbuchen. Von diesem Erfolg erfuhr auch der weltweite Branchenführer Ontrack, der Kürt eine Partnerschaft anbot. Den Kürt-Chefs erschienen die angebotenen Konditionen jedoch zu schlecht und so lehnten sie ab.

Nach einer positiven Entwicklung auf dem Heimatmarkt versuchte Kürt sein Glück 1994 mit einer Expansion ins Ausland. Im gleichen Jahr war das Unternehmen erstmals auf der führenden Computermesse Cebit in Hannover präsent. Dass Kürt sich bis heute in über einem Dutzend europäischer Länder durchsetzen konnte, lag sicherlich nicht nur am Know-how aus den Zeiten des Sozialismus, sondern auch an der Preisgestaltung. Da das Unternehmen zunächst alle technischen Arbeiten in der Zentrale in Budapest ausführen ließ, wirkten sich die dortigen niedrigen Lohnkosten auch auf die Preise aus. Ein durchschnittlicher Rettungsvorgang kostete um die 2.000 US-Dollar, womit Kürt die wichtigsten Konkurrenten um etwa die Hälfte unterbot. Ein so großer Unterschied machte sich auch in einem an sich wenig preissensiblen Markt bemerkbar.

Als eines der größten Probleme sahen die Kürti-Brüder selbst ihre Herkunft aus dem Osten, der technologisch gesehen nun einmal nicht den besten Ruf hat. „Wenn man 1.000 Deutsche fragt, ob sie ihre Daten lieber nach Ungarn oder lieber in die USA geben, entscheiden sich 1.000 für die USA", beschwert sich Sandor Kürti. Das Unternehmen gibt sich daher seit Jahren Mühe, mit einem entsprechenden Auftreten und ästhetisch anspruchsvoll gestalteten Werbematerialien den unvermeidlichen Sozialismus-Mief zu bekämpfen.

Um das leidige Ostblock-Image abzulegen, hat Kürt Anfang 2003 zudem ein Labor in Bochum eingerichtet und ist dadurch nicht mehr allein auf die Räumlichkeiten in Budapest angewiesen. Nachdem einige deutsche Techniker in der ungarischen Zentrale geschult wurden, können diese inzwischen alle Datenrettungsfälle aus Deutschland und dem angrenzenden Ausland vor Ort in Bochum erledigen. Als zusätzlichen Vorteil sehen die Kürti-Brüder dabei die verkürzten Transportwege für Kunden aus Mitteleuropa.

Neben der Datenrettung, die heute nur noch 35 Prozent des Geschäfts ausmacht, hat sich Kürt inzwischen ein zweites Standbein erarbeitet: die Beratung von Unternehmen in Fragen der Computersicherheit. Dieses Geschäft hat sich nahezu von allein ergeben, denn viele Unternehmen, die einmal die Rettungsdienste von Kürt in Anspruch nehmen mussten, ließen anschließend ein Konzept zum besseren Schutz ihrer Daten entwickeln. 45 Prozent des Umsatzes entfallen heute bei Kürt auf diesen Bereich, während die verbleibenden 20 Prozent durch die Integration von Computersystemen erwirtschaftet werden.

Heute hat sich Kürt unter den wichtigsten Datenrettungsfirmen Europas etabliert und ist in 16 europäischen Ländern präsent. Dazu haben natürlich nicht nur verschiedene Filialen in den wichtigsten europäischen Ländern, sondern auch eine Weiterentwicklung der verwendeten Techniken beigetragen. Die Erfolgsquote des Unterneh-

Kürt gegen Ontrack

mens liegt bei 82 Prozent. Für viele Rettungsaktionen stehen nur wenige Stunden an Bearbeitungszeit zur Verfügung, weil der Kunde auf eine schnelle Wiederherstellung seiner Daten angewiesen ist. Den größten Batzen unter den jährlich etwa 1.200 Fällen machen mit einem Anteil von 35 Prozent defekte Schreib-Leseköpfe aus. Etwa 12 Prozent der Schäden sind auf Bedienungsfehler zurückzuführen.

Natürlich ist in der Datenrettungsbranche Diskretion Ehrensache und so kann auch Kürt nur wenige Kunden namentlich nennen. In aller Regel handelt es sich dabei um Unternehmen oder Behörden, während Privatpersonen aus Kostengründen oft lieber den endgültigen Datenverlust hinnehmen. So gehört beispielsweise die Bundeswehr zu den Kürt-Kunden, ebenso ein Liechtensteiner Radiosender und eine Schweizer Bank. Ein interessanter Einsatzbereich ist zudem die Forensik: Schon so mancher Kriminelle hat versucht, Computerdateien zu vernichten, um damit Spuren zu beseitigen. Die Datenretter von Kürt wurden daher schon von Interpol damit beauftragt, die Inhalte absichtlich zerstörter Datenträger zu rekonstruieren.

Noch bedeutender war ein Fall, in dem der unerwartete Datenverlust in einem Krankenhaus zugeschlagen hatte. Da wichtige Patientendaten betroffen waren, ging es dabei sogar um Leben und Tod. Um keine Minute zu verlieren, wurden die kaputten Datenträger ausnahmsweise nicht per Kurier in das Kürt-Labor transportiert. Stattdessen kam ein Rettungsflugzeug zum Einsatz.

Erfolgsfaktoren

Die bessere Technik Die Mitarbeiter von Kürt besitzen aus den Zeiten sozialistischer Mangelwirtschaft Spezial-Know-how, das sie als Wettbewerbsvorteil nutzen konnten.

Die besseren Voraussetzungen Da zunächst alle Rettungsvorgänge in Ungarn durchgeführt wurden, konnte Kürt durch die dortigen niedrigen Betriebskosten günstigere Preise anbieten als die Konkurrenten aus dem Westen.

Die bessere Vermarktung Die Datenrettung hat sich für Kürt als idealer Vertriebsweg für weitere Dienstleistungen erwiesen. Hat ein Kunde erst einmal einen (Beinahe-)Datenverlust mitgemacht, so lässt er sich oft anschließend in Sachen Datensicherheit beraten.

Literatur

Rick Bruner: *Making a business out of drive failure*. Computer Sources 2/1996

Internet

www.datenambulanz.de

www.kurt.hu

Schlussfolgerungen

Abgesehen von den drei genannten Fällen wird in diesem Buch nur ein weiterer beschrieben, in dem die bessere Technik ebenfalls eine wesentliche Rolle spielt. Dabei handelt es sich um die Geschichte der Firma Lange Uhren (Kapitel 12), die ihren Wiederaufstieg nach der Wende unter anderem der technisch ausgefeilten Mechanik ihrer ausgesprochen teuren Zeitmesser verdankt.

Woran liegt es nun also, dass technische Aspekte nur selten den Ausschlag für einen David-Erfolg geben? Eine mögliche Erklärung ist, dass geniale Erfinder bekanntermaßen nicht immer die besten Geschäftsleute sind und daher in vielen Fällen ihre Entwicklungen nicht wirklich verwerten können. Wirklich stichhaltig erscheint diese Argumentation allein jedoch nicht, da es auch in kleinen Unternehmen gute Geschäftsleute geben kann, die eine Erfindung am Markt etablieren. Vielleicht fehlt bei vielen David-Unternehmen einfach die notwendige Kombination von Unternehmergeschick und technischer Genialität.

Natürlich sind noch weitere Erklärungen dafür denkbar, dass sich technische Innovationen meist als stumpfe Waffe gegen einen Goliath entpuppen. Es könnte darauf zurückzuführen sein, dass etablierte Unternehmen mit ihren aufwendigen Forschungslabors bessere Möglichkeiten haben als der Privatbastler in seiner Werkstatt. Vielleicht liegt es aber auch daran, dass sich Technik – trotz Patentschutz – etwas einfacher und unauffälliger kopieren lässt als beispielsweise ein Verkaufskonzept und daher eine technische Innovation selten ein entscheidender Vorteil ist.

Möglicherweise kommt die bessere Technik deshalb so selten als Grund für einen David-Erfolg vor, weil es in diesem Bereich für einen David am schwierigsten ist, mit seiner geringen Größe zusammenhängende Vorteile zu nutzen. Dass ein kleines Unternehmen bessere Voraussetzungen für die Entwicklung genialer Erfindungen hat als ein großer Konkurrent, ist nun einmal selten. Noch seltener ist es zweifellos, dass ein David-Vorteil der Grund für eine solche Situation ist.

Am wahrscheinlichsten ist jedoch die Erklärung, dass technische Innovationen allgemein als Wettbewerbsvorteil in der Wirtschaft eine geringere Rolle spielen, als man dies auf den ersten Blick vermuten könnte. Wie dem auch sei, eine Schlussfolgerung kann man mit Sicherheit aus den in diesem Buch beschriebenen Fällen ziehen: Wer als David einen Goliath angreifen will, sollte sich nicht allein auf eine bessere Technik verlassen.

Teil 3

David und die besseren Voraussetzungen

Beim Kampf David gegen Goliath hat per Definition Letzterer die Mehrzahl der Trümpfe in der Hand. Dennoch gibt es Fälle, in denen der David durch irgendwelche Fügungen des Schicksals im Besitz eines Vorteils gegenüber seinem Gegner ist, dem dieser nichts Gleichwertiges entgegenzusetzen hat. Dieser Vorteil kann eine langjährige Tradition sein, ein Heimvorteil oder die rechtliche Situation. Oftmals sind es jedoch auch die Unabhängigkeit von trägen Konzernen und schlanke Strukturen, die einem David das Leben erleichtern. Die folgenden Fälle nennen einige interessante Beispiele, in denen bessere Voraussetzungen in einem bestimmten Teilbereich den Ausschlag für einen David-Sieg gegeben haben.

12 Legende wird Uhr – A. Lange & Söhne gegen Patek Philippe

Als 1989 die DDR ihr Ende fand, blieben von deren Uhrenindustrie zunächst nicht viel mehr als ein paar gute Witze übrig. „Ruhla-Uhren gehen nach wie vor", spottete man über die in Ruhla hergestellten Zeitmesser-Ost, die im Volksmund „Prolex" hießen. Beliebt war auch die Bezeichnung „die schnellsten Uhren der Welt".

Im Vergleich zu den Ruhla-Uhren und diversen Importen aus der Sowjetunion gehörten die Zeitmesser aus dem sächsischen Glashütte schon zu DDR-Zeiten zur gehobenen Klasse. Sie waren daher auch teurer und schwerer erhältlich als die Ruhla-Ware, zumal ein Großteil davon zur Aufbesserung der chronisch klammen Devisenkassen in den Westen verscherbelt wurde. Dennoch hätte nach der Wende wohl niemand geglaubt, dass ausgerechnet in Glashütte ein neues Zentrum der Uhrenindustrie entstehen würde. Doch wieder einmal kam alles anders: Das 2.500 Einwohner zählende Erzgebirge-Städtchen erlebte in den Neunzigerjahren einen ungeahnten Boom und eroberte sich aus einer typischen David-Situation heraus einen viel beachteten Platz auf der Uhrenlandkarte. Für den Erfolg sorgten jedoch nicht etwa wie zu DDR-Zeiten Massenprodukte, sondern Modelle der gehobenen Preisklasse, die in mehreren voneinander unabhängigen Manufakturen hergestellt wurden. „In Glashütte, tief in der sächsischen Provinz südlich von Dresden, funktioniert der Aufschwung Ost", schrieb dazu der *Focus*.

Ganz aus dem Nichts kam der Erfolg allerdings dann doch nicht. Denn abgesehen vom umfangreichen Know-how, das in Glashütte noch aus DDR-Zeiten vorhanden war, profitierte die sächsische Kleinstadt von einer fast 150-jährigen Tradition. Bereits 1845 gründete der Dresdner Uhrmacher Adolph Lange, der sein Handwerk auf der Wanderschaft in der Schweiz, London und Paris gelernt hatte, die erste Uhrenmanufaktur in Glashütte. Kein einfaches Unterfangen, denn dazu musste er erst einmal die Genehmigung des königlich-sächsischen Innenministeriums einholen, was ihm erst nach langwierigen Verhandlungen gelang. Seine ersten Mitarbeiter rekrutierte Lange unter Holzschnitzern, Strohflechtern und Steinbrucharbeitern.

Sieben Jahre später belebte Langes Schwager Julius Assmann das Geschäft durch Konkurrenz, indem er in Glashütte eine eigene Fertigung für Taschenuhren eröffnete. Weitere Manufakturgründungen und die Eröffnung einer Uhrmacherschule folgten. Nachdem die Glashütter Uhrenbauer etwa um die Jahrhundertwende zur Weltspitze aufschließen konnten, erlebten die Zeitmesser aus der sächsischen Provinz in den Zwanzigerjahren eine weitere Blütezeit. Dabei spielte die älteste Manufaktur der Stadt, A. Lange & Söhne, stets eine führende Rolle.

Im Zweiten Weltkrieg produzierte A. Lange & Söhne Marinechronometer und Fliegeruhren für den Kriegseinsatz. Ausgerechnet am letzten Kriegstag fielen die Produktionsanlagen des Unternehmens einem Bombenangriff zum Opfer, so dass die damaligen Eigentümer

Rudolf, Otto und Gerhard Lange ihren Neustart unter schwierigsten Bedingungen angehen mussten. Doch noch bevor die drei Mitglieder der Lange-Familie etwas erreichen konnten, wurden sie 1948 enteignet. Drei Jahre später wurde das Unternehmen mit den anderen verbliebenen Manufakturen zum VEB Glashütter Uhrenbetriebe (GUB) zusammengeschlossen, der nach Ruhla zum zweitwichtigsten Standort für die Uhrenproduktion in der DDR wurde. Vor dem Mauerfall produzierten dort etwa 2.000 Mitarbeiter über eine Million Uhren jährlich.

Nach der Wende war klar, dass die nach marktwirtschaftlichen Kriterien wenig effektiven Glashütter Uhrenbetriebe in ihrer damaligen Form nicht weiter existieren konnten. Wie die meisten Ostbetriebe wurden sie von der Deutschen Treuhand übernommen und nach einem Schrumpfungsprozess 1994 schließlich an zwei Geschäftsleute aus dem Westen übergeben. Die beiden neuen Chefs, der Juwelier Fred Wallner und der Unternehmer Heinz Pfeifer, besannen sich auf alte Glashütte-Traditionen und produzierten fortan mechanische Armbanduhren für Preise ab 4.000 Mark. Wallner und Pfeifer ließen sich den Markennamen „Glashütte Original" schützen.

Mit seinen Uhren der gehobenen Preisklasse stieß Glashütte Original auf ein reges Kundeninteresse und kam mit der Produktion kaum nach. Die Wartezeiten der Kunden gingen nicht selten in die Jahre. Als Glashütte Original im Jahr 2000 von der Schweizer Firma Swatch übernommen wurde, schrieb das Unternehmen längst schwarze Zahlen. Heute stellen dort über 150 Mitarbeiter etwa 10.000 Uhren pro Jahr her, die zur Hälfte exportiert werden.

Glashütte Original ist heute jedoch nur die zweitgrößte Uhrenmanufaktur am Platze, denn eine noch größere Erfolgsgeschichte gelang nach der Wende der Firma Lange Uhren mit der Marke „A. Lange & Söhne". Das Unternehmen mit dem traditionsreichen Namen wurde von Walter Lange, dem 1924 geborenen Urenkel des Glashütter Uhrenpioniers, kurz nach der Wiedervereinigung neu gegründet.

Im Zweiten Weltkrieg hatte sich Walter Lange eine Kriegsverletzung zugezogen und befand sich gerade auf einem Genesungsurlaub in seiner Heimat, als er die Zerstörung des Lange-Werks in Glashütte

A. Lange & Söhne gegen Patek Philippe

miterleben musste. Als Sohn eines der drei damaligen Firmenchefs beteiligte er sich nach dem Krieg am Wiederaufbau und blieb auch nach der Enteignung noch kurze Zeit im Unternehmen tätig. Erst als man ihn nach verweigertem Beitritt zum Ost-Gewerkschaftsbund FDGB auf eine Stelle in einem Uranbergwerk versetzen wollte, floh Lange in den Westen. Die folgenden Jahrzehnte verbrachte er als erfolgreicher Uhrengroßhändler im baden-württembergischen Pforzheim.

Obwohl Lange das Ende der DDR bereits im Ruhestand erlebte, machte er sich nach der Wende sofort wieder auf den Weg nach Glashütte, um dort im Alter von 66 Jahren einen Neuanfang zu wagen. Zunächst einmal musste er jedoch eine große Enttäuschung einstecken. Da der Betrieb seines Vaters schon vor Gründung der DDR enteignet worden war, hatte Lange nach geltender Rechtslage keinen Besitzanspruch mehr darauf. So blieb ihm nichts anderes übrig, als noch einmal von vorne zu beginnen. In der Uhrensparte des Mannesmann-Konzerns, zu der damals mehrere bedeutende Schweizer Marken gehörten, fand er einen Unterstützer, und so wurde am 7. Dezember 1990 die „Lange Uhren GmbH" beim Amtsgericht Dresden eingetragen – ein symbolträchtiges Datum, denn genau 145 Jahre zuvor hatte Langes Urgroßvater sein Unternehmen gegründet. Als Geschäftsführer wurde mit Hartmut Knothe ein Mann verpflichtet, der zu DDR-Zeiten als leitender Angestellter der Glashütter Uhrenbetriebe gearbeitet hatte. Nach der Wende hätte er deren Leitung übernehmen können, doch ein Engagement bei Lange erschien ihm interessanter.

Knothe wurde im Mai 1991 der erste Angestellte von Lange Uhren, weitere folgten. Zu ihrer großen Überraschung erhielten die Lange-Männer der ersten Stunde nur vergleichsweise wenige Bewerbungen, obwohl es zu dieser Zeit in der Gegend von Glashütte Arbeit suchende Fachkräfte genug gab. Offenbar gab man der Neugründung in der Region keine große Chance. Lange ließ sich jedoch nicht beirren und schickte seine neuen Arbeitskräfte erst einmal auf eine Schulung in die Schweiz, um sie mit dem neusten Stand der Technik vertraut zu machen.

Nachdem der Name Lange einst für Taschenuhren gestanden hatte, wandte sich das neu gegründete Unternehmen den zeitgemäßeren Armbanduhren zu. Ansonsten besann man sich jedoch auf alte Traditionen und beschränkte sich auf mechanische Uhrwerke. Im Vergleich zu Glashütte Original wandte sich Lange Uhren an eine noch exklusivere Zielgruppe, die man von Anfang an ohne Kompromisse ins Visier nahm. Daher positionierte sich Lange Uhren im Segment der qualitativ hochwertigsten und teuersten Armbanduhren überhaupt. Dies bedeutete, dass das Unternehmen als Newcomer in der Klasse der Zeitmesser mit einem Preis von über 10.000 Mark pro Uhr mitspielen wollte, in der pro Jahr nur zwischen 60.000 und 70.000 Exemplare verkauft werden. Mit einem Anteil von geschätzten 50 Prozent dominierte die Schweizer Uhrenmanufaktur Patek Philippe diesen Markt, während Marken wie Rolex oder Cartier ihre Ware meist unterhalb der 10.000-Mark-Grenze absetzten und damit schon eine Liga tiefer spielten.

Würde sich der David Lange Uhren gegen den übermächtigen Goliath Patek Philippe behaupten können? Zunächst musste das Unternehmen sogar noch ein zusätzliches Handicap verkraften, denn nach einem 1992 abgeschlossenen Vergleich mit Glashütte Original, in dessen Vorgänger die frühere A. Lange & Söhne aufgegangen war, durfte sich Lange Uhren nicht mehr auf die langjährige Lange-Tradition berufen. Immerhin erhielt das Unternehmen dafür als einzige Glashütter Manufaktur das Recht, den traditionsreichen Namen Lange zu verwenden.

Mit einer enormen Energieleistung schaffte es Lange Uhren, bereits im Spätsommer 1992 das erste Teilmodul eines selbst entwickelten Uhrwerks fertig zu stellen. Zwei Jahre später brachte das Unternehmen die ersten vier Armbanduhr-Modelle auf den Markt. In Fachkreisen wurde diese Leistung vor allem deshalb hoch eingeschätzt, da Lange alle wesentlichen Bestandteile der Uhrwerke selbst herstellte, also eine hohe Fertigungstiefe erreichte. Damit war das Unternehmen praktisch aus dem Stand in den nur etwa ein halbes Dutzend Mitglieder umfassenden Kreis derjenigen Hersteller aufgestiegen, die mechanische Armbanduhrwerke nicht zukaufen, sondern selbst

A. Lange & Söhne gegen Patek Philippe

fertigten. Diese Entscheidung, auf größere Zulieferer zu verzichten, folgte wiederum dem Prinzip, konsequent auf Exklusivität zu setzen.

Die vier ersten Lange-Modelle, die 1994 auf den Markt kamen, hießen „Lange 1", „Arkade", „Saxonia" und „Pour le Mérite". Zwischen 12.900 und 150.000 Mark mussten die betuchten Kunden für ein Exemplar auf den Tisch blättern. Von Anfang an setzte das Unternehmen auf ein schlichtes, aber elegantes Design und eine für alle Produkte geltende gestalterische Linie, die für einen hohen Wiedererkennungswert sorgte. Dem Preis entsprechend wurden natürlich auch die Materialien nur vom Feinsten ausgewählt: So sind Gold und Platin wichtige Bestandteile der Lange-Gehäuse, die Werke werden ausschließlich aus naturbelassenem Neusilber gefertigt. Unter dem Motto „Die Legende ist wieder Uhr geworden" verkaufte das Unternehmen seine Luxusprodukte anfangs in 15 ausgewählten Fachgeschäften in Deutschland, Österreich und der Schweiz.

Obwohl in den Neunzigerjahren ein leichter Rückgang auf dem Uh-

Zwei der derzeit 15 Lange-Modelle: die Lange 1 und die Langematik-Perpetual. Mit Uhren der Hochpreiskategorie gelang Lange Uhren nach der Wende eine sensationelle David-Goliath-Erfolgsgeschichte.

renmarkt zu verspüren war, stießen die neuen Lange-Modelle von Anfang an auf großes Interesse. Bereits 1995 wurde die Lange 1 von den Lesern der Fachzeitschrift *Armbanduhren* zur Uhr des Jahres gewählt, und das trotz der bekanntermaßen starken Konkurrenz aus der Schweiz. Somit gelang Lange Uhren in wenigen Jahren ein scheinbar unmöglicher David-Goliath-Erfolg: Das Unternehmen brach das schweizerische Quasimonopol für Luxusuhren und schaffte es vor allem, dem scheinbar übermächtigen Konkurrenten Patek Philippe Paroli zu bieten. Der Weltmarktanteil von Lange Uhren unter den Herstellern im obersten Preissegment (Durchschnittspreis über 5.000 Euro) dürfte heute bei etwa 10 Prozent liegen – nicht schlecht für ein Unternehmen, das in einem scheinbar gesättigten Markt bei Null anfangen musste.

Nachdem das Unternehmen im Jahr 2000 vom Schweizer Konzern Richemont übernommen wurde, beschäftigt Lange Uhren heute etwa 320 Mitarbeiter und fertigt pro Jahr eine Stückzahl im einstelligen Tausenderbereich. Der Durchschnittspreis für einen der edlen Lange-Zeitmesser beträgt über 20.000 Euro, während das günstigste Modell immer noch stolze 8.100 Euro kostet. Wer will, kann für eine Lange-Uhr, von denen es derzeit 15 Modelle gibt, auch 100.000 Euro und mehr ausgeben. Von den schnellsten Uhren der Welt kann jedoch keine Rede mehr sein, denn trotz der hohen Preise sind Lieferzeiten von einem halben Jahr keine Seltenheit.

Zweifellos hat Lange auch im Bereich der Vermarktung einiges richtig gemacht. So setzte man beispielsweise beim Vertrieb – wie in allen anderen Bereichen – konsequent auf Exklusivität. Weltweit gibt es daher heute nur 136 ausgewählte Juweliergeschäfte, die Lange im Sortiment führen, während alle Mitbewerber im Einzelhandel deutlich stärker präsent sind. Zwischenhändler werden von Lange Uhren nicht beliefert.

Mit einem geschickten Marketing ist es Lange gelungen, die alte Tradition der Glashütter Uhrmacherkunst wiederzubeleben. Zur Einführung investierte das Unternehmen in großflächige Anzeigen in überregionalen Publikationen und versorgte die Presse mit Informationen. Überraschenderweise ist Lange Uhren sogar ein Beispiel

A. Lange & Söhne gegen Patek Philippe

Exklusivität gehört zum Konzept: Im Gegensatz zu den meisten anderen Herstellern von Nobeluhren fertigt Lange seine Uhrwerke selbst, wobei edelste Materialien zum Einsatz kommen. Nicht zuletzt deshalb ist keines der Modelle unter 8.100 Euro zu haben.

dafür, dass vergleichende Werbung für einen David eine wirksame Waffe sein kann (siehe etwa Sixt). So zielt der aktuelle Werbespruch auf einen interessanten Vergleich ab: „Die Schweizer bauen die besten Uhren der Welt – die Sachsen auch."

Neben Glashütte Original und Lange Uhren haben sich nach der Wende noch zwei weitere Uhrenmanufakturen in Glashütte etabliert. Zum einen handelt es sich dabei um Mühle Uhren, den kleinsten Glashütter Hersteller, zum anderen um Nomos Glashütte/SA. Letzterer Anbieter wurde 1990 von dem Düsseldorfer Roland Schwertner gegründet, der bis dahin als Controller in einem Computerunternehmen arbeitete. Ohne jegliche Erfahrung im Uhrengeschäft ließ sich Schwertner von der Faszination Glashütte anstecken und verschuldete sich zum Aufbau eines neuen Unternehmens bis über beide Ohren. Bei seinen Recherchen stieß er auf eine 1908 in Glashütte entstandene Manufaktur namens Nomos-Uhr-Gesellschaft, die einige Jahre mit großem Erfolg Edeluhren für die damalige Schickeria herstellte.

Schwertner beschloss, diese Tradition wiederzubeleben, und gründete Nomos Glashütte/SA mit dem Ziel, edle Armbanduhren zu bauen. Er ließ eine Grafikerin erste Modelle entwerfen und beschloss, die Uhrwerke – wie seinerzeit die Nomos-Uhr-Gesellschaft – aus der Schweiz zu importieren. Diese Praxis bereitete Schwertner allerdings erst einmal Ärger, denn die lokalen Konkurrenten hielten die Herkunftsbezeichnung Glashütte für nicht gerechtfertigt. Erst als Schwertner nachweisen konnte, dass über die Hälfte der Wertschöpfung in Glashütte stattfand, konnte der Streit schließlich beigelegt werden. Heute sind 40 Mitarbeiter für Nomos aktiv. Wer eine Armbanduhr der Marke Nomos Glashütte/SA erwerben will, muss dafür ab 500 Euro zahlen, was für Glashütter Verhältnisse schon einem Schnäppchenpreis gleichkommt.

Keine Frage, mit dem Wiederaufstieg in die erste Liga unter den Nobeluhrenherstellern ist den Glashütter Uhrenmanufakturen eine der interessantesten David-Goliath-Geschichten der Nachwendezeit gelungen. Dass diese Leistung ohne Investitionen, Know-how und Zulieferungen aus der Schweiz nicht denkbar gewesen wäre, tut dem Erfolg keinen Abbruch. Daher schrieb die *Wirtschaftswoche* zu Recht: „Der unangreifbar scheinende Qualitätsbegriff ‚Swiss made' hat Konkurrenz bekommen: ‚Made in Glashütte'".

Erfolgsfaktoren

Das besseren Voraussetzungen Die Firma Lange Uhren konnte nach der Wende auf eine alte Uhrmacher-Tradition aufbauen.

Das bessere Konzept Lange setzte in Auftreten, Produktion, Preis und Vertrieb konsequent auf Hochwertigkeit und konnte sich so in der obersten Preisklasse überhaupt etablieren.

Die bessere Technik Die Uhren von Lange gehören zu den technisch hochwertigsten mechanischen Zeitmessern überhaupt.

Die bessere Vermarktung Mit geschickter Werbung konnte Lange die alte Tradition wiederbeleben. Lange-Uhren werden nur über wenige exklusive Juweliere verkauft.

Literatur

Reinhard Meis: *A. Lange & Söhne – Eine Uhrmacher-Dynastie aus Dresden.* Callwey Verlag, München 1997
Martin Huber: *Die Uhren von A. Lange & Söhne.* Callwey Verlag, München 1997

Kurt Herkner: *Glashütte und seine Uhren.* Herkner-Verlag 1988
Peter Braun (Hrsg.): *Armbanduhren Spezial: A. Lange & Söhne.* Heel
Verlag, Königswinter 2003
Katrin Sachse: „Ein kleines Wunder". *Focus* 24/1997
Harald Schumacher: „Arge Diskrepanz". *Wirtschaftswoche* 48/1997

Internet

www.lange-soehne.com (Lange Uhren)
www.glashuette.de (Glashütte Original)
www.glashuette.com (Nomos Glashütte/SA)

13 | *Über Gott steht nur noch Gates – Microsoft gegen IBM*

Lou Gerstner, der Chef von IBM, stirbt und kommt in den Himmel.
Als er sich dort zum ersten Mal umsieht, fällt ihm als Erstes ein
gigantischer Palast auf, der alles andere um Längen überragt. An der
Tür des Palasts hängt ein Schild mit der Aufschrift „B. G." Da fragt
Gerstner Petrus: „Wer wohnt denn hier?" Petrus antwortet: „Hier
wohnt Gott." Gerstner ist erstaunt: „Und was bedeutet das Schild?"
„Ach, nichts Besonderes. Wenn der Alte seine größenwahnsinnigen
Tage hat, dann hält er sich manchmal für Bill Gates."

Es kursieren mittlerweile viele Witze über Bill Gates, den Gründer
der Firma Microsoft. Wenn es stimmt, dass viel Feind viel Ehr bedeutet, dann wird zweifellos niemandem mehr Ehre zuteil als dem Jahr-
hundertunternehmer aus Seattle, der als reichster Mann der Welt gilt.
Wer Gates jedoch seinen Erfolg neidet, der sollte nicht vergessen,
dass seine Firma Microsoft vor gut 25 Jahren als Nobody in einem
Markt gestartet ist, der vom Giganten IBM fast nach Belieben beherrscht wurde und in dem sich einige weitere Goliaths den Rest des
Kuchens teilten. Doch durch Gates' Managementgeschick, seine
Weitsicht in Marktfragen und nicht zuletzt auch durch kapitale Feh-

ler der Konkurrenz zog der David Microsoft an allen Rivalen vorbei und entwickelte sich zum profitabelsten Unternehmen der Welt.

Seine Faszination für Computer entwickelte Gates bereits zu seiner Schulzeit. Der Sohn eines Rechtsanwalts aus dem US-Bundesstaat Washington besuchte – wie viele andere Kinder aus wohlhabenden US-Familien – eine Privatschule, die Lakeside-Schule in Seattle. Diese erwies sich als besonders fortschrittlich und ermöglichte ihren Schülern bereits Ende der Sechzigerjahre den Zugang zu einem Computer. Dieser stand allerdings nicht irgendwo im Schulgebäude, sondern wurde – auf damals nicht unübliche Weise – über einen Fernschreiber angesprochen, der Befehle verschickte und Antworten empfing. Für den Einzug der modernen Technik in den Schulalltag hatten einige Mütter von Lakeside-Schülern gesorgt, die den Erlös eines Wohltätigkeitsbasars für diesen Zweck gespendet hatten.

Bill Gates war vom Computer sofort fasziniert. Die für heutige Verhältnisse primitive Ausrüstung veranlasste Gates und seinen Schulfreund Paul Allen sogar dazu, dass sie den Unterricht schwänzten oder sich nachts in das Schulgebäude schlichen, um heimlich irgendwelche Programme zu schreiben. Schon bald beherrschten die beiden Teenager die Computerbedienung besser als jeder Lehrer und führten für die Schule erste Programmierprojekte durch. Als nun sogar erste externe Kunden die Künste von Gates und Allen nachfragten, gründeten die beiden eine Firma namens Traf-O-Data. Doch das Miniunternehmen verschwand bald wieder.

Nach seiner Schulzeit schrieb sich Gates an der renommierten Harvard-Universität ein. Sein Hauptfach war jedoch nicht etwa Informatik, sondern der Familientradition folgend Recht. Gates' Interesse galt jedoch nach wie vor dem Computer, wodurch er für sein Studium nur wenig Zeit übrig hatte. Zu einem der Wendepunkte in seinem Leben geriet der Tag, an dem er Anfang 1975 die Januar-Ausgabe der Zeitschrift *Popular Electronics* in den Händen hielt. Die Titelgeschichte handelte vom weltweit ersten Minicomputer, dem Altair 8800 der Firma MITS, der für 397 US-Dollar als Bausatz zu haben war. Gates und Allen erkannten ihre Chance. Der Altair 8800 war zwar ein erstaunliches und vor allem preisgünstiges Gerät, doch in

---

Microsoft gegen IBM

seiner damaligen Form nahezu nutzlos. Es gab nämlich keine benutzerfreundliche Möglichkeit, mit dem Minirechner zu arbeiten.

Ohne selbst einen Altair zu besitzen, machten sich Gates und Allen daran, dessen größten Fehler zu beheben. An Rechnern der Harvard-Universität entwickelten sie eine einfache Version der Programmiersprache BASIC, die auf dem Altair lauffähig sein sollte und die sie dem Altair-Hersteller MITS anbieten wollten. Mit Erfolg: Die quasi im Blindflug programmierte BASIC-Variante lief tatsächlich auf dem Altair und rannte damit bei dessen Hersteller offene Türen ein. So wurde MITS zum ersten Kunden der von Gates und Allen neu gegründeten Firma für Microcomputer-Software, die sie – der Name war Programm – „Micro-Soft" nannten. Später verzichteten die beiden auf den Bindestrich.

In den Folgejahren wurde Microsoft in einigen weiteren Softwareprojekten aktiv und überschritt erstmals die Marke von einer Million US-Dollar Jahresumsatz. Zu dieser Zeit war das Unternehmen nicht mehr als eine von vielen Computerfirmen, die wie Pilze aus dem Boden schossen und nicht selten bald wieder verschwanden. Der alles dominierende Riese der Computerbranche hieß dagegen zu dieser Zeit IBM. 70 Prozent der weltweiten Gewinne in der Computerbranche fielen zu Spitzenzeiten in die Taschen von IBM, das sich zum profitabelsten Unternehmen seiner Zeit entwickelte. Mit Minicomputern wie dem Altair 8800 gab man sich bei Big Blue, so der Spitzname des Unternehmens mit Sitz im Bundesstaat New York, erst gar nicht ab. Vielmehr erwirtschaftete IBM seine Milliardenumsätze mit Großrechnersystemen, die nicht selten ganze Hallen füllten und dementsprechend nur für größere Unternehmen und Behörden erschwinglich waren.

Den Beginn des Microsoft-Siegeszugs markierte 1981 ein Anruf des Goliaths IBM beim David Microsoft. Hintergrund war die Tatsache, dass in den Jahren zuvor immer mehr Hersteller kostengünstige Kleinrechner (so genannte Personal Computer) auf den Markt gebracht hatten und IBM als Computerweltmacht nicht länger nachstehen wollte. Deshalb hatte das Unternehmen beschlossen, das eigene Produktportfolio um einen PC zu erweitern. Es wäre für den

Computergiganten IBM sicherlich eine Kleinigkeit gewesen, zu diesem Zweck ein eigenes Betriebssystem (also eine Software zur Bedienung und Steuerung) zu entwickeln, doch das Unternehmen nahm den PC-Markt nicht wirklich ernst. So kam es, dass IBM die damals noch unbedeutende Firma Microsoft mit der Entwicklung eines Betriebssystems beauftragte und eine Bezahlung vereinbarte, die von der verkauften Stückzahl abhängig war.

Der eigentliche Fehler von IBM lag, wie sich herausstellen sollte, jedoch weniger in der Beauftragung des Firmenwinzlings Microsoft an sich. Der eigentliche Fauxpas des Branchenprimus bestand vielmehr darin, dass die Herren von Big Blue ihrem Lieferanten die kompletten Rechte an MS-DOS überließen. Hätte IBM bei den Vertragsverhandlungen mit Microsoft eine geeignete Klausel eingebaut, die Gates zweifellos akzeptiert hätte, dann wäre die David-Goliath-Geschichte schon zu Ende gewesen, bevor sie überhaupt begonnen hatte. Doch die IBM-Manager begingen die Unterlassungssünde und mussten sich später den Vorwurf gefallen lassen, einen der schwerwiegendsten Fehler der Wirtschaftsgeschichte gemacht zu haben.

Zunächst einmal musste sich Microsoft jedoch um die Programmierung des Betriebssystems für IBM kümmern. Um die Lieferfrist von gerade einmal drei Monaten einhalten zu können, war ein erheblicher Kraftakt notwendig. Zum Glück fand Gates in Seattle ein Unternehmen, das bereits eine halbwegs passende Lösung entwickelt hatte und bereit war, diese an Microsoft zu verkaufen. Ohne den geplanten Verwendungszweck zu verraten, erwarb Gates für 50.000 US-Dollar die kompletten Rechte daran und führte anschließend mit seinen Kollegen die für den IBM-PC notwendigen Anpassungen durch. So wurde das Betriebssystem MS-DOS geboren.

Nach dieser Vorarbeit war eine Situation entstanden, in der sich der Erfolg von Microsoft fast von selbst ergab. IBMs PC wurde zum Erfolg, und da die meisten Exemplare mit MS-DOS ausgestattet waren, kassierte die Gates-Firma kräftig mit. Doch damit nicht genug: Zahlreiche Computerhersteller zogen nun mit eigenen PCs nach, welche die gleichen Funktionen wie der IBM-PC anboten, aber meist weniger kosteten. Auch diese IBM-Klone nutzten größtenteils

Microsoft gegen IBM

MS-DOS, was Microsoft als Rechteinhaber weitere Einnahmen bescherte und IBM, das die Rechte ohne Not abgegeben hatte, in die Röhre schauen ließ. Während sich Big Blue mit anderen PC-Herstellern einen erbitterten Kampf lieferte, konnte es Microsoft völlig egal sein, wer welche Marktanteile erreichte. Mit seinem MS-DOS verdiente Gates in jedem Fall mit.

Als Microsoft 1985 an die Börse ging, behielt Bill Gates 41 Prozent der Aktien. Diese waren ein Jahr später über eine Milliarde wert und machten Bill Gates im Alter von 31 Jahren zum jüngsten Selfmade-Milliardär der Geschichte. Doch der Aufstieg hatte gerade erst begonnen, und so durchbrach Microsoft 1987 als erstes Softwareunternehmen die Grenze von einer Milliarde US-Dollar Umsatz. Bis heute ist Gates' Vermögen auf 46 Milliarden US-Dollar angewachsen, was ihn zum reichsten Menschen der Welt macht. Auch sein langjähriger Vize und späterer Nachfolger Steve Ballmer sowie sein ausgestiegener Mitgründer Paul Allen stehen als Multimilliardäre auf der Liste der reichsten Menschen weit oben. Kein Wunder, dass die *Wirtschaftswoche* von der „größten unternehmerischen Erfolgsgeschichte des 20. Jahrhunderts" schreibt und Gates als erfolgreichsten Unternehmer des Jahrhunderts auszeichnete. Die Leser des Magazins hatten ihn noch vor Henry Ford, Walt Disney und Jack Welch dazu gewählt.

In der Tat zeigte Gates im Gegensatz zu zahlreichen anderen Computerenthusiasten nicht nur ein gutes Gespür für die Technik, sondern auch hervorragende Qualitäten als Geschäftsmann. Dies zeigt sich vor allem darin, dass er den anfänglichen Erfolg von Microsoft, den er dem Glücksfall mit dem IBM-Vertrag verdankte, immer weiter ausgebaut hat. So entwickelten sich aus MS-DOS Windows-Betriebssysteme, die heute auf über 95 Prozent aller PCs weltweit installiert sind. Als zweite Schiene bot Microsoft seit Mitte der Achtzigerjahre auch Anwendungssoftware aller Art an, wobei Programme wie Word, Excel, Powerpoint und Access seit Jahren den Markt dominieren. Inzwischen gibt es vom Computerspiel bis zum Buchhaltungsprogramm kaum noch ein Segment des Softwaremarkts, in dem Microsoft nicht erfolgreich mitmischt.

David und die besseren Voraussetzungen

Auf eine überlegene Technik ist der Microsoft-Erfolg sicherlich nicht zurückzuführen, denn besonders innovativ ist das Unternehmen nie gewesen. So brauchte die Gates-Firma beispielsweise Jahre, um den Vorsprung des Konkurrenten Apple, der schon früh mit einer grafischen Oberfläche auf den Markt kam, in puncto Benutzerfreundlichkeit aufzuholen. Dennoch sind die Rechner von Apple nach anfänglichen Erfolgen nicht über den Status eines Nischenprodukts hinausgekommen. Entscheidend dafür war nicht zuletzt die Tatsache, dass Apple verhinderte, dass andere ihre Hardware nachbauten – wer das Apple-Betriebssystem nutzen wollte, musste auch die Rechner des Unternehmens kaufen. Dadurch war zwar gewährleistet, dass Apple der Konkurrenzkampf, wie ihn IBM auszutragen hatte, erspart blieb, doch gleichzeitig ging der Marktanteil von Apple zurück, weil die Computerbauer in aller Welt lieber auf MS-DOS und Windows setzten. So zeigte sich einmal mehr, dass die richtige Unternehmensstrategie wichtiger ist als überlegene Technik.

Durch seinen Erfolg wurde Bill Gates zu einem der bekanntesten Menschen der Welt. Rhetorisches Geschick und der Verzicht auf Allüren machten ihn sogar zum Star, den man in den USA als Wunderkind der Computerbranche verehrte. Doch je mehr Microsoft die Computerbranche beherrschte, desto mehr geriet sein David-Goliath-Erfolg in den Hintergrund und desto kritischer sahen Computernutzer die Rolle des Quasimonopolisten. Dass Microsoft das profitabelste Unternehmen der Welt war und ist, bedeutet nun einmal auch zwangsläufig, dass die Preise des Unternehmens höher als für den Kunden notwendig sind. So muss Bill Gates heute auch damit leben, dass es über keinen anderen Unternehmer so viele Witze gibt wie über ihn. Neben dem am Anfang aufgeführten sei zum Abschluss folgender zitiert:

Vor der Microsoft-Firmenzentrale in Redmond wird ein ausgesetztes Baby gefunden. Um Gerüchten, es handle sich um das Kind eines Microsoft-Mitarbeiters, vorzubeugen, veröffentlicht das Unternehmen eine Pressemitteilung. „Das aufgefundene Baby", so heißt es darin, „kann unmöglich einem Mitarbeiter unseres Unternehmens gehören. Dafür gibt es folgende Gründe: Erstens wurde bei Microsoft

Microsoft gegen IBM

noch nie etwas mit Liebe gemacht. Zweitens war bei Microsoft noch nie etwas in neun Monaten fertig. Drittens ist bei Microsoft noch nie etwas entstanden, was Hand und Fuß hat."

Erfolgsfaktoren

Die besseren Voraussetzungen Durch das Versäumnis von IBM lag Microsoft der PC-Markt quasi zu Füßen.

Das bessere Management Gates verstand es, aus dem Anfangserfolg eine dauerhafte Erfolgsgeschichte zu machen.

Literatur

James Wallace, Jim Erickson: *Mr. Microsoft. Die Bill-Gates-Story.* Ullstein, München 1994
Jürgen Homeyer: „Messias und Luzifer". *Wirtschaftswoche* 52/1999

Internet

www.microsoft.de

14 *Der Siegeszug des Klammeraffen – Internet-Mail gegen X.400*

„Generation @" tauften Trendforscher die Generation der Internetnutzer. Dabei griffen sie auf das Symbol „@" zurück, das – oft respektlos auch als „Klammeraffe" bezeichnet – in einer E-Mail-Adresse den Namen eines Nutzers von dessen Domäne trennt. Angesichts der Allgegenwärtigkeit des Klammeraffen gerät leicht in Vergessenheit, dass E-Mail-Dienste schon eine erste David-Goliath-Geschichte hinter sich hatten, als E-Mail-Adressen mit dem @-Symbol samt der zugehörigen Technologie längst als Auslaufmodell galten und einer neuen Generation des elektronischen Postwesens Platz machen soll-

David und die besseren Voraussetzungen

ten. Doch der Wechsel fand nie statt, denn die scheinbar veraltete Klammeraffen-Mail setzte sich ein zweites Mal gegen übermächtige Konkurrenz durch. Die Generation @ konnte entstehen.

Die Entwicklung der E-Mail-Technologie ist bekanntlich eng mit der Geschichte des Internets und dessen Vorläufer ARPA-Net verbunden, die wiederum hauptsächlich aus „Das-war-so-nicht-geplant"-Situationen besteht. Die immer wieder gern erzählte Behauptung, das Internet sei ursprünglich als atombombensicheres Kommunikationssystem für den Kalten Krieg geplant gewesen, ist zwar falsch. Militärische Überlegungen spielten aber sehr wohl eine Rolle, als das US-Verteidigungsministerium 1958 die Advanced Research Projects Agency (ARPA) gründete. Deren Aufgabe war es, die USA nach dem Sputnik-Schock technologisch wieder nach vorne zu bringen. Der Aufbau eines Computernetzwerks, das zunächst als ARPA-Net bezeichnet wurde, war dabei nur eines von mehreren Projekten, mit dem sich die neue Behörde beschäftigte, es wurde jedoch zum wichtigsten. 1969 ging das ARPA-Net mit vier angeschlossenen US-Universitäten an den Start.

In der fast zehnjährigen Entwicklungsphase des ARPA-Nets dachten dessen Entwickler an alle möglichen Szenarien zur Nutzung der neuen Kommunikationswege. An E-Mail dachten sie jedoch nicht. Der Hauptgrund für diese aus heutiger Sicht kuriose Unterlassungssünde waren vermutlich die damals noch exorbitant hohen Kosten der Rechnertechnik. Typische Computersysteme füllten zur damaligen Zeit ganze Räume und kosteten Millionen. Die Idee, derart teure Geräte für so etwas Profanes wie den Austausch von Texten und Bildern zu nutzen, erschien den damaligen Computerexperten reichlich abwegig. Stattdessen strebten die ARPA-Net-Pioniere etwas anderes an: Das angesichts der kostspieligen Technik wertvolle Gut der Rechenleistung sollte durch die Vernetzung effektiver genutzt werden. Zweifellos eine gute Idee, denn anstatt für alle anfallenden Zwecke den eigenen Rechner zu nutzen, erschien es doch sinnvoller, sich über das Netz den am besten geeigneten zu suchen, was insbesondere auch Spezialisierungen zuließ.

Erst 1971, als das ARPA-Net bereits die ersten zwei Betriebsjahre

Internet-Mail gegen X.400

hinter sich hatte, kam mit Ray Tomlinson, Mitarbeiter der Firma BBN, erstmals jemand auf die Idee, Nachrichten über das ARPA-Net zu übertragen. Die Technik der E-Mail war geboren. Welchen Inhalt die erste je über ein Netz versendete E-Mail hatte, weiß Tomlinson heute selbst nicht mehr, vermutlich war es eine sinnlose Buchstabenkombination. Überliefert sind jedoch Sender und Empfänger: Tomlinson schickte die Nachricht an sich selbst.

So richtig ernst nahm die Sache mit der elektronischen Post jedoch zunächst niemand. In den offiziellen Aktivitäten der ARPA-Net-Entwickler spielte E-Mail jedenfalls keine Rolle, und auch Tomlinson selbst sah darin eher eine Spielerei. Von Benutzerfreundlichkeit konnte bei den ersten E-Mail-Gehversuchen ebenfalls keine Rede sein, und so benötigte der Nutzer für das Versenden einer Nachricht zunächst eine andere Software als für das Empfangen. Erst spätere Programmentwicklungen enthielten beide Funktionalitäten und boten dann auch so innovative Features wie Weiterleiten und Löschen.

Eines gab es jedoch praktisch von Anfang an: das @-Zeichen in der E-Mail-Adresse. Vor diesem stand der Name des jeweiligen Nutzers, dahinter die Bezeichnung des Rechners, den dieser nutzte. Angesichts der gerade einmal 15 ARPA-Net-Anschlüsse, die es 1971 gab, konnte man noch alle Domänen auswendig kennen. Auf den Klammeraffen, der heute zum Symbol einer ganzen Generation geworden ist, kam Tomlinson aus ganz profanen Gründen: Einen gebräuchlichen Buchstaben wollte er als Trennzeichen vermeiden, und das @-Zeichen war mit der von ihm genutzten Tastatur bequem einzugeben.

Aller Vernachlässigung in ARPA-Kreisen zum Trotz nahm die neue E-Mail-Technik in den Folgejahren eine rasante Entwicklung. Wie viele Nachrichten auf diese Weise zu einem bestimmten Zeitpunkt durch das Netz geschickt wurden und welche Probleme die neue Technik mit sich brachte, ist heute kaum noch nachvollziehbar. Dies lag schlicht und einfach daran, dass die gesamte Technologie von allen unterschätzt wurde. Niemand kam offenbar auf die Idee, Statistiken über die E-Mail-Nutzung oder Pläne über den weiteren Ausbau anzufertigen.

Von den Diskussionen, die auf informeller Basis zum Thema abgehalten wurden, ist ebenfalls kaum etwas überliefert. Sie fanden nämlich hauptsächlich per E-Mail statt (wie sonst?), und für eine längerfristige Aufbewahrung elektronischer Nachrichten war Speicherplatz damals noch zu teuer. So nutzte alle Welt E-Mail, ohne dass sich jemand über deren steigende Bedeutung Gedanken machte.

Erst 1976 gab es im ARPA-Umfeld angesichts der stark steigenden Nutzerzahlen erstmals systematische Überlegungen zum Thema E-Mail. Nun endlich machten sich Wissenschaftler an die Arbeit, die technischen Möglichkeiten auszuloten, Statistiken zu erstellen und Konzepte zu entwickeln. Immer mehr setzte sich die Einsicht durch, dass letztendlich Informationen das wichtigste Gut der Netzgesellschaft sind, und nicht etwa Rechenleistung. 1977 erschien die erste ARPA-Net-Norm zum Thema E-Mail, 1982 der bis heute wichtigste Standard RFC 821. Diese Normierung war auch dringend notwendig, denn längst hatte sich in der lange unterschätzten E-Mail-Welt ein Wildwuchs von Formaten und Verfahren entwickelt.

Der Siegeszug der E-Mail war somit nicht mehr aufzuhalten. Mit der ohne Konzept zusammengeschusterten Technologie zeigten sich jedoch immer mehr Computerexperten unzufrieden, denn es offenbarten sich deutliche Fehler im System. Dazu gehörte etwa die Tatsache, dass die damalige E-Mail-Norm nur die Übertragung einfacher Texte vorsah und nicht einmal Umlaute kannte. Dabei wollten viele Internetnutzer auch Bilder und Dateien verschicken. Hinzu kamen Sicherheitsprobleme: Das Fälschen der Absenderadresse war lächerlich einfach und keine Mail vor den Blicken anderer geschützt.

Diese unbefriedigende Situation rief in den Achtzigerjahren eine Institution auf den Plan, der man durchaus zutraute, daran etwas zu ändern: der weltweite Verbund der Telefongesellschaften CCITT. Die CCITT hatte nicht nur die weltgrößten Telekommunikationskonzerne hinter sich, die natürlich auch am Thema Computernetze interessiert waren, sondern auch die internationale Standardisierungsorganisation ISO, die zur UNO gehört. Das ambitionierte Vorhaben der CCITT bestand darin, die gesamte ARPA-Net-Technologie samt dem hausbackenen E-Mail-System sowie einige andere zwischenzeitlich entstandene Netzwerktechniken durch ein durchdachtes, normiertes

Internet-Mail gegen X.400

Netzwerkkonzept abzulösen. Das Projekt ging unter dem Namen OSI (Open Systems Interconnection) in die Technikgeschichte ein.

Prunkstück der OSI-Norm sollte ein E-Mail-System namens X.400 werden. X.400 versprach so ziemlich alles, was den herkömmlichen Mails fehlte: Statt Texten sollten Daten aller Art übertragen werden können. Verschlüsselungstechniken sorgten für Sicherheit, es gab Schnittstellen zum Telefax, Empfangsbestätigungen und vieles mehr, was das ARPA-Net nicht zu bieten hatte. Insbesondere machte X.400 Schluss mit den E-Mail-Adressen, die den Klammeraffen enthalten. Diese waren zwar leicht zu merken, nach übereinstimmender Expertenmeinung jedoch nicht für ein weltweites Netzwerk mit fast unbegrenzt vielen Domänen geeignet. X.400 führte stattdessen leistungsfähigere Adressstrukturen ein, wobei sich eine X.400-Adresse etwa wie „C=DE; A=KFT; P=DADA; O=ABC; OU1=HQ; S=MUSTERMANN; G=EMIL" las.

Die Tage des Klammeraffen schienen also gezählt. Angesichts der übermächtigen Konkurrenz rechnete man allseits damit, dass OSI und X.400 die Zukunft gehörte, während das Mail-System des ARPA-Net als erste E-Mail-Generation bald nur noch historisch interessant sein würde. Was jedoch dann passierte, beschreibt der Telekommunikationsexperte Andrew S. Tanenbaum in seinem bekannten Netzwerk-Buch so: „Wie ein System, das von ein paar Informatik-Studenten zusammengehackt worden ist, einen offiziellen, internationalen Standard geschlagen hat, der von allen Telefongesellschaften der Welt, zahlreichen Regierungen und einem erheblichen Teil der Computerindustrie unterstützt wurde, erinnert an die biblische Geschichte von David und Goliath."

Wie kam es zu dieser Entwicklung? Zunächst einmal war es die viel zitierte normative Kraft des Faktischen, die dem vom Aussterben bedrohten Klammeraffen das Überleben sicherte. ARPA-Net-Mail war einfach da und funktionierte im Großen und Ganzen auch. Da wollte kein Betreiber eines Computersystems der Erste sein, der eine neue Technologie ausprobierte. Als noch entscheidender erwies sich jedoch, dass sich die OSI-Entwickler schlicht und einfach zu viel vorgenommen hatten, denn eine Norm für den gesamten Netzwerkbetrieb inklusive eines E-Mail-Systems mit allen Schikanen war selbst für die erfahrensten Gremien nicht zu stemmen. Fast zwangsläufig gerieten sich die Delegierten unterschiedlicher Organisationen gegenseitig in die Haare, mussten sich auf Kompromisse einlassen und klammerten notgedrungen wichtige Aspekte aus der Norm aus.

So dauerte es bis 1984, ehe eine erste Version von X.400 abgesegnet wurde. Die Softwarehersteller, die nun die neue Norm in Produkte umsetzen sollten, waren angesichts der enormen Komplexität alles andere als glücklich. Die ersten Lösungen, die auf den Markt kamen, konnten sich untereinander nicht in allen Fällen verständigen, obwohl ja genau das der Sinn der gesamten Normierung war. Um die aufwendige Entwicklung zu finanzieren, mussten die Hersteller zudem hohe Preise verlangen, während ARPA-Net-Mail-Programme teilweise sogar kostenlos erhältlich waren.

Als sich Ende der Achtzigerjahre für das ARPA-Net der neue Name Internet durchsetzte und die ersten kommerziellen Unternehmen E-Mail einführten, setzten die meisten – oft noch als vermeintliches Provisorium – auf die ARPA-Net-Variante, die nun auch „Internet Mail" genannt wurde. Das Tüpfelchen auf dem i bildeten jedoch die neuartigen Adressen, die X.400 einführen sollte. Zahlreiche Nutzer, die sich an den Klammeraffen gewöhnt hatten, rebellierten gegen die unhandlichen X.400-Ungetüme.

Längst hatte sich zu diesem Zeitpunkt zusätzlich ein Kulturunterschied zwischen der Internetgemeinde und den OSI-Normierern gebildet. Die hauptsächlich in den USA aktiven Internetfreaks konnten mit den schlipstragenden Normierungsbürokraten der CCITT genauso wenig anfangen wie umgekehrt. Daher ordneten sich die in der Internetorganisation IETF aktiven Mail-Entwickler auch nicht dem X.400-Diktat unter, sondern bliesen zum Gegenangriff. Nach und nach wurde die Norm für Internet-Mail mit einigen Zusätzen ausgestattet, welche die wichtigsten Defizite beheben sollten. So wurde nun auch das Übertragen beliebiger Dateien möglich, andere Normerweiterungen kümmerten sich um das Thema Sicherheit. Die meisten Betreiber von E-Mail-Systemen rüsteten nun lieber die Erweiterungen nach, anstatt mit X.400 komplett neu aufzusetzen.

Internet-Mail gegen X.400

Noch Mitte der Neunzigerjahre vertraten namhafte europäische Netzwerkexperten die Ansicht, X.400 würde sich trotz allem noch gegen Internet-Mail durchsetzen. Doch im Grunde war zu diesem Zeitpunkt längst klar, dass der Goliath X.400 das Duell gegen den David Internet-Mail längst verloren hatte. Zwar ist X.400 nicht ganz von der Bildfläche verschwunden, doch die Nutzerschaft beschränkt sich auf Großkonzerne und Großbehörden, die zudem längst zweigleisig fahren und Schnittstellen zu Internet-Mail anbieten müssen.

Währenddessen kennen die meisten Nutzer nur noch E-Mail-Adressen vom Klammeraffen-Typ. Einige Schwächen von Internet-Mail sind bis heute selbst für Laien erkennbar: So gehören E-Mails mit unlesbaren Umlauten bis heute zum Alltag vieler Internetnutzer – einige der zur Weiterleitung von E-Mails benutzten Programme gehen eben nach wie vor von einfachen Textnachrichten aus. Auch die von Internet-Mail verwendeten Adressen mit dem Klammeraffen, die für ein weltweites Netz wie das Internet eigentlich nicht geeignet sind, kosten im E-Mail-Betrieb einiges an unnötigen Ressourcen. Da Rechnerleistung inzwischen jedoch zu einer billigen Massenware geworden ist, fällt das kaum mehr ins Gewicht.

Betrachtet man heute Internet-Mail und X.400, dann drängt sich folgender Vergleich auf: Internet-Mail gleicht einem mittelgroßen Gebäude, das nach zahllosen Umbauten jegliche architektonische Linie verloren hat, aber trotz einiger Baumängel seinen Dienst versieht. X.400 entspricht dagegen einem ungleich größeren Prestigebau, dessen ausgeklügeltes Architekturkonzept irgendwann selbst die Architekten nicht mehr verstanden haben. Während im Internet-Mail-Gebäude Hochbetrieb zu verzeichnen ist, herrscht im X.400-Komplex nur ein müdes Treiben.

Erfolgsfaktoren

Die besseren Voraussetzungen Internet-Mail existierte bereits, als die Idee für X.400 aufkam.

Das bessere Konzept Internet-Mail wirkte zwar auf viele Experten hausbacken und wenig durchdacht. Die Einfachheit wurde jedoch zum entscheidenden Vorteil gegenüber dem komplexen X.400.

Literatur

Ian R. Hardy: *The Evolution of ARPANET email*. University of California at Berkeley 1996

Andrew S. Tanenbaum: *Computer Networks*. Prentice-Hall, Upper Saddle River (USA) 1996, S. 643 ff

Internet

www.ifla.org/documents/internet/hari1.txt

15 *Jungfrau und Matterhorn – Jung von Matt gegen die großen deutschen Werbeagenturen*

„Wir hassen schlechte Werbung. Am meisten, wenn sie von uns kommt." Diese Worte stammen von den beiden Hamburger Werbeexperten und Unternehmern Holger Jung und Jean-Remy von Matt. Ihre Abneigung gegenüber schlechter Reklame hat offensichtlich einiges an Antriebskraft entfaltet, denn die 1991 von ihnen gegründete Werbeagentur Jung von Matt entwickelte sich innerhalb weniger Jahre zu einer der ersten Adressen in der Branche. Auch wenn Jung und von Matt schon lange vor dem Start in die Selbständigkeit zu den namhaftesten Werbern des Landes gehörten, so ist der rasante Aufstieg ihrer Agentur dennoch die bemerkenswerteste David-Goliath-Geschichte aus dem deutschen Werbeumfeld. Schließlich schien der Markt für Werbeagenturen 1991 längst gesättigt und damit für einen Newcomer äußerst schwierig.

Jung und von Matt ließen sich jedoch von der Konkurrenz nicht schrecken. Immerhin konnten die beiden als ehemals hochrangige Mitarbeiter der Werbeagentur Springer & Jacoby, die bis heute zu den namhaftesten in Deutschland gehört, einiges an Erfahrung vorweisen. Der 1953 geborene Hamburger Holger Jung hatte vor seiner Karriere als Werber zunächst eine Lehre als Fotograf abgebrochen und anschließend Jura studiert. Jean-Remy von Matt, ein 1952 in Brüssel geborener Schweizer, hatte vor seinem Engagement bei Springer & Jacoby ebenfalls schon einige Stationen in der Werbebranche hinter sich.

Als designierte Nachfolger der Unternehmensleiter Reinhard Springer und Konstantin Jacoby hätten Jung und von Matt bei ihrem damaligen Arbeitgeber zweifellos weiter Karriere machen können. Doch die beiden entschieden sich anders. Sie gründeten ihre eigene Werbeagentur und gingen damit zu Springer & Jacoby in Konkurrenz, weil „beide offen und im Lebensstil frei genug waren, um einen beruflichen Neustart zu wagen", wie es in ihrem Buch *Momentum* heißt. „Miete unter 800 Euro, Motorrad abbezahlt, keine Hypotheken, keine Familie, keine Alimente oder Unterhaltskosten."

Nach einem Wochenende auf Fehmarn, bei dem Jung und von Matt ihre Pläne noch einmal durchsprachen, gab es kein Zurück mehr. Unter dem Namen „Jung von Matt" – die alternative Idee „Jungfrau und Matterhorn" wurde wieder verworfen – ging das Unternehmen 1991 mit sieben Mitarbeitern an den Start. Und dieser verlief traumhaft: Mit Sixt, Porsche, Freundin, Vereinte Versicherung, Sparkasse, Jever und Minolta konnte Jung von Matt gleich zum Auftakt sieben Werbeetats vom früheren Arbeitgeber mitnehmen oder neu gewinnen. Für gute Stimmung in den Büros in einer ehemaligen Hamburger Korsagenfabrik war also erst einmal gesorgt.

Im Nachhinein gesehen fiel die Gründung von Jung von Matt Anfang der Neunzigerjahre gleichermaßen in eine ungünstige wie in eine günstige Zeit. Ungünstig war zweifellos die zu dieser Zeit lahmende Wirtschaft, die auch vor der Werbebranche nicht Halt machte. Günstig, und das erwies sich auf Dauer als entscheidender, machte sich dagegen das zu dieser Zeit immer populärer werdende Privatfernsehen bemerkbar. Die steigende Zahl kommerzieller Sender trieb die TV-Werbeumsätze in immer neue Höhen, während Sparten- und Regionalsender mit günstigen Angeboten Fernsehwerbung auch für mittelständische Unternehmen interessant machte. Jung und von

Matt nutzten diesen Trend und machten Fernsehwerbung zu einem der Schwerpunkte ihrer Agentur.

Mit weiteren gewonnenen Kunden wie Audi, Bild und DEA konnte Jung von Matt schnell in der Branche Fuß fassen und legte damit einen „Turbostart" (das Branchenmagazin *Horizont*) hin. Bereits 1992 wurde das Unternehmen im Jahrbuch der Werbung mit dem Titel „Newcomer des Jahres" bedacht, ein Jahr später prämierte *Horizont* Jung und von Matt als „Männer des Jahres". Bereits Mitte der Neunzigerjahre hatte sich die neue Agentur damit als David zu den Goliaths der deutschen Werbebranche hochgearbeitet und wetteiferte mit Springer & Jacoby um das Einheimsen der meisten Kreativpreise. Jung von Matt habe sich „in atemberaubender Geschwindigkeit ganz oben, unter den zehn kreativsten Agenturen der Republik, eingereiht", urteilte das *Handelsblatt* 1995.

Nicht nur bei den Kunden, sondern auch bei Werbeexperten eroberte sich Jung von Matt einen glänzenden Ruf. So gilt das Unternehmen bis heute in der Branche als Traumarbeitgeber, was eine hohe Anzahl an eingehenden Bewerbungen belegt. Obwohl das Unternehmen daher ausschließlich auf erfahrene Kräfte setzen könnte, stellt man bei Jung von Matt bewusst auch viele Neulinge ein – Kreativität braucht eben auch ab und zu frisches Blut.

Der große Erfolg von Jung von Matt lässt heute so manche Planung aus der Gründungszeit reichlich bescheiden aussehen. So legte das Unternehmen 1991 seiner Bank einen Plan vor, der für das Jahr 1996 einen Personalbestand von 20 Mitarbeitern vorsah, die mit 10 Werbeetats jährlich 4 Millionen Mark erwirtschaften sollten. Diese Zielsetzung wurde jedoch mit 144 Personen, 30 Etats und 8 Millionen Umsatz deutlich übertroffen. Natürlich konnte das Unternehmen dieses rasante Wachstum aus der Anfangszeit nicht auf Dauer durchhalten. Daher sahen Jung und von Matt Mitte 1999 schließlich die Startphase als beendet an und verkündeten den Übergang in die Reiseflughöhe. Heute sind für Jung von Matt 555 Mitarbeiter aktiv, die für einen Jahresumsatz von 52,2 Millionen Euro sorgen.

Sucht man nach den Gründen für den Jung-von-Matt-Erfolg, dann kommt man natürlich nicht an den beiden Unternehmensgründern

Jung von Matt gegen
die großen deutschen Werbeagenturen

vorbei. Jung und von Matt sind zweifellos Meister ihres Fachs, die sich in zwölf Jahren ohne personelle Veränderungen an der Unternehmensspitze ihren Erfolg kontinuierlich erarbeiteten. Außerdem gelten die beiden als Musterbeispiel eines kongenialen Teams: Der kühle Rechner und Hintergrundstratege Holger Jung ergänzt sich offensichtlich bestens mit dem etwas extrovertierteren Kreativtalent Jean-Remy von Matt.

Dass sich die Fähigkeiten der beiden Agenturchefs in den wirtschaftlichen Ergebnissen ihres Unternehmens niedergeschlagen haben, hat sicherlich auch damit zu tun, dass das Unternehmen bewusst einige Vorteile nutzt, die mit einer überschaubaren Größe zusammenhängen. Zwar gehört Jung von Matt inzwischen zu den größten deutschen Werbeagenturen, doch im Gegensatz zu allen wesentlichen Konkurrenten verzichten die Hamburger bisher auf einen Anschluss an ein internationales Agenturnetzwerk. Dies erschwert zwar die Arbeit, wenn es um länderübergreifende Werbekampagnen geht, sichert dem Unternehmen aber ein größeres Maß an Unabhängigkeit. Nach Angaben des Unternehmens lockt diese Tatsache zudem zahlreiche Mitarbeiter an, die lieber eigene Werbung entwickeln, als – wie es bei internationalen Agenturen oft unvermeidlich ist – ausländische Inhalte an den deutschen Markt anzupassen.

Als weiteren Erfolgsfaktor nennt man in der Branche – und übrigens auch bei Jung von Matt selbst – immer wieder die vergleichsweise aufwendige Eigenwerbung des Unternehmens. „Jung von Matt bewirbt nicht nur Markenartikel, sondern versteht sich auch selbst als ein solcher", schrieb das *Handelsblatt* über diese Praxis. Zu dieser gehört offensichtlich auch, dass die beiden Inhaber bewusst die Öffentlichkeit suchen und von Harald Schmidt über Alfred Biolek bis zu diversen Fachzeitschriften kaum eine Gelegenheit zum Interview auslassen. Auch in den Klatschspalten der Boulevardpresse ist von Jung und von Matt des Öfteren zu lesen. „Niemand anders als die Presse selbst hat uns zu einer der bekanntesten Werbeagenturen Deutschlands gemacht", schreiben die beiden dazu in ihrem Buch *Momentum*. Die Gefahr, dass die beiden Agenturchefs angesichts der vielen öffentlichen Auftritte ihre eigentliche Tätigkeit vernachlässigen, spielen

Auch die Deutsche Bahn gehört zu den Kunden von Jung von Matt. Als die Agentur 1991 gegründet wurde, schien der Markt bereits gesättigt.

Jung und von Matt herunter: Angeblich sind ihre Mitarbeiter sogar froh, wenn ihnen ihre Chefs nicht ständig auf die Nerven gehen.

Unbestritten ist jedenfalls, dass die Jung-von-Matt-Kreativen schon so manche zündende Idee hervorgebracht haben. So verhalf das Unternehmen der Bild-Zeitung mit dem Slogan „Bild dir deine Meinung" zu einem besseren Image und unterstützte Audi („Wo ist der Tank?") beim Aufstieg in die Liga von Mercedes und BMW. Zum Aufpolieren des Rufs der Bahn, die zu Unrecht als notorischer Zuspät-Kommer gilt, inszenierte Jung von Matt eine Demonstration mit dem Leitspruch „Drei Minuten sind zu viel". Unvergessen auch der Sparkassenwerbespot mit den legendären Worten „Mein Haus, mein Auto, mein Boot ..." und die Werbe-Sitcom „Die bei DEA".

Solche Ideen sind das Kapital des Unternehmens und entsprechend werden sie kultiviert. Dazu gehören nicht nur regelmäßige Mitarbeitergespräche und -befragungen, die Probleme schon im Ansatz erkennbar machen sollen, sondern auch diverse Rituale. So gehören Denkkammern genauso zur Unternehmenskultur wie Besprechungen ohne bequeme Sitzgelegenheiten und die Tatsache, dass morgens um 9 Uhr die Türen geschlossen werden, um die Mitarbeiter zum pünktlichen Arbeitsantritt zu bewegen. Alle sechs Monate müssen die Mitarbeiter zudem einen Bürowechsel über sich ergehen lassen – nichts an der kreativen Arbeit soll schließlich zur Routine verkommen.

Als Ergebnis dieser Aktivitäten sind bei Jung von Matt nicht nur besonders erfolgreiche Werbespots und Zeitschriftenanzeigen, sondern sogar neue Werbeformen entstanden. So fiel den Agenturchefs auf einem Flughafen auf, wie gelangweilt manche Passagiere vor dem Gepäckausgabeband stehen, wenn sie dort auf ihre Koffer warten. Daraus entstand die Idee, einen Koffer mit auffälliger Werbeaufschrift auf dem Band kreisen zu lassen. Der Kunde Sixt nutzte diesen innovativen Werbeansatz und brachte so zielgruppengerecht seine neuesten Mietwagenangebote unters Volk. Als ähnlich auffällig erwiesen sich Schilder mit der Aufschrift „Helmut Kohl", die von vermeintlichen Abholern im Ankunftsbereich des Flughafens hochgehalten wurden. Erst bei genauerem Hinsehen erkannte man den Zusatz „schreibt heute für die *Welt am Sonntag*".

Die Helmut-Kohl-Aktion macht auch deutlich, warum das trojanische Pferd das Erkennungszeichen von Jung von Matt ist. Für die beiden Agenturchefs ist dieses nicht nur die „effizienteste und kreativste Idee aller Zeiten", sondern auch ein Sinnbild für gute Werbung überhaupt. Der Kunde, der sich für Werbebotschaften eigentlich nicht interessiert, muss zunächst über deren eigentlichen Inhalt getäuscht werden, damit der Aha-Effekt umso größer ist.

Doch da selbst die schönste Philosophie ohne professionelle Firmenstrukturen wenig nutzt, haben Jung und von Matt auch in diesem Bereich nachgebessert. 1999 wurde das Unternehmen in eine Aktiengesellschaft umgewandelt, deren einzelne operative Einheiten als Tochter einer Holdinggesellschaft firmieren. Die Anteilsscheine liegen zu 85 Prozent bei Jung und von Matt, während sich der Rest auf diverse Führungskräfte verteilt. Obwohl somit die Voraussetzungen für einen Börsengang gegeben wären, plant Jung von Matt einen solchen Schritt bisher nicht. Der Grund ist ein typisches David-Argument: Man will die Unabhängigkeit nicht verlieren und sich nicht von wachstumssüchtigen Aktionären unter Druck setzen lassen.

So muss das Unternehmen auch bei der Expansion ins Ausland keine übertriebene Eile an den Tag legen. Seit 2001 ist Jung von Matt auch in der Schweiz präsent, später kam eine Tochter in Wien dazu. Doch der deutschsprachige Raum ist nun einmal nicht die Welt, und da sich Jung von Matt bewusst nicht an ein internationales Netzwerk anschließt, müssen die Hamburger in Kauf nehmen, dass Kunden, die auch im Ausland aktiv sind, Probleme bereiten. So schränkten Firmen wie Wella oder Consors laut Presseberichten ihre Zusammenarbeit mit Jung von Matt nicht zuletzt deshalb ein oder beendeten sie, weil sie die fehlende internationale Präsenz des Unternehmens störte. Jung von Matt hat darauf mit der Gründung der „Worldforce", einer internationalen Organisation unabhängiger Werbeagenturen, reagiert.

Doch der größte Vorteil von Jung von Matt bleiben nach wie vor kreative Ideen, und das wissen Kunden wie Sixt, Bild und DEA zu schätzen. Holger Jung und Jean-Remy von Matt ist das bewusst. Dass sie schlechte Werbung hassen, ist in ihrem Buch gleich im Vorwort nachzulesen, während ein weiteres wichtiges Motto ein paar Seiten weiter hinten steht: „Es ist gut, die wichtigsten Regeln der Kommunikation zu kennen. Dann kann man sie gezielter brechen."

Erfolgsfaktoren

Die besseren Voraussetzungen Mit den beiden Gründern hatte Jung von Matt von Anfang an zwei der prominentesten deutschen Werbeexperten an Bord.

Die bessere Vermarktung Kaum eine deutsche Werbeagentur betreibt eine so professionelle Eigenwerbung wie Jung von Matt.

Das bessere Management Jung von Matt schloss sich nicht an ein internationales Agenturnetzwerk an und bewahrte sich so seine Unabhängigkeit.

Literatur
Holger Jung, Jean-Remy von Matt: *Momentum. Die Kraft, die Werbung heute braucht.* Lardon Media, Berlin 2002
Anonym: „Jung von Matt". *Handelsblatt* vom 28.10.1994

Internet
www.jvm.de

16 100 Milliarden zu null – Wireless LAN gegen UMTS

„Sieger sehen anders aus", schrieb der *Spiegel* im August 2000. Gerade war in Mainz die geschichtsträchtige Versteigerung der Lizenzen für den neuen Mobilfunkstandard UMTS zu Ende gegangen, und in der Tat mussten sich die hochrangigen Vertreter der deutschen Mobilfunkbranche ihr Lächeln schon abringen, als sie sich nach der Auktion mit einem Glas Sekt den Pressefotografen präsentierten. Offensichtlich ahnten die hohen Herren bereits, dass die sechs in der Runde vertretenen Unternehmen, darunter die Marktführer Deutsche Telekom und D2-Mannesmann, gerade einen Erfolg errungen hatten, der sich als Inkarnation eines Pyrrhussiegs erweisen sollte. Für die phantastische Summe von jeweils etwa 16 Milliarden Mark hatten die siegreichen Telefonfirmen Lizenzen für den Betrieb eines Mobiltelefonnetzes gemäß dem neuen Standard UMTS ersteigert. Viel Geld angesichts der Tatsache, dass die Gegenleistung im Wesentlichen aus der Genehmigung bestand, Radiowellen auf bestimmten Frequenzen versenden zu dürfen.

Natürlich hatten die sechs Konzerne, die nach einer 18-tägigen Milliardenschlacht den Zuschlag erhielten, eine lukrative Möglichkeit zum Geldverdienen im Visier. UMTS (Universal Mobile Telecommunications System) verkörperte als dritte Generation der Mobilfunktechnologie die Zukunft der gesamten Branche und sollte in den kommenden Jahren den derzeit in weiten Teilen der Welt üblichen Standard GSM ablösen. Experten erwarten sich davon einen Quantensprung: Während die bisherige GSM-Technik nur für vergleichsweise anspruchslose Anwendungen wie die Übertragung von Sprache geeignet ist, soll UMTS ein komplettes Multimedia-Handy ermöglichen. Videokonferenzen, Musik in CD-Qualität und sogar ganze Spielfilme bereiten dem neuen Standard keinerlei Probleme. Pech nur, dass die von UMTS benötigten Funkfrequenzen eine begrenzte Ressource sind, die in vielen Ländern erst vom Staat ersteigert werden mussten. Doch die UMTS-Euphorie war so groß, dass sich die internationalen Telekommunikationskonzerne nicht lumpen ließen und europaweit über 100 Milliarden Euro für die begehrten Lizenzen auf den Tisch blätterten.

Doch noch während sich die diversen europäischen Finanzminister über den unerwarteten Geldsegen freuten, rumorte es in der Telekommunikationsbranche. Betriebswirtschaftler rechneten ohne größere Mühe vor, dass sich die enormen Summen, welche die UMTS-Frequenzen gekostet hatten, selbst unter günstigsten Bedingungen nicht amortisieren konnten. Zumal es mit der Lizenz allein natürlich nicht getan war und die betroffenen Unternehmen weitere Milliardenbeträge für den Aufbau der Infrastruktur, Vermarktungsaktivitäten und weitere Posten einplanen mussten. Keine Frage, die erfolgsverwöhnten Telekommunikationsmanager hatten sich mit UMTS erst einmal kräftig verrechnet.

Die Folgen des Auktionsdesasters waren verheerend. Die ganze Telekommunikationsbranche rutschte kollektiv in die Krise und wurde an der Börse gnadenlos abgestraft. Besonders hart erwischte es zwei der Auktionsgewinner: das spanisch-finnische Mobilfunk-Joint-Venture Quam, das seine UMTS-Ambitionen begraben musste, und Mobilcom, das sich nur durch eine staatliche Stütze vor der drohenden Pleite retten konnte. Bei der Deutschen Telekom musste Vorstandschef Ron Sommer angesichts der nun schlechten finanziellen Lage des Konzerns seinen Hut nehmen. Da alle großen Telekommunikationsunternehmen nun auf einmal auf die Kostenbremse traten, erwies sich das UMTS-Debakel für die ohnehin lahmende Konjunktur als zusätzliche Bremse.

Doch damit nicht genug: Kaum unternahmen die diversen Telefonkonzerne erste Schritte zum Aufbau ihrer Sendeanlagen, da formierten sich auch schon die ersten Gruppierungen, die in den von Handys verwendeten Radiowellen eine Gefahrenquelle sahen und sich gegen den Aufbau von Funkstationen stark machten. Auch die Technik selbst erwies sich als schwieriger als gedacht, und so sorgten. Kinderkrankheiten wie instabile Verbindungen und Hitzeentwicklung dafür, dass die Anbieter ihren deutschen UMTS-Start mehrfach verschieben mussten. Bei Redaktionsschluss dieses Buchs konnte man in Deutschland noch immer nicht mit UMTS telefonieren. In Österreich, Italien

Wireless LAN gegen UMTS

und Großbritannien, wo zu diesem Zeitpunkt bereits erste UMTS-Netze aktiv waren, hielt sich die Kundenbegeisterung angesichts technischer Probleme noch in Grenzen.

Für die größte Verunsicherung in der Mobilfunkbranche seit den Milliarden-Auktionen sorgten allerdings weder Mobilfunkgegner noch technische Pannen. Stattdessen bereitet derzeit eine neue Technologie den Telefonmanagern schlaflose Nächte, die sich mit zunehmendem Erfolg als David gegen den Goliath UMTS stemmt: Wireless LAN, besser bekannt unter der Abkürzung WLAN. Warum das so ist, zeigt schon ein Preisvergleich zwischen den beiden Technologien: Während Europas Finanzminister über 100 Milliarden Euro für UMTS-Lizenzen einsammeln konnten, bedarf der Betrieb eines WLAN aufgrund der geringen Sendestärke keiner Genehmigung und ist damit kostenlos. Die für eine WLAN-Station (auch Hot Spot genannt) benötigte Technik kann sich jeder Hobbybastler im Elektronikfachmarkt besorgen, sofern sie nicht gerade bei Aldi oder Plus angeboten wird. So entsteht ein lächerlich geringer Aufwand im Vergleich zu den Sendestationen, die Mobilfunkunternehmen auf Masten, Kirchtürmen und Hochhäusern anbringen müssen. Erstaunlicherweise ist WLAN dem Konkurrenten UMTS sogar in der Übertragungsgeschwindigkeit überlegen und übertrifft diesen je nach Variante um mindestens das Fünffache.

Natürlich stehen diesen WLAN-Vorzügen auch einige Nachteile gegenüber. Durch die bescheidene Sendestärke beträgt die maximale Distanz zwischen Endgerät und Hot Spot nur etwa 100 Meter. Auch der Übergang von einem Hot Spot zum anderen (Roaming) ist nicht ohne weiteres möglich, während der entsprechende Vorgang bei UMTS zum Standardrepertoire gehört und vom Anwender gar nicht bemerkt wird. Zudem weist WLAN einige unschöne Sicherheitslücken auf, die schon so manchen Hackerangriff erlaubt haben, während UMTS ein vorbildliches Sicherheitskonzept zugrunde liegt, das es für Hacker uninteressant macht. Alles andere als vorbildlich ist außerdem die Normierung von WLAN, die bisher noch einen unnötigen Wirrwarr von unterschiedlichen Standards und Abrechnungsmodalitäten verursacht, die bei UMTS unbekannt sind.

Zu den WLAN-Nachteilen zählt außerdem, dass es in seiner Ursprungsform trotz der hohen Datenraten nicht für die Übertragung von Sprache geeignet ist. Der Grund dafür liegt in der Herkunft dieser Technologie. Historisch gesehen ist WLAN nämlich nichts anderes als die Weiterentwicklung der inzwischen weit verbreiteten LAN-Technik (LAN steht für Local Area Network), mit der üblicherweise die PCs in Bürogebäuden vernetzt werden. Der ursprüngliche Gedanke hinter WLAN war daher auch nicht, den mobilen Telefonsystemen Konkurrenz zu machen, sondern Kabelsalat und durchbohrte Wände im Büro zu vermeiden. Als typische WLAN-Endgeräte gelten deswegen auch nicht Mobiltelefone, sondern PCs und die unter dem Namen PDA (Personal Digital Assistant) bekannten Westentaschen-Computer.

Dass sich die drahtlose Bürokommunikation, die Anfang der Neunzigerjahre entstand und seit 1997 normiert ist, einmal zu einer Konkurrenz für die Mobiltelefonie in ihrer jetzigen Form entwickeln würde – damit hatte nun wirklich niemand gerechnet. Auch den Experten der großen Telekommunikationskonzerne dämmerte offensichtlich erst nach den Milliardenauktionen, dass sie als Goliath ihre Rechnung ohne den David gemacht hatten. Daran änderten sich auch die zahlreichen Nachteile von WLAN nichts, denn diese ließen sich korrigieren. So lassen sich das Roaming-Problem, die diversen Sicherheitslücken und die fehlende Eignung für Sprachübertragung mit technischen Erweiterungen in den Griff bekommen. Auch die bescheidene Übertragungsweite ist hinnehmbar, den 100 Meter reichen schließlich problemlos aus, um mit einer überschaubaren Menge der nicht gerade teuren Hot Spots ganze Flughäfen, Messegelände und Gebäude abzudecken.

Hinzu kommt: Während UMTS zunächst vor allem durch Verschiebungen des Starts von sich reden machte, war WLAN längst Realität. Zwar gibt es in Deutschland bisher nur einige Hundert Hot Spots, doch die Wachstumsraten lassen einiges erahnen. Bereits jetzt sind die Lounges der Lufthansa genauso WLANfähig wie die Filialen der Kaffeehauskette Starbucks, zahlreiche Hotels und mehrere Einkaufspassagen. Bei der Deutschen Bahn gilt der Aufbau von Hot Spots in Bahnhöfen und Zügen nur noch als eine Frage der Zeit, Flugzeugher-

Wireless LAN gegen UMTS

steller und Fluggesellschaften planen sogar Hot Spots in Flugzeugen. Die Handybenutzung ist dort bekanntlich verboten.

Die Frage liegt also auf der Hand: Wenn erst einmal öffentliche Gebäude, Flughäfen und so ziemlich alle anderen Orte, an denen viele Menschen telefonieren oder das Internet nutzen, mit WLAN versorgt sind, welche Nische bleibt dann noch für die ungleich teurere UMTS-Technologie? Als „Feld-, Wald- und Wiesentelefonie" (Branchenspott) wird UMTS die enormen Kosten sicherlich nicht wieder hereinholen, zumal die Pläne der Mobilfunkunternehmen zunächst nur eine Abdeckung von Ballungsgebieten vorsehen. Die *Wirtschaftswoche* berichtete sogar über ein geheimes Strategiepapier der Deutschen Telekom, in dem es heißt, dass 90 Prozent der geplanten UMTS-Anwendungen von WLAN besser erfüllt werden.

Nachdem einige Mobilfunkunternehmen zunächst vergeblich versuchten, die Regulierungsbehörde für Telekommunikation und Post (Nachfolgerin des Bundespostministeriums) zu Maßnahmen gegen WLAN zu bewegen, hat die Branche inzwischen die Kehrtwende vollzogen. Die Mobilfunkunternehmen haben sich selbst an die Spitze der WLAN-Bewegung gesetzt und richten Hot Spots ein oder kaufen kleinere Hot-Spot-Betreiber auf. Von einer Konkurrenzsituation will natürlich dennoch niemand in der Branche etwas wissen. Stattdessen schweben den Telekommunikationsanbietern Endgeräte vor, die sowohl UMTS als auch WLAN beherrschen und so auf das jeweils Zweckmäßigere umschalten.

So geben sich Deutsche Telekom und Co. gelassen und bezeichnen WLAN einhellig als Ergänzung zu UMTS. „Die Frage ist nur, wer wen ergänzt", stellte die *Wirtschaftswoche* hierzu lapidar fest, denn nach Lage der Dinge muss wohl eher der Goliath UMTS zur Ergänzung von David WLAN herhalten. Damit könnten die Mobilfunkunternehmen zwar im letzten Moment die Kurve kriegen, die horrenden UMTS-Investitionen werden sie aber wohl größtenteils abschreiben müssen.

Genaue Investitionsrechnungen werden Außenstehende dabei kaum zu sehen bekommen, denn die zunehmende Vermischung von UMTS und WLAN wird zwangsläufig zu pauschalen Abrechnungen führen.

Dem Umsatz, der dabei nicht einer bestimmten Technik zuzuordnen ist, stehen dann eben unter anderem Lizenzkosten entgegen, zu denen WLAN mit null und UMTS mit branchenweit 100 Milliarden Euro beigetragen haben. Im Marketing der Telekomkonzerne taucht der Begriff UMTS ohnehin nur noch selten auf, denn es gilt inzwischen als gesichert, dass die eigentlichen Umsätze nicht mit der Übertragungstechnik gemacht werden. Stattdessen gelten Inhalte wie Web-Portale, Spielfilme und Ähnliches als mögliche Melkkühe, die den Profit bringen sollen. Angesichts des Verschwindens von UMTS aus der Unternehmenskommunikation schadet es auch nicht, dass WLAN selbst bei der Namensgebung die Nase vorn hat: Internetfans nennen WLAN liebevoll WiFi (Wireless Fidelity), was an HiFi angelehnt ist. Das klingt so richtig nach dem Netzzugang zum Wohlfühlen.

Erfolgsfaktoren

Die besseren Voraussetzungen Als Technologie, die keine Lizenzen erfordert, hat WLAN klare Vorteile.

Das bessere Konzept WLAN ist insgesamt die weniger komplizierte Technik im Vergleich zu UMTS.

Literatur
Christian Reiermann, Michael Sauga: „Das 100-Milliarden-Ding". *Der Spiegel* 34/2000
Jürgen Berke: „Überall surfen". *Wirtschaftswoche* 11/2003

Internet
www.wlanreport.de

Wireless LAN gegen UMTS

17 Das Pinguin-Prinzip – Linux gegen Windows

Im Mai 2003 blickte die gesamte Computerbranche erstaunt nach München. Anlass dazu war jedoch nicht etwa eine bedeutende Messe oder die Aktivität eines IT-Unternehmens, sondern eine Neuigkeit, die aus dem dortigen Rathaus verkündet wurde. Die Münchner Stadtverwaltung, so war zu hören, wollte als erste deutsche Großstadt ihre Computeranlagen auf das Betriebssystem Linux umstellen, nachdem man bis dahin, wie ein Großteil aller Unternehmen und Behörden weltweit, auf die Windows-Betriebssysteme der Firma Microsoft gesetzt hatte. Die Nachricht ließ nicht nur Computerspezialisten aufhorchen. Wenn sich selbst eine scheinbar schwerfällige Behörde auf das Abenteuer Linux einließ, dann konnte dies den endgültigen Durchbruch dieses Betriebssystems bedeuten, zumal Microsoft seine Deutschlandzentrale ausgerechnet vor den Toren Münchens in Unterschleißheim betreibt. Die drohende Niederlage mit Symbolcharakter soll sogar Microsoft-Chef Steve Ballmer, der von einem Projekt dieser Größenordnung sonst kaum Notiz nimmt, zur Unterbrechung seines Urlaubs veranlasst haben.

Sollte der Wandel Münchens zur Linux-Stadt tatsächlich weitere PC-Nutzer zum Umstieg motivieren, dann dürfte dies einem Großteil der Computerwelt nur recht sein. Denn Microsoft, das ja selbst vom David zum Goliath aufgestiegen ist, dominiert den Softwaremarkt inzwischen so sehr, dass sich sowohl die Konkurrenz als auch die Idealisten der Branche seit Jahren nichts sehnlicher wünschen als ein Ende der Alleinherrschaft des Softwareriesen. Schon mehrfach geriet Microsoft in Bedrängnis, doch die Firma um Multimilliardär Bill Gates konterte jedes Mal geschickt und konnte ihre Ausnahmestellung bisher souverän verteidigen.

In den Achtzigerjahren war es die Firma Apple, die Microsoft erstmals die Vormachtstellung streitig machte. Eigentlich bedeutete dies einen ungleichen Kampf, denn gegen die moderne, leicht zu bedienende grafische Benutzeroberfläche des Apple MacIntosh sah Microsofts MS-DOS nicht nur reichlich altbacken aus, sondern konnte auch in technischer Sicht nicht wirklich mithalten. Doch die Gates-Firma reagierte geschickt und kündigte 1983 selbst eine grafische Benutzeroberfläche namens Windows an. Danach dauerte es zwar zwei Jahre, bis dieses Produkt endlich auf den Markt kam, doch die Hinhaltetaktik verhinderte, dass allzu viele Computernutzer auf den MacIntosh umstiegen. Obwohl danach noch einmal zehn Jahre vergingen, bis Windows zumindest in puncto Benutzerfreundlichkeit die Qualität des MacIntosh-Betriebssystems halbwegs erreichte, konnte Microsoft seine Vormachtstellung behaupten. Heute besetzen Apple-Rechner nur noch einen Nischenmarkt, in dem sich neben eingefleischten MacIntosh-Fans hauptsächlich Anwender aus dem Grafikbereich tummeln.

Mit einem anderen Konzept versuchte die nach wie vor größte Computerfirma IBM, die Microsoft-Herrschaft zu brechen. Das IBM-Betriebssystem OS/2 läuft auf den gleichen Rechnern wie Windows und wäre daher gut geeignet gewesen, dieses zu verdrängen. Auf den ersten Blick standen die Chancen nicht schlecht, denn Betriebssystem-Experten hielten auch OS/2 für technisch klar besser als Windows. Doch die meisten Anwender scheuten den Umstellungsaufwand und wollten auf die bereits vorhandene Software nicht verzichten, und so blieben selbst Microsoft-kritische Computernutzer in der Regel bei ihrem Windows-Betriebssystem. Spätestens als sich die mit großem Werbeaufwand eingeführte Version OS/2 Warp nicht gegen das kurz danach erschienene Windows 95 durchsetzen konnte, war klar, dass Microsoft wieder einmal seine Vormachtstellung verteidigt hatte. Heute bietet selbst IBM wichtige Softwareprodukte nicht mehr für OS/2, wohl aber für Windows-Betriebssysteme an.

Kaum hatte der Goliath vom Dienst Microsoft das Konkurrenzsystem OS/2 in die Schranken verwiesen, da drohte in Gestalt des Internets neues Unheil. Dass dieses weltweite Netz Mitte der Neunzigerjahre immer beliebter wurde, verschlief man bei Microsoft angesichts der Windows-95-Euphorie nahezu komplett. So nutzte der Newcomer Netscape mit seiner Internet-Zugangssoftware Navigator die Chance und entwickelte sich fast über Nacht zur Internetfirma Nummer 1. Zwar stellte der Navigator keine direkte Konkurrenz zu Windows

Linux gegen Windows

dar, doch mit dem Internetzugang besetzte Netscape einen strategisch wichtigen Markt und gefährdete so Microsofts Vormachtstellung. Eine David-Goliath-Geschichte bahnte sich an, doch der Goliath aus Redmond konterte gerade noch rechtzeitig. Bill Gates mobilisierte alle verfügbaren Ressourcen und ließ ein Konkurrenzprodukt zum Navigator entwickeln, das „Internet Explorer" getauft wurde, und 1995 erschien. Machte die erste Version des Explorers noch einen reichlich spartanischen Eindruck, so verging den Konkurrenten schnell das Lachen, als Microsoft ständig bessere Versionen nachlegte. Der David Netscape konnte angesichts seiner beschränkten Ressourcen bei diesem Entwicklungstempo nicht mithalten, und so mussten Ende der Neunzigerjahre selbst überzeugte Netscape-Fans zugeben, dass der Explorer gegenüber dem Navigator mittlerweile das bessere Produkt darstellte. In puncto Nutzerzahlen hatte Microsoft den kleineren Rivalen Netscape, der langsam, aber sicher der Bedeutungslosigkeit entgegendümpelte, ohnehin längst überholt.

Nachdem Microsoft somit auch den Angriff von Netscape abgewehrt hatte, trat mit dem so genannten Netzwerkcomputer der nächste Gegner in die Arena. Die Idee eines solchen Geräts besteht darin, dass der Anwender statt eines vergleichsweise teuren PCs lediglich ein deutlich kostengünstigeres Endgerät (den Netzwerkcomputer) nutzt, das alle größeren Rechenoperationen per Netzwerk an einen leistungsfähigen Zentralrechner auslagert. Dieses Prinzip war zwar alles andere als neu, doch im Zuge des immer allgegenwärtiger werdenden Internets sahen viele Experten darin die Computer-Zukunft. Wäre es so gekommen, dann hätten die meist mit Windows-Betriebssystemen von Microsoft bestückten PCs an Bedeutung verloren, während andere Anbieter mit ihren Netzwerkcomputern den Markt aufgerollt hätten. Doch der Netzwerkcomputer setzte sich nie durch, und damit überstand Microsoft auch diesen Angriff.

Kein Wunder, dass nach all diesen erfolglosen Angriffen so langsam die Aura der Unbesiegbarkeit Microsoft umgab. Doch das könnte sich ändern, denn inzwischen ist zur Freude aller Microsoft-Gegner ein neuer Kontrahent aufgetaucht, der sich für Microsoft als harte Nuss erweisen könnte. Dieser Gegner heißt Linux. Dieses ist nicht etwa ein

Produkt, das von einem Unternehmen angeboten wird, sondern ein kostenloses Softwarepaket, das von ehrenamtlich arbeitenden Enthusiasten entwickelt worden ist und von diesen ständig verbessert wird – ein Kuriosum, wie es nur in der Softwarebranche vorkommt.

Linux gehört zur Familie der Unix-Betriebssysteme, die in den Sechzigerjahren als eine Art Abfallprodukt im Telefonkonzern AT&T entstanden sind. Das erste Unix-System wurde von den beiden AT&T-Mitarbeitern Dennis Ritchie und Ken Thompson entwickelt, ohne dass ihr Arbeitgeber ein langfristiges Interesse daran hatte. Daher erhielten später einige Universitäten die Erlaubnis, den Unix-Programmcode kostenlos zu übernehmen, wodurch mehrere Unix-Varianten entstanden und das Betriebssystem langsam populär wurde. Dies rief mit der Zeit auch einige Computerhersteller auf den Plan, die eigene Versionen mit Namen wie Ultrix, Sienix oder AIX entwickelten.

Während in den Achtzigerjahren Microsoft den Markt für PC-Betriebssysteme eroberte, dominierten die zahlreichen Unix-Varianten immer mehr den Bereich der größeren Computersysteme in den Unternehmen. Betriebssystemexperten rümpfen übrigens über beide der Schwergewichte die Nase, denn es handelt sich dabei nicht gerade um Glanzlichter der Computerkunst. Dies hat jedoch weniger mit einer etwaigen Unfähigkeit der Entwickler als vielmehr mit der Tatsache zu tun, dass die beiden inzwischen recht betagten Systeme dutzendweise Designsünden aus früheren Jahren mit sich schleppen, die sich nicht wieder entfernen lassen.

Zu den Fans der Unix-Betriebssysteme gehörte Anfang der Neunzigerjahre auch der finnische Student Linus Torvalds. Dieser hatte seit seinem elften Lebensjahr seine Freizeit hauptsächlich mit diversen Computern verbracht, was in seiner von Journalisten geprägten Familie nicht immer auf Gegenliebe gestoßen war. „Jeder Junge liest heimlich den *Playboy* unter der Bettdecke. Nur ich nicht. Ich tue, als würde ich schlafen, warte, dass meine Mutter geht, springe aus dem Bett und setze mich an den Computer", schreibt Torvalds in seiner Autobiographie über seine Jugend. So ist es auch kein Wunder, dass ein Buch über Betriebssysteme zu seiner Lieblingslektüre wurde.

Als Torvalds 1990 nach beendetem Militärdienst an die Universität

Linux gegen Windows

zurückkehrte, war Microsoft-Gründer Bill Gates bereits Milliardär und seine Betriebssysteme längst Weltstandard. Torvalds interessierte sich jedoch mehr für Unix, das zu dieser Zeit fast nur auf Industrirechnern eingesetzt wurde. Zwar hatte es schon den ein oder anderen Versuch gegeben, Unix auch für Otto Normalanwender und seinen PC verwendbar zu machen, doch Torvalds war damit nicht glücklich und unternahm daher erste Versuche, selbst eine Unix-Variante zu programmieren. Eine große Sache sah er darin nicht, und geplant war seine Entwicklung ohnehin nur für den Eigenbedarf.

Doch sein Unix-Projekt entwickelte schnell eine Eigendynamik. Über das Internet fand Torvalds Gesinnungsgenossen, die sein Minibetriebssystem ausprobierten, Verbesserungsvorschläge machten und diese teilweise sogar selbst ausführten. Im Nu werkelten mehrere Dutzend Programmierer an Torvalds' Unix-Projekt, dem er irgendwann eher beiläufig den Namen Linux gab – eine Mischung aus seinem Vornamen und „Unix". Heute gibt Torvalds zu, dass er seinen Vornamen nie ins Spiel gebracht hätte, wenn er den Erfolg seiner Entwicklung geahnt hätte. Noch in der Anfangsphase versuchte er eine Umbenennung in „Freax", konnte sich damit aber nicht mehr durchsetzen.

Linux wuchs unaufhörlich. Aus ein paar Dutzend Enthusiasten wurde im Lauf der Jahre eine Gemeinde von Zehntausenden, die mit zum Teil großem Aufwand und ohne Bezahlung das System weiterentwickelten. Studenten programmierten Linux-Module als Semesterarbeit, professionelle Entwickler opferten ihre Freizeit. Torvalds stellte sein Betriebssystem unter die so genannte GNU Public License, was bedeutete, dass es von allen kostenlos genutzt werden darf. Auch der Quellcode von Linux, also quasi die Bauanleitung, ist öffentlich, und wer eine Erweiterung programmiert, muss diese ebenfalls mit Quellcode veröffentlichen und kostenlos abgeben.

Schon Mitte der Neunzigerjahre hatte Linux eine Qualität erreicht, die sich mit jedem professionellen Betriebssystem messen konnte. Dadurch wurde das System immer mehr auch für kommerzielle Nutzer interessant. Anbieter wie Red Hat oder die deutsche Firma SUSE passten Linux an die Bedürfnisse ungeübter PC-Anwender an und schufen damit endgültig eine ernsthafte Konkurrenz zu den

Windows-Betriebssystemen von Microsoft. Die zahlreichen ehrenamtlichen Entwickler passten das System auch an Kleincomputer (PDAs), den MacIntosh und zahlreiche andere Geräte an. Auch die ebenfalls in unentgeltlicher Arbeit entstandene Dokumentation des Linux-Systems, die inzwischen in allen gängigen Sprachen vorliegt, kann sich sehen lassen. Selbst ein Maskottchen kann das Betriebssystem vorweisen: den Linux-Pinguin.

Die Erfolge von Linux kamen angesichts dieser Entwicklung wie von selbst. Die Zahl der Linux-Nutzer geht längst in die Millionen und steigt schneller als die Anwenderzahl bei Windows-Betriebssystemen. Längst sind auch die Großen der Branche auf den Linux-Zug aufgesprungen. Allen voran IBM, das sich selbst als „Linux-Lokomotive" sieht und 2002 bereits 1,5 Milliarden US-Dollar mit Software für das freie Betriebssystem umgesetzt hat. Im Bereich der Server liegt der Marktanteil von Linux nur noch knapp unter 10 Prozent, wobei die Experten des Marktforschungsunternehmens Metagroup bis 2007 eine Steigerung auf 45 Prozent erwarten.

Bei den Endanwendern liegt der Anteil der Linux-Nutzer zwar noch unter 5 Prozent, doch Umfragen belegen, dass zahlreiche Unternehmen mit einer Umstellung der Arbeitsplatzrechner auf Linux liebäugeln. Spätestens die Nachricht aus München, die nun auch in vielen anderen Kommunen Interesse geweckt hat, hat gezeigt, dass dieses Szenario realistisch ist.

Da Linux nichts kostet, sich nicht aufkaufen lässt und von erstklassigen Experten entwickelt wird, ist es für Microsoft viel schwieriger als bei bisherigen Konkurrenten, auf die neue Gefahr zu reagieren. Zwar ist nicht zu erwarten, dass der David Linux den Goliath Windows in absehbarer Zeit überholen wird, doch wie sich der Zweikampf langfristig entwickelt, ist sicherlich eine spannende Frage.

Keine Frage ist dagegen, dass sich Torvalds auch zukünftig standhaft weigern wird, seinen Erfolg kommerziell zu verwerten. Für einen Menschen, dessen Ideen die gesamte Computerwelt revolutionieren, wirkt Linus Torvalds ohnehin wie eine Fehlbesetzung. Obwohl sein Betriebssystem Linux längst zum Welterfolg geworden ist, tritt Torvalds nach wie vor selten in der Öffentlichkeit auf und gibt offen zu,

Linux gegen Windows

dass er vor größerem Publikum Lampenfieber bekommt. Neben Linux räumt er allenfalls seiner Frau Tove und seinen drei Kindern eine hohe Priorität in seinem Leben ein. Dass er zufrieden ist, ist folgendem Zitat aus seiner Autobiographie zu entnehmen: „An den meisten Tagen wache ich auf und denke, ich bin der größte Glückspilz der Welt."

Erfolgsfaktoren

Die besseren Voraussetzungen Linux ist kostenlos, der Quellcode ist öffentlich und das Know-how der Entwickler nahezu grenzenlos. Auf solche Vorteile kann kein kommerzielles Unternehmen zurückgreifen.

Das bessere Konzept Die Idee, ein Betriebssystem von ehrenamtlichen Mitarbeitern kollektiv entwickeln zu lassen, hat sich als sehr erfolgreich erwiesen.

Literatur
Linus Torvalds: *Just for fun*. Deutscher Taschenbuch Verlag, München 2002

Internet
www.linux.de
www.linux.org

18 Rotkäppchen & der kapitalistische Wolf – Rotkäppchen-Sekt gegen Henkell & Söhnlein

David gegen Goliath lautet das Motto dieses Buchs. Rotkäppchen gegen den Wolf könnte dagegen der Titel einer der erstaunlichsten Erfolgsgeschichten lauten, die sich im Osten der Republik nach der

Wende zugetragen haben. Die Hauptrolle in dieser Geschichte spielt die Sektmarke Rotkäppchen, die sich in der DDR großer Beliebtheit erfreute, mit der Wiedervereinigung einen starken Einbruch erlebte und schließlich zum deutschen Marktführer aufstieg – ein buchstäblich märchenhafter Erfolg.

Wie so manch andere geglückte Management-Entscheidung, so war auch die Wahl des Namens „Rotkäppchen" aus der Not geboren. Ursprünglich hieß das Produkt nämlich „Monopol" und wurde in Deutschlands nördlichstem Weinanbaugebiet Saale-Unstrut von der Sektkelterei Kloss und Foerster hergestellt. Doch Ende des 19. Jahrhunderts sah sich Kloss und Foerster zu einer Namensänderung gezwungen, nachdem sich ein Konkurrenzunternehmen, das ebenfalls einen Sekt namens Monopol verkaufte, vor Gericht als rechtmäßiger Nutzer dieser Bezeichnung durchsetzen konnte. Als neuen Namen wählte Kloss und Foerster „Rotkäppchen-Sekt", wobei sie weniger an die gleichnamige Märchengestalt als vielmehr an die damals schon rote Kappe der Flasche dachten.

In den ersten 100 Jahren nach seiner Taufe erlebte Rotkäppchen-Sekt so ziemlich alle Höhen und Tiefen der deutschen Geschichte hautnah mit. Im Ersten Weltkrieg sorgten Korken- und Zuckermangel für Probleme, in der anschließenden Inflations- und Depressionszeit sank der Sektkonsum angesichts der wirtschaftlichen

Die rote Kappe auf der Flasche hat der Sektmarke Rotkäppchen ihren Namen gegeben. Die ehemalige Ostmarke gedieh auch in der Marktwirtschaft prächtig und ist heute klarer Marktführer in Deutschland.

Rotkäppchen-Sekt gegen Henkell & Söhnlein

Turbulenzen. Die Dreißigerjahre brachten zunächst einen Aufschwung, doch dann musste die Sektproduktion zugunsten der Rüstung zurückgefahren werden. Nach dem Krieg lag die Sektkellerei Rotkäppchen auf dem Gebiet der sowjetischen Besatzungszone, die später in die DDR überging, wurde enteignet und wechselte schließlich in den Staatsbesitz.

Die „VEB Rotkäppchen Sektkellerei Freyburg", wie das Unternehmen 1948 getauft wurde, lebte im Kommunismus als volkseigener Betrieb weiter. 60 Prozent des Sektbedarfs wurden zu DDR-Zeiten mit dem Schaumwein vom Rotkäppchen-Kombinat gedeckt. In den Spitzenzeiten Ende der Achtzigerjahre produzierte das Unternehmen mit Sitz in Freyburg an der Unstrut über 15 Millionen Flaschen pro Jahr, was nicht einmal reichte, denn trotz Preisen zwischen 17 und 20 Mark (Ost) hatten Rotkäppchenflaschen den Status einer „Bückware". Sie standen also meist nicht in den Regalen der Lebensmittelläden, sondern kamen erst zum Vorschein, wenn der Verkäufer sie für bestimmte Kunden unter dem Ladentisch hervorkramte.

Kein Wunder, denn im Vergleich zu zahlreichen anderen Erzeugnissen der sozialistischen Planwirtschaft hatte Rotkäppchen-Sekt in der DDR einen guten Ruf. Viele Ostdeutsche verbinden heute noch mit Rotkäppchen Erinnerungen an ihre Jugendweihe, da zu diesem Anlass oft und gern mit dem Freyburger Schaumwein angestoßen wurde. Selbst Staatschef Erich Honecker prostete seinen Staatsgästen gerne mit Rotkäppchen zu. Da man sich in DDR-Regierungskreisen dabei nicht blamieren wollte, konnte die Rotkäppchen-Sektkellerei die verarbeiteten Weine regelmäßig auch im Westen einkaufen. Dies war keine Einbahnstraße, denn gut sortierte Fachgeschäfte in der Bundesrepublik boten damals schon den wichtigsten Sekt der DDR an. Einen nennenswerten Marktanteil konnte das als „Kommunisten-Champagner" verspottete Getränk beim Klassenfeind allerdings nicht erzielen.

Mit der Wende 1989 schien jedoch das Ende von Rotkäppchen gekommen. Während sich im Westen sowieso niemand für das unbekannte DDR-Gebräu mit dem seltsamen Namen interessierte, liefen auch die Sekttrinker-Ost in Scharen zur Konkurrenz über. Kein Wunder, schließlich wollte man nach Jahrzehnten des staatlich verordneten Einheitsgeschmacks die neu gewonnene Freiheit auch im Sektglas spüren. Im Jahr 1990 sank der Absatz auf gerade einmal 1,5 Millionen Flaschen. In keinem Land der Welt wird mehr Sekt getrunken als in Deutschland – Rotkäppchen schien jedoch schon bald nicht mehr dazuzugehören.

Wie zahlreiche andere ehemalige volkseigene DDR-Betriebe, so landete nun auch die Rotkäppchen-Kellerei in den Händen der speziell für diesen Zweck eingerichteten Auffangbehörde Deutsche Treuhand. Diese ließ den technischen Direktor Gunter Heise in der Folgezeit über 100 Kaufinteressenten durch die maroden Produktionsanlagen schleusen, doch statt Lob bekam dieser hauptsächlich Kommentare wie „Hier sieht's aus wie nach dem Krieg" zu hören. Da nützte es auch nichts, dass Heise, der schließlich zum Geschäftsführer ernannt wurde, schon kurz nach der Wiedervereinigung eine erste kleine Wende schaffte. Mit einer neuen Abfüllanlage belieferte Rotkäppchen zunächst den Osten, wo das Interesse an der vertrauten Marke schnell wieder anstieg. 1991 wurden bereits wieder 5,7 Millionen Flaschen gekauft.

Das Märchen von Rotkäppchen begann 1993. Die Deutsche Treuhand hatte mehrere Kaufangebote vorliegen und traf eine überraschende Entscheidung: Statt eines Westunternehmens sollte eine Gruppe von fünf Rotkäppchen-Managern unter der Führung des Geschäftsführers Gunter Heise die Geschicke des Unternehmens weiterführen. „Gunter Heise ist der Mann, der die Frau verkuppeln sollte, die er seit Jahren kannte und die er dann geheiratet hat, weil keiner gut genug für sie war", kommentierte dies die *Welt*. Zu einem richtigen Märchen gehört eben auch eine Liebesgeschichte.

Mut kann man hierbei weder der Deutschen Treuhand noch Heise selbst absprechen. Heise, der für Rotkäppchen sein Haus verpfändete, hatte zwar den Großteil seines Berufslebens damit verbracht, die Freyburger Sektkellerei am Laufen zu halten. Statt Business-Plänen und Marketingkonzepten nahmen dabei jedoch Tätigkeiten wie das Organisieren der chronisch knappen Ersatzteile den wichtigsten Raum ein. Nun stand er also an der Spitze des Unternehmens und konnte neben seinen vier Kollegen lediglich den Unternehmer Harald

Rotkäppchen-Sekt gegen Henkell & Söhnlein

Eckes-Chantré als Geldgeber gewinnen, der 40 Prozent übernahm. Die genaue Beteiligungsstruktur des Managements hielt man geheim, genauso wie Informationen über die Unternehmensgewinne.

Im seinerzeit von Unternehmen wie Henkell & Söhnlein und Seagram dominierten Sektmarkt musste sich Rotkäppchen nun als David behaupten – eine schwierige Aufgabe angesichts der Tatsache, dass der Sektmarkt zu dieser Zeit nun wahrlich nicht mehr als Wachstumsbranche galt. Doch Heise und seine Kollegen fanden sich schnell im Haifischbecken der Marktwirtschaft zurecht. Sie sorgten für einen Schnitt – von 350 Mitarbeitern blieben nur 50 übrig – und verpassten den Rotkäppchen-Flaschen ein neues Aussehen. 1994 wurden die Produktionsanlagen ausgeweitet, wodurch die Freyburger Sektkellerei zumindest technisch zum Westniveau aufschließen konnte.

Die Basis des späteren Erfolgs war jedoch eindeutig die immer noch vorhandene Popularität der Marke im Osten. Heise und seine Kollegen verstanden es geschickt, in den neuen Bundesländern den Stolz auf die eigene Traditionsmarke zu wecken, und machten Rotkäppchen damit im Osten schnell wieder zur Nummer 1. Zwar hinkte der Rotkäppchen-Absatz in den alten Bundesländern dem im Osten meilenweit hinterher, der Erfolgsgeschichte tat dies jedoch keinen Abbruch.

So konnte Rotkäppchen 1994 nicht nur den hundertsten Geburtstag des Markennamens feiern, sondern mit 10 Millionen verkauften Flaschen auch eine kräftige Absatzsteigerung vermelden. Dieser Trend hielt an, und so legte das Freyburger Unternehmen auch in den Folgejahren deutlich zu, während der Rest der Sektbranche mit einem rückläufigen Markt zu kämpfen hatte. „Keine Frage: Rotkäppchen hat, als Marke wie als Unternehmen, einen traumhaften Aufstieg hinter sich", berichtete die *Welt* 1997. Selbst als Rotkäppchen Ende der Neunzigerjahre erstmals einen leichten Rückgang in der Anzahl der verkauften Flaschen bekannt geben musste, ging es dem Unternehmen immer noch besser als den meisten Konkurrenten.

Nach den Anfangserfolgen legte Rotkäppchen in den letzten Jahren einen Schwerpunkt auf das Thema Marketing. Da sich von den fünf aus dem Osten stammenden Mitgliedern der Geschäftsleitung keiner in diesem Bereich wirklich heimisch fühlte, verpflichtete man einen

Experten aus dem Westen. Mit dem Werbespruch „Jetzt kommt Phantasie ins Spiel" engagierte sich Rotkäppchen in der Fernsehwerbung und sponserte den Zirkus Roncalli. Nicht zuletzt dank einer mehrfachen Erhöhung des Werbeetats konnte Rotkäppchen gegen den Trend zulegen.

Auch wenn das Freyburger Unternehmen keine Aussage über seine Gewinne macht, so muss es doch bereits Mitte der Neunzigerjahre glänzend verdient haben. Die gute Kassenlage nutzte das Management 2002 zum Aufkauf der deutschen Sektsparte der kanadischen Firma Seagram, zu der die bekannten Marken Mumm, Jules Mumm und MM gehörten. Mit dieser Akquisition stärkte das Unternehmen seine Position im Westen und konnte fortan vor allem auch auf das übernommene Vertriebsnetz zurückgreifen. Außerdem schaffte die Rotkäppchen-Mumm Sektkellereien GmbH (so der neue Firmenname) durch die Vergrößerung das, wovon jeder David träumt: Das Unternehmen schob sich am größten Konkurrenten Henkell & Söhnlein vorbei und wurde Marktführer. Einen solchen Erfolg konnte keines der anderen in diesem Buch beschriebenen Ostunternehmen – weder Multicar noch bruno banani, noch Lange Uhren, noch Kürth – auch nur annähernd erreichen.

Anfang 2003 übernahm Rotkäppchen-Mumm mit der badischen Nobelkellerei Geldermann ein weiteres Unternehmen im Westen und baute so seine Stellung als Marktführer aus. Heute hält das Unternehmen in Deutschland einen Marktanteil von stolzen 29 Prozent. 2002 konnte Rotkäppchen-Mumm bei einem Umsatz von 334 Millionen Euro 92,5 Millionen Flaschen absetzen, wodurch der Ausstoß der Freyburger Sektkellerer heute um ein Vielfaches höher ist als zu DDR-Zeiten, als der Spitzenwert knapp über 15 Millionen Flaschen pro Jahr lag. Auch dies ist äußerst ungewöhnlich, denn zu Zeiten der kommunistischen Planwirtschaft waren die Produktionszahlen mangels Konkurrenz gewöhnlich sehr hoch. Die frühere Mitarbeiterzahl von über 300 erreicht Rotkäppchen heute jedoch nicht mehr. Etwa 100 Personen sind heute am Standort Freyburg beschäftigt.

Nach den Aufkäufen, die dem früheren volkseigenen Betrieb die Marktführerschaft einbrachten, hat sich das Rotkäppchen-Mumm-

Rotkäppchen-Sekt gegen Henkell & Söhnlein

Management inzwischen erst einmal eine Investitionspause verordnet. Heise, der Auszeichnungen wie „Unternehmer des Jahres" und das Bundesverdienstkreuz empfangen hat, plant auch keine Ausweitung des Geschäfts auf andere Märkte, um sich voll auf das Kerngeschäft konzentrieren zu können. Herausforderungen stellt dieses genug, und so konnten sich auch die neu zugekauften Marken dem negativen Branchentrend im Gegensatz zu Rotkäppchen nicht widersetzen.

Zu den wichtigsten Zielen des Unternehmens gehört nach wie vor, die Marke Rotkäppchen im Westen der Republik bekannter zu machen. Denn während im Osten jede zweite geleerte Sektflasche eine rote Kappe trägt (ein sensationeller Marktanteil für ein Lebensmittelprodukt), fallen im Westen bisher nur 3,8 Prozent des Markts auf die Freyburger Marke. Sollte der Angriff gelingen, dann erhielte der in der Wirtschaft häufig zutreffende Begriff „West schluckt Ost" eine völlig neue Bedeutung.

Symbolträchtig ist die Geschichte von Rotkäppchen ohnehin schon längst: Von der kommunistischen Vergangenheit des Sekts – die Farbe des Kommunismus ist bekanntlich rot – hat nur die rote Kappe der Flaschen überlebt. Genau dieses Erbe ist es jedoch, das der Marke ihren unverwechselbaren Charakter gibt und mit dem sie im Kapitalismus, wo man nach kommunistischer Lesart als Wolf unter Wölfen lebt, prächtig gedeiht. Der erfolgreiche Kampf gegen den Wolf hat Rotkäppchen-Sekt zum meistgetrunkenen Schaumwein Deutschlands gemacht.

Erfolgsfaktoren

Die besseren Voraussetzungen Die Marke Rotkäppchen profitierte von ihrer Beliebtheit zu DDR-Zeiten.

Literatur

Ralf Südhoff: „Die mit den Wölfen tanzt". *Financial Times Deutschland* vom 23.12.2002

Uwe Müller: „Wir genießen jetzt die Sonnenseite". *Die Welt* vom 6.2.1997

Catrin Barnsteiner: „Herrn Heises prickelnde Abenteuer". *Die Welt* vom 27.3.2003

Internet
www.rotkaeppchen.de

Schlussfolgerungen

In der folgenden Liste sind weitere Fälle aus anderen Teilen des Buchs aufgeführt, in denen dem David aufgrund besonderer Voraussetzungen ein Erfolg gelungen ist:

Diddl steuerte jahrelang auf Erfolgskurs, ohne dass dies groß auffiel. Der Depesche-Verlag, der die Diddl-Produkte vermarktet, nutzte dabei seinen Status als kleines, wenig bekanntes Unternehmen (siehe Kapitel 7).

VIVA hatte als deutscher Musiksender einen Heimvorteil gegenüber dem internationalen MTV (siehe Kapitel 8).

Kürt Datenrettung nutzte die geringen operativen Kosten in Ungarn für die internationale Expansion (siehe Kapitel 11).

Red Bull Dietrich Mateschitz, der Erfinder des erfolgreichen Energy-Drinks, hätte seine unkonventionelle Strategie in einem Großkonzern sicherlich nicht durch alle Entscheidungsgremien bekommen (siehe Kapitel 19).

PGP Die bekannte Verschlüsselungssoftware war ursprünglich kein kommerzielles Produkt und kostete daher nichts. Dies erwies sich als gute Voraussetzung für eine weite Verbreitung (siehe Kapitel 22).

Schlussfolgerungen

bruno banani konnte als kleines Unternehmen eine außergewöhnliche Strategie fahren. Bei einem größeren Anbieter wäre vermutlich weder der Name noch das exzentrische Marketingkonzept jemals zustande gekommen (siehe Kapitel 23).

Sixt, Deutschlands größte Autovermietung, ist nicht in einen Konzern eingebunden. Diese Unabhängigkeit nutzt das Unternehmen zu unkonventionellen Methoden, beispielsweise zu aggressiver Werbung (siehe Kapitel 27).

SC Freiburg In der Heimatstadt des Breisgauer Vereins gibt es kein fanatisches Publikum und keine sensationshungrige Boulevardpresse. Das Management kann so ruhiger arbeiten als bei jedem anderen Bundesligaverein (siehe Kapitel 28).

USA Waste hatte leichtes Spiel bei der Übernahme des Konkurrenten Waste Management, da sich dieser zuvor durch Missmanagement in eine ernsthafte Krise manövriert hatte (siehe Kapitel 30).

Hansa Rostock profitiert von einem großen Einzugsgebiet und einer Region mit vergleichsweise wenig Fußball-Fanatismus (siehe Kapitel 31).

Porsche hatte auch noch in der tiefsten Krise einen glanzvollen Namen. Dazu kommt die überschaubare Größe des Unternehmens, die weitere Vorteile bietet (siehe Kapitel 32).

Logitech kann als kleines, unabhängiges, spezialisiertes Unternehmen flexibler agieren als der Riese Microsoft (siehe Kapitel 33).

Naturgemäß ist eine bessere Voraussetzung nichts, was ein David-Unternehmen strategisch herbeiführen kann. Stattdessen kann ein kleines Unternehmen lediglich untersuchen, ob ein derartiger Vorteil durch eine Fügung des Schicksals bereits gegeben ist. Ist dies der Fall, dann kann es sich zweifellos lohnen, den günstigen Umstand zu nutzen, denn die beschriebenen Geschichten belegen eindeutig, wie wirkungsvoll dies sein kann.

Interessant ist eine solche Strategie nicht zuletzt, weil gerade kleine Unternehmen in bestimmten Bereichen oft bessere Voraussetzungen vorfinden, die für einen großen Konkurrenten nicht nutzbar sind. Dies ist etwa bei einem Heimvorteil, einem Standortvorteil oder einer alten Tradition der Fall. Noch eindeutiger verhält es sich bei Vorteilen wie schlanken Strukturen und der Unabhängigkeit von pingeligen Gesellschaftern, die fast von Natur aus bei einem David eher zu finden sind als bei einem Goliath.

Eine der wichtigsten Erkenntnisse dieses Buchs ist somit, dass ein David beim Kampf gegen Goliath das Vorhandensein besonderer Voraussetzungen prüfen sollte. Es gibt kaum einen besseren Ansatzpunkt für einen erfolgreichen Kampf. Allerdings ist dies in der Regel nur der erste Schritt, denn erst die Nutzung eines solchen Vorteils durch ein geeignetes Konzept, die richtige Vermarktung und ein geschicktes Management bringt letztendlich den Erfolg.

Schlussfolgerungen

Teil 4

David und die bessere Vermarktung

Eine geschickte Vermarktung gehört zweifellos zu den wichtigsten Waffen, die ein David im Kampf gegen einen Goliath aufbieten kann. Davon zeugen nicht zuletzt einige beeindruckende Fälle, die in diesem vierten Teil des Buchs beschrieben werden. Dabei macht innerhalb der Vermarktung eine Unterscheidung zwischen Werbung, PR und Vertrieb Sinn, denn alle drei Bereiche spielen unabhängig voneinander eine wichtige Rolle.

Zum besseren Verständnis seien die drei Begriffe noch einmal erklärt. Unter Werbung versteht man bekanntermaßen die Verkaufsförderung durch Kurzfilme und Anzeigen, die gegen Bezahlung in den Medien platziert werden. Im Gegensatz dazu geht es bei PR (Public Relations) darum, den Verbraucher anzusprechen, ohne dafür Werbespots oder Anzeigen zu buchen. Am einfachsten ist dies, wenn die Medien von sich aus im redaktionellen Teil über eine Sache berichten. Der Vertrieb kümmert sich schließlich um die Frage, wie ein Produkt zum Kunden kommt, also beispielsweise in welchen Läden es in welcher Form verkauft wird. Wie einige unbekannte Herausforderer Werbung, PR und Vertrieb nutzten, um gegen übermächtige Konkurrenz zu bestehen, erfahren Sie in den folgenden Kapiteln.

---

19 Rinderwahn in Dosen – Red Bull gegen Coca Cola und Co.

Manchmal sind die Wege des Wirtschaftsgeschehens einfach unergründlich. Wie sonst ist es zu erklären, dass sich ein Getränk, das nicht wirklich schmeckt und dessen TV-Werbespots niemanden wirklich umhauen, zu einer der erfolgreichsten Innovationen der Neunzi-

So viel Mut zum Beschreiten neuer Wege bringt meist nur ein kleines Unternehmen auf: Mit einem ungewöhnlichen Getränk und einer ungewöhnlichen Vermarktungsstrategie rollte Red Bull den Softdrink-Markt auf.

gerjahre entwickelte und dabei so manchen etablierten Getränkekonzern reichlich alt aussehen ließ? Aber so ist offenbar das Wirtschaftsleben. Man muss eben erst einmal darauf kommen, dass die flüssige Ausgabe von Gummibärchen genau das ist, was der gestresste Mensch des ausgehenden 20. Jahrhunderts wirklich zu brauchen glaubt. Erst kam das Auto, dann die Atomkraft, dann kam der Computer und dann kam Red Bull – es schien, als hätte die Welt darauf gewartet.

Zweifellos muss man für eine solche Idee, die keinem Großunternehmen gekommen wäre, die notwendige Mischung aus Genie und Wahnsinn mitbringen. Der Österreicher Dietrich Mateschitz hatte diese Eigenschaften offensichtlich, und so kam es, dass der Werbefachmann aus der Steiermark in den Achtzigerjahren mit seiner Red-Bull-Brause in einem Markt angriff, der nun wahrlich keine großen Chancen für David-Unternehmen zu bieten schien. Jedenfalls nicht für solche, die auf ein Multimillionenbudget für eine aufwendige Werbekampagne verzichten mussten.

Vorteilhaft war allenfalls, dass Mateschitz angesichts der offensichtlichen Marktlage auf eine Wettbewerbsanalyse verzichten konnte. Denn als koffeinhaltiger Softdrink konkurrierte Red Bull zwangsläufig mit Coca Cola und diversen anderen Weltkonzernen, die traditionell mit Werbemillionen nur so um sich warfen. Etwas aussichtsreicher schien da schon ein Einstieg in den kleineren, aber zu dieser Zeit boomenden Markt für Sportgetränke, doch auch hier hatten sich mit Isostar, Aquarius und Gatorade die Platzhirsche längst breit gemacht. Mateschitz konnte sich damit scheinbar aussuchen, ob er sich lieber gegenüber Isostar oder gegenüber Coca Cola lächerlich machen wollte.

Doch Mateschitz, der heute Red Bull als Idee seines Lebens bezeichnet, ließ sich nicht abschrecken. Der frühere Marketingchef des Zahnpastaherstellers Blendax war auf einer seiner zahlreichen Geschäftsreisen nach Fernost auf die Idee mit dem seltsamen Getränk gekommen. In Japan beispielsweise gehörten koffeinhaltige Energy-Drinks damals schon zu den Grundnahrungsmitteln gestresster Manager, die sich damit für das harte Wirtschaftsleben aufputschten. Auch bei nach der Entbindung geschwächten Müttern erfreuten sich die angeblichen Energiespender großer Beliebtheit. Als Mateschitz dann eines Abends im Jahr 1982 an einer Hotelbar in der Zeitung las, dass der Hersteller des Energy-Drinks Lipovitan zu den größten Steuerzahlern Japans gehörte, beschloss er, mit dieser Art von Getränk auch Europa zu beglücken.

Mateschitz gab seinen Job bei Blendax auf und bastelte mehrere Jahre lang an einem Konzept für seinen Energiespender, den er Red Bull nannte. Mit einem thailändischen Partner erwarb er die Lizenz für Lipovitan, betrieb Marktforschung im Freundes- und Kollegenkreis und kämpfte mit den österreichischen Behörden um die Zulassung seines Gebräus. 1986 erhielt er sie. Mit seinem Freund, dem Werbeexperten Johannes Kastner, entwickelte Mateschitz eine Werbekampagne und schuf mit dem Slogan „Red Bull verleiht Flügel" einen Spruch, der im wahrsten Sinne des Wortes zum geflügelten Wort wurde. 1987 schließlich stand das Konzept und Mateschitz gründete die Red Bull GmbH. Die Unternehmenszentrale, von der

Red Bull gegen Coca Cola und Co.

aus er die Welt erobern wollte, schlug er am österreichischen Fuschl-see in der Nähe von Salzburg auf.

Zu den wichtigsten Gründen des späteren Red-Bull-Erfolgs gehört zweifellos die geschickte Positionierung, die Mateschitz für seinen Energy-Drink wählte. Er bewarb Red Bull von Anfang an nicht als Durstlöscher oder Partygetränk, das es mit Coca Cola und diversen anderen etablierten Marken hätte aufnehmen müssen, sondern stellte die aufmunternde Wirkung seines Gebräus in den Vordergrund. Dabei vermied er es, sich auf einen bestimmten Personenbereich fest-zulegen. „Leute, die trotz ihrer Belastung topfit sein wollen", sollten Red Bull kaufen. Damit traf Mateschitz so ziemlich jeden, der in un-serer heutigen Leistungsgesellschaft etwas auf sich hält. Manchmal kann die Definition einer Zielgruppe ganz schön einfach sein.

Die Botschaft war also klar: Egal ob gestresster Manager oder müder Raver, wer immer den aufmunternden Kick braucht, der findet ihn in Red Bull. „Red Bull verleiht Flügel" sollte also nicht nur ein Werbespruch, sondern auch ein – wenn auch überzogenes – Produkt-versprechen sein. Mit seiner Positionierung als Energiespender ord-neten viele Marktforscher Red Bull in die Riege der Sportlergetränke wie Isostar und Co. ein, doch im Grunde schuf sich das nach Gummi-bärchen schmeckende Bullengetränk ein eigenes Marktsegment. Als eine Mischung aus „Sportgetränk, Cola-Limonade, Kaffee, Energy-Drink und Lifestyle-Dose" beschrieb das Marketing-Fachblatt *Hori-zont* Red Bull. Die seltsame Kombination fand unterschiedlichste An-hänger, und so wird der Energy-Drink heute in der Disco genauso ge-kauft wie im Sportfachhandel.

Bevor die neu gegründete Red Bull GmbH die Welt eroberte, nahm sie sich zunächst Mateschitz' Heimat Österreich vor. Von Anfang an investierte der smarte Steirer alle verfügbaren Ressourcen in das Marketing. Umgerechnet 1 Million Euro – für einen Unternehmens-gründer ohne Fremdkapital eine enorme Summe – steckte er in eine Einführungskampagne, die den Absatzzahlen von Red Bull in Öster-reich Flügel verleihen sollte. Da das Werbebudget trotz allem recht knapp war, engagierte sich die Red Bull GmbH außerdem im Sport- und Veranstaltungssponsoring. Alles, was nicht mit Werbung und

Vertrieb zu tun hatte, war für Mateschitz Nebensache und wurde von ihm an Fremdfirmen vergeben. Insbesondere produzierte Red Bull nicht selbst und überließ die Herstellung und Abfüllung der Energiebrause dem österreichischen Limonadenproduzenten Rauch.

Mit seiner Einführungskampagne traf Mateschitz offenbar genau den Nerv seiner Landsleute. Red Bull entwickelte sich fast vom Start weg zum Kultgetränk, das Manager genauso konsumierten wie Discogänger oder Schichtarbeiter. Die geschickte Werbung war jedoch nicht der alleinige Grund dafür, dass in Österreich nun das Bullenfieber grassierte. Als mindestens so wichtig erwiesen sich zahlreiche Vorfälle und Legenden, die Red Bull verkaufsfördernd in die Medien brachten. Hartnäckig hielten sich Gerüchte, der neuartige Energy-Drink sei gesundheitsgefährdend, mache süchtig oder steigere die Aggressivität. Österreichische Polizisten machten sich sogar für ein Verbot des neuen Szenegetränks stark, nachdem einige schwere Verkehrsunfälle auf den „Todescocktail" zurückgeführt wurden. Obwohl im Laufe der Zeit deutlich wurde, dass Red Bull nicht gefährlicher ist als beispielsweise Cola (das allerdings auch nicht gerade als gesund gilt), umgab die Power-Brause schnell der Ruch einer Droge – gefährlich, aber gerade deshalb reizvoll.

Das bekannteste Red-Bull-Gerücht besagte, dass Taurin, eine der wichtigsten Zutaten der Brause, aus Stierhoden gewonnen wird oder zumindest in diesen enthalten ist. Die Manneskraft eines Stiers in einem Energiespender konzentriert, das war eine Legende so recht nach dem Geschmack der Red-Bull-Trinker. Leider erwies sie sich als falsch, denn das für Red Bull verwendete Taurin wird künstlich hergestellt und in Stierhoden ist der Stoff auch nicht enthalten. Entdeckt wurde er allerdings – daher auch der Name – tatsächlich im Zusammenhang mit Stieren, nämlich als Bestandteil von deren Gallenflüssigkeit. Vor Red Bull wurde Taurin vor allem als Grundstoff für Reinigungsmittel verwendet – das ist zwar nicht ganz so spektakulär wie die Stierhodenlegende, aber für die ohnehin unerschütterlichen echten Red-Bull-Fans zweifellos auch eine schöne (und dieses Mal wahre) Geschichte.

Eine biochemische Erklärung für die Wirkung von Red Bull gibt es

Red Bull gegen Coca Cola und Co.

übrigens auch. Taurin und ein weiterer Red-Bull-Inhaltsstoff namens Glucuronalacton gehören chemisch gesehen zur Familie der Aminosäuren, die im Körper als Stoffwechseltransmitter fungieren. Bei Anstrengungen werden diese abgebaut. Red Bull, so die Theorie, ersetzt die fehlenden Substanzen und steigert so die Energie, die dem Körper zur Verfügung steht. Ganz nebenbei ist die erfrischende Wirkung des Getränks sicherlich auch auf das enthaltene Koffein zurückzuführen, auch wenn dieses in Red Bull in schwächerer Konzentration als beispielsweise in Kaffee enthalten ist.

Trotz der insgesamt eher harmlosen Inhaltsstoffe musste Mateschitz auch vor dem Sprung ins benachbarte Deutschland einige Grabenkämpfe mit den Behörden ausfechten. Schließlich hatten diese jedoch ein Einsehen und erweiterten ihre Liste erlaubter Inhaltsstoffe für bestimmte Lebensmittel und ermöglichten Red Bull den Verkauf im Nachbarland. Dieses war nach Ungarn, Großbritannien und der Schweiz der vierte Auslandsmarkt, der sich auf das Ende seiner Müdigkeitsprobleme freuen durfte. Für den Vertrieb suchte sich Mateschitz den kanadischen Getränkekonzern Seagram als Partner aus.

Als Red Bull in Deutschland startete, hatten viele deutsche Österreichbesucher den begehrten Kultdrink längst über die Grenze geschmuggelt. Natürlich weckten die Red-Bull-Schmuggler durch die Anwendung krimineller Energie besondere Bewunderung, und so war es wieder einmal der Reiz des Verbotenen, der die Nachfrage ankurbelte. Als Red Bull nun auch ganz legal in deutschen Geschäften zu beziehen war, fiel diese Komponente zwar erst einmal weg. Doch einige der Fans glaubten an eine für den deutschen Markt abgeschwächte Version und schmuggelten weiter. So entstand eine weitere falsche Legende, denn Red Bull hat überall auf der Welt die gleiche Zusammensetzung. Im Gegensatz zu anderen Softdrinks gibt es zudem keine Light- oder koffeinfreie Version, und erst seit 2003 ist eine zuckerfreie Variante auf dem Markt. Kein Wunder, schließlich wäre ein abgeschwächter Energiespender ein Widerspruch in sich.

Auch der Red-Bull-Verkauf in Deutschland, der im März 1994 begann, startete grandios. Deutschlands Gestresste hatten offenbar einen so großen Energiebedarf, dass bereits nach 100 Tagen die ersten

35 Millionen Red Bulls verkauft waren und man am Fuschlsee mit der Lieferung nicht mehr nachkam. Die Marke Red Bull erwies sich jedoch bereits zu diesem Zeitpunkt als stark genug, um diese Krise zu überstehen. Nach einigen Monaten hatte die Red Bull GmbH die Kapazitäten angepasst, und so füllten sich die Regale wieder. Red Bull konnte seinen Siegeszug als Kultgetränk fortsetzen. Natürlich taten auch in Deutschland Verbraucherschützer und andere besorgte Zeitgenossen Mateschitz den Gefallen und warnten vor allerlei Gefahren und Risiken. Dem Absatz von Red Bull schadete es nicht.

Wie schon in seiner Heimat, so heizte Mateschitz auch den Deutschlandstart von Red Bull mit einer an die finanziellen Grenzen gehenden Werbekampagne an. 13 Millionen Mark ließ er es sich erst einmal kosten, den Deutschen die Flügel verleihende Wirkung seines Energiespenders einzuhämmern. Seine Strategie in diesem Bereich basiert bis heute auf vier Säulen: klassische Werbung, Sportmarketing, Eventmarketing und Sampling. Zur klassischen Red-Bull-Werbung gehören Werbespots für Kino, Fernsehen und Radio, in denen stets der Satz „Red Bull verleiht Flügel" nicht fehlen darf. So ließen die Red-Bull-Werber beispielsweise einen Häftling samt Kugel an seinen Beinen vor den Augen eines Wärters davonschweben. Natürlich gelang dies erst, nachdem sich der Häftling einen Schluck Red Bull genehmigt und anschließend Flügel bekommen hatte. Die Originalität der primitiven Strichmännchen-Trickfilme hielt sich zwar in Grenzen, ihre Wirkung verfehlten sie allerdings nicht.

Auch im Sportmarketing ließ sich Mateschitz nicht lumpen. Die Hauptaktivitäten von Red Bull legte er in den Bereich Trendsport, wo sein Unternehmen zahllose Beach-Volleyball-, Free-Climbing-, Mountain-Biking- und sonstige Veranstaltungen sponserte. Auch Sportler selbst nutzt Red Bull als wandelnde Werbemedien, auch wenn diese bewusst nie als Protagonisten in Werbespots eingesetzt wurden. 1995 stieg Red Bull sogar in die Formel 1 ein und betätigte sich als Sponsor und Miteigentümer des Sauber-Petronas-Teams. Mit dem Red-Bull-Schriftzug auf einem Formel-1-Boliden erfüllte sich Mateschitz einen Jugendtraum, den er sich pro Jahr einen zweistelligen Millionen-Mark-Betrag kosten ließ.

Red Bull gegen Coca Cola und Co.

Zum Event-Marketing bei Red Bull gehören beispielsweise die Red-Bull-Flugtage, die zunächst in Österreich stattfanden, inzwischen jedoch auch in anderen Ländern ausgetragen werden. Im Rahmen dieser Veranstaltungen stürzen sich wagemutige Amateurpiloten mithilfe selbst gebastelter Fluggeräte von einer Rampe über ein Gewässer und landen, falls ihr Apparat nicht weit genug trägt, im kühlen Nass. Dass Red Bull Flügel verleiht, wurde dabei bisher zwar nicht beobachtet, der Beliebtheit des Kultgetränks scheinen jedoch auch Bruchlandungen nicht zu schaden. Weitere Fun-Spektakel, mit denen Red Bull eine jugendliche, partybegeisterte Zielgruppe anlockt, sind beispielsweise das „Red Bull Sun Fest" oder „Die Nacht der roten Bullen". Seifenkistenrennen und der Red Bull Kart Cup runden den bunten Veranstaltungsreigen des Unternehmens ab. Im Gegensatz zu den meisten Konkurrenten tritt Red Bull dabei nicht nur als Sponsor oder Namensgeber auf, sondern organisiert seine Shows und Partys selbst. Mateschitz überlässt also anderen die Produktion seiner Ware, während er seine Verkaufsförderungs-Events in Eigenregie durchführt – ein eindrucksvolles Indiz für die wichtige Rolle, die das Marketing im Zusammenhang mit Red Bull spielt.

Bleibt noch die vierte Säule der bulligen Marketingstrategie, und diese heißt Sampling. Dahinter verbirgt sich nichts anderes als das Verteilen von Warenproben mit dem Ziel, die Kundschaft auf den Gummibärchengeschmack zu bringen. Selbstverständlich warten die Red-Bull-Verteiler nicht in Supermärkten oder Einkaufspassagen auf ihre Kundschaft, sondern gehen dahin, wo die aufputschende Wirkung des Power-Getränks benötigt wird. Um seine Sampling-Truppe zu motorisieren, hat Mateschitz eine ganze Armada von Mini-Cooper-Autos zu überdimensionalen Red-Bull-Dosen mit fahrbarem Untersatz ausbauen lassen. Mit diesen kaum zu übersehenden Fahrzeugen tauchen speziell geschulte Mitarbeiter an Bushaltestellen, Discos und sogar an Feuerwehrwachen und Polizeistationen auf, um dort ihre Gratisproben loszuwerden.

Wie wichtig die aufwendigen Werbeaktivitäten für die Marke Red Bull sind, zeigte sich, als die deutsche Firmenzentrale in Freilassing 1996 ihr Werbebudget von 15 auf 5 Millionen Mark kürzte. Dieser

Schritt, der notwendig wurde, weil das Geld für die internationale Expansion von Red Bull benötigt wurde, sorgte unter anderem für eine neunmonatige Unterbrechung der Red-Bull-Fernsehspots. Prompt ging der Verkauf empfindlich von 50 Millionen Dosen und Flaschen pro Jahr auf 38 Millionen zurück. Doch mit einer erneuten Aufstockung des Budgets auf 9 Millionen konnte Red Bull seinen Absatz über das vorherige Niveau hinaus steigern. „Der Muntermacher Red Bull hat wieder Fahrt aufgenommen", vermeldete *werben und verkaufen* anschließend. Mit für die Talsohle verantwortlich waren Differenzen mit dem Vertriebspartner Seagram, die zum Ende der Kooperation führten. Als der Sektspezialist Henkell & Söhnlein den Vertriebspart übernahm, wurden die Probleme gelöst.

Wie viele Dosen seines Getränks Dietrich Mateschitz, der Red Bull auf beeindruckende Weise Flügel verliehen hat, selbst schon getrunken hat, ist nicht bekannt. Seit einigen Jahren kann er seinen Konsum jedoch einschränken, denn er tritt beruflich nun etwas kürzer und arbeitet nur noch drei Tage pro Woche. Obwohl er inzwischen zu den reichsten Österreichern gehört, hat er sich im Gegensatz zu seinem Produkt selbst nie in den Vordergrund gedrängt. Auf dem Opernball oder in den Klatschspalten der Presse wurde er nie gesichtet, und zur Börse und anderen Fremdkapitalgebern hat der inzwischen 58-Jährige sowieso ein eher gespaltenes Verhältnis. „Wir brauchen Freiraum für irrationale Entscheidungen", lautet seine Begründung dafür, dass Red Bull trotz schnellen Wachstums nie an die Börse gegangen ist. Eine verständliche Ansicht, denn schließlich ist Red Bull an sich nichts anderes als eine große irrationale Entscheidung.

Auch ohne Fremdkapital verleiht die „Hexenküche am Fuschlsee" (Mateschitz) heute in mehr als 70 Ländern Flügel und kann jährlich über 1,4 Milliarden Dosen und Flaschen absetzen. Der Umsatz hat längst die Milliarden-Euro-Grenze überflogen, und das auf einem Markt, in dem außer Mateschitz niemand eine Lücke sah. Dies brachte offensichtlich auch die Konkurrenz ins Grübeln, und so sind heute über 50 weitere Energy-Drinks auf dem deutschen Markt, die fast alle die schmale Dosenform von Red Bull kopiert haben. Dennoch

---

Red Bull gegen Coca Cola und Co.

kann Mateschitz angesichts eines Anteils von über 75 Prozent auf dem selbst definierten Markt die Nachahmungsversuche der Mitbewerber gelassen sehen. So gehen die Red-Bull-Manager aus einer soliden Startposition eine weitere große Herausforderung an, für die sie noch einige Energiespender nötig haben werden: den Eintritt in den US-Markt. Der Red-Bull-Verkauf im Land der unbegrenzten Softdrink-Möglichkeiten wird von Los Angeles aus ohne Partner organisiert. Der Werbespruch dazu ist bereits gefunden: „Red Bull gives you wings."

Erfolgsfaktoren

Die bessere Vermarktung Die Red-Bull-Werbekampagne erwies sich als äußerst wirkungsvoll. Red Bull ist auch im Bereich PR sehr erfolgreich.

Das bessere Konzept Die Idee, eine Limonade als „Energy-Drink" zu vermarkten, brachte Red Bull den Erfolg.

Die besseren Voraussetzungen Als kleines, unabhängiges Unternehmen konnte Red Bull ungewohnte Wege in der Vermarktung beschreiten und Negativschlagzeilen in Kauf nehmen.

Literatur
Olaf Kolbrück: „Der Vulkan vom Fuschlsee". *Horizont* 28/2001
Manfred Helms: „Verleiht Flüüügel". *werben & verkaufen* 45/1998
Martin Hötzel „Wir haben alles anders gemacht". Vortrag, zitiert nach www.marketingclub-bs.de

Internet
www.redbull.com

20 Alles wird becher – Müller Milch gegen die etablierten Milchverarbeiter

Aretsried ist ein Ortsteil von Fischach. Das höchste Gebäude in dem bei Augsburg gelegenen Dorf mit gerade einmal 300 Einwohnern ist jedoch nicht der Kirchturm, sondern einer von zahlreichen Stahltanks, die hier am zentralen Standort der Müller-Unternehmensgruppe in den Himmel ragen. Die stählernen Nutzbauten wirken geradezu wie ein Denkmal zu Ehren einer der beeindruckendsten David-Goliath-Geschichten, die sich in den letzten Jahrzehnten in der deutschen Konsumgüterindustrie abgespielt haben. Denn das müllersche Milchimperium ist in puncto Umsatz innerhalb von gut 30 Jahren auf das mehr als Zweitausendfache seiner ursprünglichen Größe gewachsen, und das in einer Zeit, in der die Milchverarbeitung nun wahrlich nicht zu den Boombranchen zählte.

Vater dieses Erfolgs ist der 1940 geborene Theo Müller, der mit 16 Jahren als Lehrling in der elterlichen Molkerei einstieg und dort eine Ausbildung als Molkereimeister absolvierte. Als er 1971 den Betrieb übernahm, arbeiteten dort gerade einmal vier Personen, die mit Frischmilch und Käse für Verbraucher in der Region einen Umsatz von 1,5 Millionen Mark erwirtschafteten. Die Müllers gehörten sicherlich nicht zu den angesehensten Bürgern im kleinen Aretsried, wo traditionell die Bauern, von deren Lieferungen ihre Molkerei abhängig war, das Sagen hatten. Unter normalen Umständen wäre das kleine Familienunternehmen, das Theo Müller nun in dritter Generation führte, irgendwann aufgekauft oder stillgelegt worden. Doch normal verlief die weitere Firmengeschichte von Müller Milch ganz und gar nicht.

Nachdem Theo Müller in der Müller-Molkerei das Ruder übernommen hatte, legte er den Schwerpunkt auf Milchprodukte, die in Plastikbechern verkauft wurden. Zu den ersten Verkaufsschlagern gehörte eine mit besonderer Rezeptur hergestellte Buttermilch – dabei handelt es sich um ein Abfallprodukt bei der Butterherstellung –, die vor allem appetitlicher aussah als die bis dahin übliche Ware. Zu weiteren Umsatzträgern entwickelten sich Dickmilch, Milchreis

---

Müller Milch gegen Ehrmann

und verschiedene Milchgetränke, die alle nach Art des Hauses im Becher verkauft wurden.

Mit seinen Produkten hatte Müller offensichtlich eine Lücke im scheinbar schon gesättigten Markt für Milcherzeugnisse entdeckt, und so wuchs das Unternehmen in einem beachtlichen Tempo. Bereits 1974 wagte Theo Müller erstmals den Einsatz von Fernsehwerbung und ließ Spots mit dem Werbespruch „Schmeckt wie keine andere" produzieren. Deren Abschluss bildete eine Kuh, die heftig „Müller" muhte. Trotz dieses eher bescheidenen Einstiegs in die TV-Werbung sollte diese in den folgenden Jahrzehnten zu einer der wichtigsten Säulen des Müllererfolgs werden.

1977 erwirtschaftete Müller Milch bereits einen Umsatz von 50 Millionen Mark und konnte sich damit sechs Jahre nach Theo Müllers Start über eine Verdreißigfachung des Erlöses freuen. Unter dem nun von Müller verpflichteten Vertriebs- und Produktchef Gerhard Schützner, der für viele als zweiter Vater des Erfolgs gilt, setzten die Aretsrieder konsequent auf ein gut funktionierendes Konzept: Sie brachten immer wieder neue Milchprodukte im Plastikbecher auf den Markt und heizten den Verkauf mit phantasievoller Werbung an. Als erster von vielen Prominenten machte der Fußballer und Namensvetter Gerd Müller Werbung für Müller-Produkte.

Später sang die komplette deutsche Fußball-Nationalmannschaft „Müllermilch, die weckt, was in dir steckt" und ließ damit den Absatz des beworbenen Milchgetränks kräftig steigen. Ein Stück Werbegeschichte schrieb Müller zudem mit dem als Alkoholiker bekannten Schauspieler Harald Juhnke, der gerade wegen neuerlicher Trinkexzesse vom ZDF entlassen worden war, als er für Müllers Kalinka Kefir warb. „Vom Trinken versteh' ich was", verkündete Juhnke in den Werbespots und pries damit das müllersche Molkereiprodukt als Alternative zu hochprozentigen Getränken. Die Aktion stieß zwar nicht gerade auf ungeteilte Zustimmung, doch der Absatz des Kefirs stieg um satte 40 Prozent.

Kaum weniger Anteil nahm die Öffentlichkeit, als Theo Müller den US-Schauspieler Larry Hagman als Werbepartner präsentierte. Hagman, der zu diesem Zeitpunkt durch seine Rolle als Fiesling J. R.

Ewing in der Fernsehserie „Dallas" noch bestens bekannt war, verkündete in den Müller-Werbe-Spots, dass er aus der Ölbranche ausgestiegen und ins Jogurtgeschäft eingestiegen sei. Mit der exklusiven Verpflichtung eines US-Stars hatte Müller Milch einmal mehr Werbeakzente gesetzt, auch wenn die ganze Aktion alles andere als billig gewesen sein dürfte.

Die Müller-Gruppe wuchs weiter und konnte 1990 bereits 450 Millionen Mark Umsatz erwirtschaften, während der Werbeetat auf 30 Millionen kletterte. Inzwischen hatte das Unternehmen mit Großbritannien den ersten Auslandsmarkt in Angriff genommen, wo Müller bereits nach vier Jahren Marktführer für Jogurt wurde. Durch Wachstum im Inland, Expansion ins Ausland und einige Übernahmen vergrößerte sich das Unternehmen weiter. 1994 übernahmen die Aretsrieder die Mehrheit an der Sachsenmilch AG, wo ein modernes Werk in Leppersdorf bei Dresden entstand. Im Jahr 2000 ging die staatliche Molkerei Weihenstephan in Freising für geschätzte 125 Millionen Mark in den Besitz der Müller-Gruppe über. Inzwischen ist das Unternehmen auch in Italien und Spanien aktiv, während eine konzerneigene Spedition namens Culina über 200 Kühltransporter durch die Lande bewegt.

Heute beschäftigt die Müller-Gruppe über 4.100 Mitarbeiter, die jährlich 1,8 Millionen Tonnen Milch verarbeiten. Für 2002 konnte das Unternehmen einen Umsatz von 1,78 Milliarden Euro vermelden, was gegenüber 1971 einen Zuwachs von sagenhaften 23.000 Prozent bedeutet – der David ist also endgültig zum Goliath geworden. Dabei leidet die Profitabilität offensichtlich nicht im Geringsten unter dem Wachstum, denn mit einer Umsatzrendite von 7,4 Prozent liegt Müller Milch auf dem doppelten Wert des Branchenschnitts. Mit einer verarbeiteten Milchmenge von 1,8 Millionen Tonnen jährlich ist die Müller-Gruppe hinter Humana und Nordmilch der drittgrößte Milchverarbeiter Deutschlands und außerdem Marktführer in zahlreichen Produktsparten.

Auch wenn das Produktgeschäft im Inland in letzter Zeit etwas schwächelte, so konnte Theo Müller als „einer der ganz großen Mittelständler in Deutschland" (*Handelsblatt*) durch Expansion im

Müller Milch gegen Ehrmann

Ausland weiterhin kräftig zulegen. „Auf die Konsolidierungsphase warten wir seit 15 Jahren", kommentierte Theo Müller gegenüber dem *Manager Magazin* das ungebremste Wachstum seines Unternehmens. Obwohl Müller „in geschäftlichen Dingen verschlossen ist wie ein Grab" (*Welt*), ist zu vernehmen, dass der Aretsrieder Erfolgsunternehmer seine Produktionsanlagen kräftig ausbauen und damit weiter wachsen will.

Ein Visionär ist Theo Müller allerdings nicht, und so sind von ihm weder markige Sprüche über die Zukunft noch allzu selbstbewusste Kommentare zur Vergangenheit zu hören. Die Entwicklung der Müller-Gruppe sei „recht gut gelaufen", verkündete er vergleichsweise bescheiden. Und während andere Unternehmer Parolen wie „Es macht Freude, Dinge zu tun, die andere für unmöglich halten" (Michael Dell) prägten, hält Müller den Ball flach: „Man muss seine eigenen Grenzen kennen." Über seinen Lebensstil verriet er dem *Spiegel*: „Ich habe keine Yacht und keine protzigen Schlösser."

Hobbys hat Theo Müller nach eigener Aussage ebenfalls nicht, auch wenn dies Spötter angesichts seiner neun Kinder mit verschiedenen Frauen durchaus bezweifeln. Daher kann sich das CSU-Mitglied voll auf die Interessen seiner Firma konzentrieren und diese mit Zähnen und Klauen verteidigen. Dabei hat er schon mehrfach die Grenzen des Erlaubten überschritten, wobei ihn eine verbotene Grundwasserentnahme und mehrere Schwarzbauten erhebliche Strafen kosteten. Einen Grünen-Politiker, der ihn als „Öko-Sau" beschimpft hatte, jagte er ohne Erfolg durch die gerichtlichen Instanzen. 2002 musste er aufgrund seiner Preispolitik heftige Proteste der ihn beliefernden Milchbauern hinnehmen. Trotz oder gerade wegen seines enormen Erfolgs ist der soziale Aufsteiger Müller bei den Menschen aus der Region nicht übermäßig beliebt. Es wird sogar von Bauern berichtet, die ihre Milch für einen schlechteren Preis lieber an andere Abnehmer lieferten.

Voraussichtlich wird man Theo Müller demnächst sowieso deutlich seltener in Aretsried zu sehen bekommen. Der streitbare Unternehmer plant nämlich, seinen Wohnsitz und den seiner Kinder in die Nähe von Zürich zu verlegen. Grund dafür ist jedoch nicht etwa die

Missgunst seiner Nachbarn, sondern das deutsche Steuerrecht, das seinen Erben im Falle seines Todes eine Erbschaftsteuer von 200 Millionen Euro aufbrummen würde. In seiner bekannt kompromisslosen Art hat Müller erst gar nicht versucht, seine Steuerflucht in irgendeiner Form zu kaschieren, sondern redete gegenüber dem *Spiegel* in einem seiner wenigen Interviews Klartext. Kritiker halten ihm zwar entgegen, dass Müller im Rahmen seines Engagements bei der Sachsenmilch erhebliche Subventionsgelder eingestrichen hat und sich so eigentlich nicht über einen raffgierigen Staat beschweren könnte, doch davon ließ sich Müller nicht erweichen.

Immerhin hat die medienwirksame Auswanderungsdrohung Müllers auch seine Erfolge als Unternehmer in den Blickpunkt des Interesses gerückt. „Im Rekordtempo ist der schwäbische Dickkopf Müller einer der Großen seiner Zunft geworden", schrieb die *Süddeutsche Zeitung* anerkennend. Bei den Gründen für diesen Erfolg steht zweifellos eine kluge Markenpolitik ganz oben, die Müller in der richtigen Zeit richtig anging. Der damals noch wenig erfahrene Unternehmer brachte in den Siebzigerjahren ein professionelles Produktmanagement in einen damals leicht angestaubten Markt und drückte mit geschickten Werbekampagnen seine zahlreichen Neuheiten mit Erfolg in den Markt.

In höchsten Tönen gelobt wird auch Müllers Personalpolitik. Im Gegensatz zu vielen anderen Unternehmenspatriarchen kann Müller offensichtlich gut delegieren. „Tatsache bleibt, dass Theo Müller immer rechtzeitig Führungskräfte ins Unternehmen geholt und ihnen nicht nur Arbeit, sondern auch Verantwortung gegeben hat", schreibt das *Manager Magazin* dazu. Insbesondere sein langjähriger Mitarbeiter Gerhard Schützner musste sich nicht ständig dreinreden lassen und bewies vor allem mit den von ihm initiierten Produkten eine glückliche Hand. Angeblich hat Müller Schützner innerhalb der achtzehnjährigen Zusammenarbeit keine einzige Anweisung erteilt.

Für seinen jüngsten Werbecoup hat Theo Müller mit Dieter Bohlen einmal mehr einen schillernden Prominenten an Bord geholt. Auch wenn Bohlen deutlich extrovertierter auftritt als Müller, so sind sich die beiden streitbaren Erfolgsmenschen im Wesen sicherlich nicht un-

Müller Milch gegen Ehrmann

ähnlich. Unter dem Motto „Alles wird becher!" haben die Müller-Werber Dieter Bohlen zum Spitzenkandidaten einer neu ins Leben gerufenen Müller-Partei gekürt, die lauthals verkündet: „Jetzt wir Bohlitik gemacht." In einem wahren Festival von Wortspielen bekommt auch Bohlens ehemalige Geliebte ihren Seitenhieb verpasst: Für zehn gekaufte Becher gibt es eine „Anstecknaddel".

Erfolgsfaktoren

Die bessere Vermarktung Müller Milch machte seine Produkte mit phantasievollen und vor allem wirksamen Werbekampagnen bekannt.

Das bessere Konzept Theo Müller setzte auf ständig neue Milchprodukte im Plastikbecher und gewann damit seine Kunden.

Das bessere Management Durch geschickte Expansion ins Ausland und einige gezielte Firmenzukäufe verstärkte Müller das Wachstum erheblich.

Literatur

Gabriele Fischer: „Der Milchbaron". *Manager Magazin* 10/1990
Andreas Roß: „Der sture Milchbaron". *Süddeutsche Zeitung* vom 29.1.2000
Peter Richter: „Wo Milch und Millionen fließen". *Süddeutsche Zeitung* vom 09.8.2002
Uwe Müller: „Molkerei-Mogul baut Konzern um". *Die Welt* vom 28.3.2003
Caspar Busse: „Der Milch-König ist auf der Flucht". *Handelsblatt* vom 24.9.2003
Klaus-Peter Kerbusk, Thomas Tuma: „Ich werde enteignet". *Der Spiegel* 39/2003

Internet

www.muellermilch.de

21 Freiheit und Abenteuer – Marlboro gegen Reynolds

Als der Engländer Philip Morris im Jahr 1854 einen kleinen Tabakladen eröffnete, ahnte er wohl kaum, dass aus seinem kleinen Betrieb in der Londoner Bond Street einmal die beliebteste Zigarettenmarke der Welt hervorgehen würde. Nach diesem Erfolg sah es allerdings auch 100 Jahre später noch längst nicht aus, auch wenn aus dem einstigen Tabakgeschäft inzwischen das Industrieunternehmen Philip Morris International geworden war. Der Konzern, der seinen Sitz inzwischen in die USA verlegt hatte, rangierte allerdings nur auf Rang 6 in seinem Heimatmarkt, der vom Tabakgiganten Reynolds dominiert wurde. Da der US-Zigarettenmarkt in den Fünfzigerjahren längst gesättigt schien und sich die gesundheitsschädliche Wirkung des Rauchens immer mehr herumsprach, rechnete niemand mehr mit größeren Verschiebungen der Marktanteile.

Doch dann kam Marlboro. Die bis 1955 nahezu bedeutungslose Zigarettenmarke aus dem Hause Philip Morris überrundete innerhalb von zwei Jahrzehnten die gesamte Konkurrenz, wurde zur meistgerauchten Zigarette überhaupt und machte Philip Morris International zum Weltmarktführer. Der Grund für diesen sensationellen David-Goliath-Erfolg war eine so geniale wie einfache Werbekampagne, die bis heute als erfolgreichste aller Zeiten gilt.

Von der späteren Weltkarriere ahnte man im damaligen Familienbetrieb Philip Morris natürlich noch nichts, als die Marlboro-Zigarette irgendwann im ausgehenden 19. Jahrhundert das Licht der Welt erblickte. Namenspate des neuen Tabakprodukts war die Londoner Straße Marlborough, auch wenn diese etwas anders geschrieben wurde. Die Verbindung ergab sich, weil die damalige Zigarettenmanufaktur von Philip Morris in besagter Straße angesiedelt war. Nach einem Börsengang 1881 und einem Besitzerwechsel 1894 wagte die Firma Philip Morris 1902 den Sprung in die USA und gründete dort eine Niederlassung in New York.

Nachdem 1919 amerikanische Investoren das Sagen bei Philip Morris übernommen hatten, erinnerte sich das neue Management an die damals schon nicht mehr ganz junge Zigarettenmarke Marlboro und brachte sie 1924 in neuer Form auf den US-Markt. Zu diesem Zweck verpassten die Philip-Morris-Strategen den Marlboro-Zigaretten ein völlig neues Erscheinungsbild und versuchten nun, Frauen als Zielgruppe zu ködern. „Mild wie der Mai" hieß der Werbespruch, der die weibliche Kundschaft anlocken sollte. Als besonderer Gag hatte man sich einen rot gefärbten Filter ausgedacht, mit dem die Lippenstiftspuren, die frau hinterließ, nicht ganz so auffallen sollten. „Women quickly develope a discerning taste", verkündete Philip Morris 1927 und konnte damit genug Raucherinnen für Marlboro begeistern, um einen Achtungserfolg zu verbuchen. Doch dann kamen mit der Weltwirtschaftskrise und dem Zweiten Weltkrieg Zeiten, in denen die amerikanische Frau andere Sorgen hatte, als sich mit einer Zigarettenmarke von der männlichen Bevölkerungshälfte abzusetzen. Nachdem sich die Verkaufszahlen immer schlechter entwickelten, stellte Philip Morris die Marlboro-Produktion während des Zweiten Weltkriegs ein.

Als nach dem Krieg der Tabakkonsum in den USA wieder deutlich anstieg, versuchte es Philip Morris erneut mit einer Marlboro-Einführung. Zunächst mussten dabei wieder Frauen als Zielgruppe herhalten. Da der Öffentlichkeit inzwischen immer mehr bewusst wurde, welche Gesundheitsrisiken mit dem Rauchen verbunden waren, entschloss sich Philip Morris zu einer Neupositionierung. Da das Unternehmen ansonsten nur filterlose Zigaretten anbot, vermarktete man die Filterzigarette Marlboro fortan als leichte Alternative für gesundheitsbewusste Raucher. In einer 1950 erschienenen Anzeige, die heute in dieser Form wohl heftige Proteste verursachen würde, verkündete ein Baby, dass sein Vater nur Marlboro rauchen würde. Doch die Gesundheitsstrategie half nichts. Echte Kerle rauchten eben lieber filterlos und betrachteten Marlboro daher als Weichei-Zigarette. So blieben Camel, Lucky Strike und Chesterfield in den Fünfzigerjahren die beliebtesten Zigarettenmarken der USA, während Marlboro nach wie vor in der Bedeutungslosigkeit dahindümpelte. Mit einigen anderen Marken belegte Philip Morris immerhin Platz 6 unter den US-Zigarettenherstellern, während Reynolds sich mit über 35 Prozent Marktanteil als Goliath der Branche fühlen durfte.

Was dann jedoch passierte, gilt bis heute als eines der erstaunlichsten Kapitel in der Geschichte der Werbung. Alles begann damit, dass die Philip-Morris-Manager die Agentur des legendären Werbegurus Leo Burnett engagierte, um für Marlboro eine neue Vermarktungsstrategie zu entwickeln. Burnett riet seinem Kunden zur 180-Grad-Wende. Nachdem die amerikanischen Raucher mit einer gesundheitsbewussten Zigarette nicht so recht warm geworden waren, sollte Marlboro nun auf einmal die männlichste und härteste Zigarette von allen werden. Schon in einer der ersten Besprechungen zu diesem Thema fragte Burnett: „Was ist das männlichste Symbol, das man sich überhaupt vorstellen kann?" Auf Anhieb fiel einem der Teilnehmer der Cowboy ein. Zweifellos eine genauso einfache wie gute Wahl, denn die traditionsreichen Rinderhirten gelten in den USA tatsächlich als das Symbol für Freiheit und Abenteuer schlechthin.

Zunächst wollten sich Burnett und die Philip-Morris-Leute jedoch nicht auf den Cowboy als einziges Symbol für ihre Werbestrategie festlegen. Stattdessen kreierten sie den „Tattooed Man", einen tätowierten Burschen, der abwechselnd mal als Cowboy, mal als Flieger und mal als Marineoffizier in den Marlboro-Spots auftrat. Die Härte und Männlichkeit, die von diesen Berufen ausging, sollte sich nach den Plänen Burnetts auf die Zigarettenmarke übertragen und ihr so neue Kunden zuführen. Dieses Vorhaben gelang zumindest mit dem Cowboy, der bei der Kundschaft eindeutig am besten ankam. Ab 1957 mussten Flieger und Offizier daher ihren Dienst quittieren und dem Rinderhirten das Feld überlassen.

Dabei war der Marlboro-Cowboy anfangs noch deutlich gesprächiger als seine Kollegen, die heute über die Kinoleinwand reiten. In den Fernsehspots erzählte er von seinem harten, aber glücklichen Leben in Natur und Freiheit und natürlich von der Zigarettenmarke, die er am liebsten rauchte. Diese hieß Marlboro. Offensichtlich traf der namenlose Kuhhirte damit punktgenau den Nerv der Großstadtamerikaner, die insgeheim von einem Cowboy-Dasein träumten. Natürlich würde das für die meisten immer ein Traum bleiben, aber immerhin konnten sie ja die gleichen Zigaretten wie der bewunderte Cowboy rauchen. Die Verkaufszahlen für Marlboro-Zigaretten brachen in der

Marlboro gegen Reynolds

Folgezeit sämtliche Rekorde, vor allem in den US-Großstädten waren die Raucher nicht mehr zu halten. In New York erhöhten sich beispielsweise die Absatzzahlen innerhalb von acht Monaten um das Fünfzigfache.

Nach den Anfangserfolgen verstanden es Philip Morris International und Leo Burnett, die Cowboy-Strategie über Jahrzehnte hinweg aufrechtzuerhalten. Aus dem Einzelkämpfer der Anfangszeit wurde schnell ein ganzes Team von Cowboys, die in unzähligen Episoden durch Werbespots und Anzeigen galoppierten. Schon bald hatten es die Marlboro-Cowboys auch nicht mehr nötig, etwas zu erzählen. Dafür sieht man sie heute, wie sie ihre Arbeit verrichten, durch atemberaubende Landschaften reiten und sich beiläufig eine Zigarette anzünden. Die Geschichten haben bewusst keinen Höhepunkt und keine Pointe, denn das Leben eines Marlboro-Cowboys ist in jeder Situation faszinierend und braucht keine besondere Dramatik. So gibt es auch keine Stars, denn der Star ist der Marlboro-Cowboy an sich und das Leben, das er lebt. Viele der Episoden wurden angeblich mit echten Cowboys, und nicht etwa mit Schauspielern, gedreht.

Mit der bis heute andauernden Cowboy-Kampagne hat der einstige David alle Mitbewerber hinter sich gelassen. Seit 1972 heißt die weltweit meistgerauchte Zigarette Marlboro, 1975 überholte die längst zum Aushängeschild von Philip Morris gewordene Marke den größten Konkurrenten Winston und wurde auch auf dem US-Markt zur Nummer 1. Mit Marktanteilen von bis zu 25 Prozent konnte Marlboro diesen Status auch in den folgenden Jahrzehnten halten. Das Verbot der Fernsehwerbung in Deutschland und den USA überstand die Marke genauso makellos wie die Diskussion um die gesundheitlichen Folgen des Rauchens. Interessant ist, dass der Marlboro-Cowboy offensichtlich nahezu überall auf der Welt als Symbol verstanden wird. So ist wie in vielen anderen Ländern auch in Deutschland Marlboro längst die meistgerauchte Zigarette. 1992 kürte die Zeitschrift *Financial World* Marlboro zur wertvollsten Marke der Welt mit einem Wert von 72 Milliarden US-Dollar.

Natürlich hat auch das Unternehmen Philip Morris International von der Marlboro-Erfolgsgeschichte profitiert. Sieht man einmal vom chinesischen Markt ab, der von einer einheimischen Firma beherrscht wird, dann ist Philip Morris heute weltweit der größte Tabakhersteller vor British American Tobacco und Reynolds. Mit einem Jahresumsatz von über 50 Milliarden US-Dollar im Tabakbereich gehört das Unternehmen zu den größten der Welt.

Der Erfolg von Marlboro ist umso erstaunlicher, als selbst Experten die Zigaretten unterschiedlicher Marken am Geschmack kaum unterscheiden können. Es stört offensichtlich auch niemanden, dass Marlboro historisch gesehen eine klassische Fehlbesetzung darstellt. Weder die Zigarette noch das Unternehmen noch der Markenname haben jemals etwas mit dem Wilden Westen zu tun gehabt. So war es allein die clevere Werbekampagne, die einer bereits im Rentenalter befindlichen Zigarettenmarke auf einem hart umkämpften und scheinbar gesättigten Markt ein für unmöglich gehaltenes Wachstum beschert hat. Inzwischen hat Philip Morris mit seiner Cowboy-Strategie sogar eine Zielgruppe erreicht, um die sich Marlboro einst vergeblich bemüht hat: Auch unter Frauen erfreut sich die Marke inzwischen großer Beliebtheit.

Erfolgsfaktoren

Die bessere Vermarktung Die Cowboy-Werbung von Marlboro, die bekanntlich bis heute im Einsatz ist, wurde zur erfolgreichsten überhaupt.

Literatur
Stuart Crainer: *Die 75 besten Management-Entscheidungen aller Zeiten*. Wirtschaftsverlag Carl Ueberreuter, Frankfurt 2000

Internet
www.philipmorrisinternational.com

Marlboro gegen Reynolds

22 Der Reiz des Verbotenen – PGP gegen andere Verschlüsselungsprogramme

Die Sache erschien aussichtslos. Mit einem nicht einmal besonders guten Computerprogramm zur Datenverschlüsselung legte sich der aus Florida stammende Computerprogrammierer Phil Zimmermann zunächst mit den Größen der Branche, dann mit der Politik und schließlich auch noch mit der Justiz an. Doch der couragierte Amerikaner ließ sich von der Übermacht nicht beeindrucken. Er nutzte die scheinbar ausweglose Situation geschickt zu PR in eigener Sache und machte damit seine Gegner wiederholt lächerlich. Am Ende waren es dann seine Rivalen, die klein beigeben mussten, während sein Verschlüsselungsprogramm zum bedeutendsten der Welt wurde. Nebenbei erreichte das Spezialprogramm, für das sich unter normalen Umständen nur einige Experten interessieren würden, angesichts der ungewöhnlichen Entstehungsgeschichte mit der Zeit Kultstatus.

So etwa lässt sich die Geschichte des bekannten Verschlüsselungsprogramms Pretty Good Privacy (PGP) zusammenfassen. Im Gegensatz zu manch anderer Erfolgsstory entstand PGP nicht etwa mit dem Traum vom geschäftlichen Erfolg, sondern eher mit dem Traum von einer besseren Welt. Der 1956 geborene Phil Zimmermann, der ursprünglich Astronom werden wollte, entdeckte während des Studiums seine Begeisterung für den Computer und nahm später eine Stelle als Programmierer an. Seine eigentliche Berufung sah er jedoch in seinem Engagement für die Friedensbewegung, für die er einen Großteil seiner Zeit investierte. Zimmermann hielt Kurse für andere Aktivisten und nahm häufig an Antikriegsdemonstrationen teil, was ihm neben der Anerkennung seiner Mitstreiter auch eine Nacht im Gefängnis einbrachte. Die US-Regierungen unter Reagan und Bush waren dem engagierten Friedenskämpfer suspekt.

Bereits Mitte der Achtzigerjahre machte sich Zimmermann erstmals Gedanken über das Thema Verschlüsselung. Ihm war klar, dass die US-Regierung über ihre mächtige Geheimbehörde NSA (National Security Agency) nahezu unbeschränkte Möglichkeiten zum Ausspionieren ihrer Bürger hatte. Vor allem die damals aufkommende Vernetzung von Computeranlagen, die schließlich zum Internet führen sollte, spielte den staatlichen Lauschern in die Hände. Die Möglichkeit, Geheimnisse vor dem Staat zu haben, war für Zimmermann jedoch ein Grundrecht, für das es – ähnlich wie für den Frieden – zu kämpfen galt.

So hatte Phil Zimmermann bereits Pläne zu einer Verschlüsselungssoftware für Computerdaten in der Schublade, als er 1991 von einer Gesetzesvorlage hörte, die sein Misstrauen gegenüber der Obrigkeit wieder einmal bestätigte. Verschlüsselungsprogramme, so der Plan, sollten künftig nur noch erlaubt sein, wenn sie eine Art Hintertür enthielten, die einer staatlichen Behörde das Mitlesen erlaubte. Obwohl diese Gesetzesvorlage schließlich wieder verworfen wurde, war sie für Zimmermann die Initialzündung, endlich seine lang geplante Software fertig zu stellen. Als wichtigsten Anwendungsbereich sah Zimmermann vor allem die immer populärer werdende elektronische Post (E-Mail), die von den Lauschern der NSA vergleichsweise einfach mitgelesen werden konnte. Den Namen für sein Programm schaute er sich bei einem lokalen Krämerladen namens „Pretty Good Grocery" ab und nannte es Pretty Good Privacy (PGP). Zimmermann hatte PGP nie mit dem Ziel entwickelt, damit Geld zu verdienen. Vielmehr wollte er mit seinem Programm einen Beitrag zum Schutz der Gesellschaft vor der Regierung und ihren Geheimdiensten leisten. Daher verkaufte er seine Software auch nicht, sondern verteilte sie an Freunde, die sie teilweise über das Internet weiterverbreiteten.

Ein Programm zur E-Mail-Verschlüsselung war Anfang der Neunzigerjahre, als PGP entstand, allerdings nichts wirklich Neues. Unternehmen wie die auf Verschlüsselungstechnik spezialisierte Firma RSA Data Security verkauften derartige Produkte damals schon seit Jahren. Längst hatte sich auch das Internet-Normierungsgremium IETF des Themas angenommen und eine Norm zu diesem Thema entwickelt, die sicherstellen sollte, dass die Produkte unterschiedlicher Hersteller miteinander kommunizieren konnten. Im Gegensatz zu Zimmermann entwickelten die Softwarehersteller zu dieser Zeit ihre Verschlüsselungsprogramme vor allem für das Mili-

PGP gegen andere Verschlüsselungsprogramme

tär und für Großunternehmen, da private und kleinere kommerzielle Anwender bis dahin noch wenig Interesse an solchen Produkten hatten.

Zimmermanns PGP-Software hielt sich nicht an die Norm für Verschlüsselungsprogramme und war damit mit keinem anderen Programm auf dem Markt kompatibel. Auch sonst gehörten die ersten PGP-Versionen nicht gerade zu den Glanzlichtern der Programmierkunst. Da der Anwender zur Verschlüsselung nicht ohne weiteres verständliche Befehle eintippen musste, war das Programm auch nur für Spezialisten geeignet, die die dahinter stehende Verschlüsselungstechnik halbwegs verstanden. Somit stand das nicht normierte, programmiertechnisch allenfalls mittelmäßige Verschlüsselungsprogramm eines Einzelgängers ohne Vermarktungsmöglichkeiten gegen professionelle Produkte von renommierten Softwareherstellern. Eine klarere Angelegenheit hätte es wohl kaum geben können.

Einen Vorteil konnte PGP jedoch vorweisen: Es machte keine Kompromisse bezüglich der Sicherheit. Zimmermann verwendete die besten Verfahren, die zu dieser Zeit bekannt waren, und setzte sich dabei stets zum Ziel, dass auch Geheimorganisationen wie die NSA, die teilweise über ein Milliardenbudget verfügen, keine Chance hatten, die Verschlüsselung zu knacken. Darüber hinaus machte Zimmermann von Anfang an den Quellcode des Programms öffentlich zugänglich, damit sich jeder davon überzeugen konnte, dass keine Schwachstelle oder gar eine bewusste Hintertür eingebaut war. Dieser kompromisslose Ansatz gefiel vielen Anwendern, zumal längst diverse Verschwörungstheorien die Runde machten, die beispielsweise besagten, dass jede kommerziell erhältliche Verschlüsselungslösung eine Hintertür für die NSA enthielt. So gewann PGP die ersten Fans, die E-Mails und Dateien mit PGP verschlüsselten, wobei es natürlich hilfreich war, dass PGP nichts kostete.

Doch während sich seine Software langsam, aber sicher verbreitete, bekam Zimmermann erstmals Ärger. In PGP hatte er nämlich ein von RSA Data Security patentiertes Verschlüsselungsverfahren eingebaut, was dem Patentinhaber angesichts der steigenden Verbreitung des Programms natürlich nicht entgangen war. Zimmermann argumentierte zwar, dass er mit PGP kein Geld einnehme und daher die Anwender selbst für Patentgebühren zuständig seien, doch konnte er RSA Data Security damit nicht beeindrucken. Um einem teuren Rechtsstreit aus dem Weg zu gehen, musste er schließlich auf eine weitere Verbreitung von PGP verzichten. Der Popularität der Software brachte dieser Rechtsstreit allerdings einen erheblichen Schub, zumal nun auch der Reiz des Verbotenen dazukam und viele E-Mail-Nutzer PGP jetzt erst recht nutzten.

In dieser Situation kamen Zimmermann einige PGP-Fans an der Bostoner Eliteuniversität MIT (Massachusetts Institute of Technology) zu Hilfe. Diese entwickelten PGP unter Beteiligung von Zimmermann trotz der unklaren Patentsituation weiter. Dabei kam ihnen zu Hilfe, dass die Gründer von RSA Data Security ihr Verschlüsselungsverfahren einst am MIT entwickelt hatten und die Universität daher noch an den Rechten beteiligt war. Zähneknirschend gab sich RSA Data Security nun geschlagen und legte der Weiterentwicklung keine Steine mehr in den Weg. PGP war endlich legal.

Doch die komplizierten Patentstreitigkeiten waren nur der Anfang. 1993 stand die Polizei bei Zimmermann auf der Matte und warf ihm vor, die damals gültigen Exportbestimmungen der USA verletzt zu haben. In der Tat war der Export von Verschlüsselungstechnik in den USA seinerzeit an strenge Auflagen gebunden, da es sich dabei um militärisch verwendbare Technik handelte. Da Zimmermann zugelassen hatte, dass sein PGP-Programm über das Internet ins Ausland gelangt war, sah er sich nun mit einem Gerichtsverfahren konfrontiert, das ihn mit einem Waffenschmuggler auf eine Stufe stellte. Einige Sympathisanten gründeten darauf einen Spendenfonds, mit dem Zimmermann seine Anwaltskosten decken konnte. Erst 1996, als Zimmermanns Fall längst durch die Medien gegangen war und überall nur Kopfschütteln verursachte, ließ man die Anklage schließlich fallen. Die offizielle Begründung für die Einstellung des Verfahrens lautete, dass nicht bewiesen werden konnte, dass PGP tatsächlich ins Ausland gelangt war. Die rege Anteilnahme der Öffentlichkeit dürfte jedoch auch zu dieser Entscheidung beigetragen haben.

Durch das skurrile Gerichtsverfahren stieg der Bekanntheitsgrad

PGP gegen andere Verschlüsselungsprogramme

von PGP in ungeahnte Höhen, während Phil Zimmermann zum Star der Internetgemeinde wurde. Computernutzer in aller Welt besorgten sich das für private Anwender nach wie vor kostenlose Programm und begannen millionenfach, ihre Nachrichten zu verschlüsseln. Inzwischen versuchte Zimmermann auch, seinen Erfolg kommerziell zu nutzen. 1996 gründete er seine Firma PGP Inc., die nun von kommerziellen Nutzern Lizenzgebühren eintrieb. Nachdem das Entwicklerteam um Zimmermann auch die Bedienung des Programms deutlich verbesserte, entwickelte sich PGP zur weltweit meistgenutzten Verschlüsselungssoftware. Nun entdeckten auch immer mehr Unternehmen die Vorzüge von PGP, obwohl Zimmermann an diese Zielgruppe zunächst nicht gedacht hatte.

Die Spielregeln der PR hatte Zimmermann durch den Erfolg nicht verlernt. Als ihm bei der Veröffentlichung einer neuen PGP-Version erneut ein Gerichtsverfahren drohte, falls diese aus den USA exportiert werden würde, entschied sich PGP Inc. zu einer List. Unter großer Anteilnahme der Öffentlichkeit veröffentlichte das Unternehmen den Quellcode des Programms in Buchform, wobei das Seitenformat auf maschinelle Lesbarkeit ausgerichtet war. Bücher waren im Gegensatz zu Software nicht von den US-Exportbestimmungen getroffen, und so konnte PGP völlig legal das Land verlassen. Die US-Regierung war damit völlig der Lächerlichkeit preisgegeben. Dieser Vorfall trug sicherlich mit dazu bei, dass die Exporteinschränkungen für Verschlüsselungstechnik 1999 fast völlig abgeschafft wurden.

Im Gegensatz zu anderen in diesem Buch beschriebenen Unternehmern ist Zimmermann durch PGP nicht in die Riege der Superreichen aufgestiegen. 1997 verkaufte er seine Firma PGP Inc. an das Softwareunternehmen Network Associates, das Zimmermanns Programm stärker auf Firmenkunden zuschneiderte, während Privatanwender, die PGP nach wie vor kostenlos nutzen konnten, vernachlässigt wurden. Viele Fans boykottierten daraufhin alle neuen PGP-Versionen. Inzwischen hatte sich ohnehin die Konkurrenz formiert und eine zu PGP nicht kompatible Norm für die E-Mail-Verschlüsselung entwickelt, die sich langsam durchsetzte. 2001 verlor Network Associates angesichts der flauen Nachfrage von Firmenkunden schließlich

174   *David und die bessere Vermarktung*

das Interesse an PGP und stellte das Produkt ein. Ein Jahr später kaufte ein neu gegründetes britisches Unternehmen die Rechte an der Software auf und startete einen neuen Versuch. Während PGP heute im kommerziellen Bereich nur einen kleinen Marktanteil besitzt, ist es unter Privatanwendern nach wie vor konkurrenzlos.

Phil Zimmermann ist inzwischen nicht mehr als Firmenchef oder Softwareentwickler aktiv. Dafür hält er mit großem Erfolg Vorträge und gibt bezahlte Presseinterviews. Als erstklassiger Redner, der sein Publikum aus dem Stegreif problemlos unterhalten kann, ist er bei Veranstaltern von Computerkongressen äußerst begehrt. In seinen Vorträgen erzählt er meist von der Geschichte seines Lebenswerks PGP und von seinen politischen Ansichten, die nach wie vor von einem Misstrauen gegenüber der Obrigkeit geprägt sind. Besonders stolz ist Zimmermann auf zahllose Dankesschreiben von Oppositions-gruppen aus totalitären Staaten, für die eine sichere Verschlüsse-lungssoftware lebenswichtig sein kann. Phil Zimmermanns Traum von einer besseren Welt hat sich also zumindest in dieser Hinsicht er-füllt.

Erfolgsfaktoren

Die bessere Vermarktung Phil Zimmermanns Konflikt mit den US-Ge-setzen verschaffte seiner Software einen hohen Bekanntheitsgrad.

Das bessere Konzept PGP ist speziell auf Heimanwender zugeschnit-ten, während die meisten Konkurrenten kommerzielle Kunden an-sprechen.
Zimmermann stellte die Sicherheit seines Programms in den Vorder-grund und verzichtete dafür zunächst auf Benutzerfreundlichkeit und die Beachtung von Normen.

Die besseren Voraussetzungen Da Zimmermann mit PGP kein Geld verdienen wollte, konnte er seine Software kostenlos zur Verfügung stellen und gewann viele ehrenamtliche Unterstützer.

PGP gegen andere Verschlüsselungsprogramme

Literatur

Arno Lindhorst: *Sichere E-Mails mit PGP*. vmi Buch, Bonn 2002

Internet

www.pgpi.com

23 Wie man einen Markt erregt – bruno banani gegen die etablierten Unterwäscheanbieter

Wollten Sie schon immer einmal wissen, ob sich Protonen aus ihrer Unterhose auf 22 Prozent der Lichtgeschwindigkeit beschleunigen lassen? Wenn ja, dann sollten Sie sich beim Kauf von Unterwäsche zukünftig für bruno banani entscheiden, jene kultige Wäschemarke, die schon die ungewöhnlichsten Tests bestanden hat. Sowohl im Weltall als auch in der Tiefsee bewies bruno banani seine Reißfestigkeit und Passform.

Mit bruno banani haben die Italiener uns Deutschen wieder einmal gezeigt, wie in Sachen Mode der Hase läuft, und für seinen blöden Namen kann Herr Banani ja schließlich nichts. Oder vielleicht doch? Die Antwort findet sich nicht etwa in Rom oder Mailand, sondern im sächsischen Chemnitz. Dort ist die bruno banani Underwear GmbH ansässig, und diese ist mitnichten nach einem italienischen Modeschöpfer mit seltsamem Nachnamen benannt, sondern trägt eine frei erfundene Markenbezeichnung. Hinter der fruchtigen Erfolgsgeschichte steckt der schwäbische Textilmanager Wolfgang Jassner.

Begonnen hat die Geschichte von bruno banani kurz nach der Wende. In der sächsischen Kleinstadt Mittelbach suchte damals eine Textilfabrik, die zu DDR-Zeiten zum VEB Trikotex gehört hatte, nach einem Weg in die marktwirtschaftliche Zukunft. Nach Ende der DDR-Zeit hatte die Deutsche Treuhand das Werk übernommen und den Ex-Direktor von Trikotex, Klaus Jungnickel, als neuen Ge-

176 *David und die bessere Vermarktung*

schäftsführer eingesetzt. Fast alle der 2.500 in Mittelbach beschäftigten Arbeitnehmer verloren ihre Stelle.

Mit Lohnarbeit für einige Westfirmen konnte der ehemals volkseigene Betrieb zwar erste Umsätze im neuen Umfeld erzielen, große Perspektiven ergaben sich daraus jedoch nicht. Jungnickel überlegte sich daher ein neues Konzept: Er wollte Designerunterwäsche zu einem erschwinglichen Preis auf den Markt bringen und damit aus einer langweiligen Gebrauchsware einen begehrten Modeartikel machen. Zweifellos eine so interessante wie kühne Idee, denn der in Deutschland damals etwa 3 Milliarden Mark große Markt für Unterwäsche dümpelte lustlos dahin, und kaum jemand ahnte, dass in dieser Branche, deren Produktion fast nur noch in Billiglohnländern stattfand, Platz für einen Newcomer war.

Doch Jungnickel hatte, wie sich später zeigen sollte, eine Lücke im scheinbar gesättigten Wäschemarkt entdeckt. Designerunterwäsche zu moderaten Preisen gab es auf dem deutschen Markt damals so gut wie nicht, es fehlte also das Segment zwischen Billig- und Luxusware. Von der Meinung, dass sich daran etwas ändern ließe, konnte Jungnickel Anfang der Neunzigerjahre auch den schwäbischen Unternehmensberater Wolfgang Jassner überzeugen, der zuvor in seiner Heimat als Geschäftsführer von Textilunternehmen Branchenerfahrung gesammelt hatte. Jassner beschloss, Jungnickels Idee in die Tat umzusetzen.

Um für die geplante Unterhosenkreation eine passende Bezeichnung zu finden, beauftragte Jassner die Herrenberger Marketingagentur plenum stoll & fischbach Communication. In einem Anflug von Genialität kam deren kreativer Kopf Gerhard Fischbach auf „bruno banani" und schaffte damit einen Namen, wie ihn nur ein David erfinden kann. Der Marketingvorstand eines Textilgroßunternehmens wäre für eine solche Wahnsinnstat vermutlich wegen Unfähigkeit entlassen worden. Doch Jassner ließ sich nicht beirren und gründete 1993 die bruno banani Underwear GmbH. Zweifellos gehörte die Wahl des ungewöhnlichen Namens, der gleichermaßen Assoziationen an italienische Modeschöpfer, Exotik und ein gewisses Körperteil des Mannes weckt, zu den späteren Erfolgsfaktoren des Unternehmens.

bruno banani gegen die etablierten Unterwäscheanbieter

Trotz oder gerade wegen des besonderen Namens verlief der Start von bruno banani nicht gerade einfach. Mit einer schlanken Kollektion von sieben extravaganten Herrenslips stieß der Vertrieb des Unternehmens zwar auf Anerkennung. Bei Nennung des Namens hatten die Vertreter jedoch allenfalls noch die Lacher auf ihrer Seite. Kaum besser verlief der Kontakt mit Banken, denen es verständlicherweise schwer fiel, einem Unternehmen namens bruno banani einen Kredit zu geben.

Doch Jassner ließ sich nicht entmutigen und konnte so schon im ersten Jahr erste Erfolge feiern. Das außergewöhnliche Design der bruno-banani-Wäsche kam bei den Kunden trotz Preisen ab 60 Mark an, während das bewusst überschaubar gehaltene Sortiment jedes Modell zu einer Besonderheit machte. Mit 15 Mitarbeitern erwirtschaftete bruno banani bereits im ersten Geschäftsjahr einen respektablen Umsatz von 2 Millionen Mark.

Dabei fiel Jassner auf, dass vor allem kleine Größen besonders gut liefen. Offenbar fühlte sich also auch eine weibliche Kundschaft von den eigentlich für Herren gedachten Stücken angesprochen. Jassner reagierte darauf und brachte 1994 die erste Damenkollektion auf den Markt. Auch beim vermeintlich schwachen Geschlecht setzte bruno banani auf ein überschaubares Sortiment aus extravaganten Modellen zu vergleichsweise hohen, aber bezahlbaren Preisen.

Bereits 1996 konnte sich bruno banani als Marktführer im ehemals von teuren Nobelmarken dominierten Markt für Designerwäsche bezeichnen. Dies blieb nicht ohne Folgen: Konkurrenten wie Schießer, Goetz oder Triumph zogen nach und ergänzten ihre Modellpalette ebenfalls um Unterwäsche mit edlem Design. Wieder einmal sprachen damit die Goliaths einer Branche einem David ungewollt das größte Kompliment aus und kopierten ihn. Insgesamt machte Designerware zu diesem Zeitpunkt nur etwa 3 Prozent des Gesamtmarkts aus, doch nicht zuletzt dank bruno banani stieg der Anteil.

Bereits Mitte der Neunzigerjahre hatte sich bruno banani als „blaue Mauritius der Unterhosen" (*Focus*) absoluten Kultstatus erarbeitet. „Sportliche Typen mit Hang zur Exotik" (Zielgruppendefinition) trugen bruno banani, und auf einmal gehörte sogar Unterwäsche zu den Dingen, auf die man stolz war. Um den alten DDR-Mief um jeden Preis abzustreifen, ließ das Management sogar Models aus New York zur Präsentation der Ware einfliegen und taufte mit einer unübersehbaren Vorliebe für Anglizismen die Vertreter „Agents".

Unter dem Motto „Not for everybody" achtete Jassner stets darauf, dass bruno banani nicht zur Massenware verkam und nur in ausgewählten Geschäften mit Großstadtflair verkauft wurde. Mit ähnlichen Zielen brachte das Unternehmen „Limited Editions" auf den Markt, also Modelle, die nur in beschränkten Stückzahlen gefertigt wurden und damit auch als Sammelobjekt interessant waren.

Zu den wichtigsten Erfolgsfaktoren von bruno banani, das zu 80 Prozent in Besitz von Jassner und zu 20 Prozent in Besitz von Jungnickel ist, gehört zweifellos die geschickte Marketingstrategie. Da das 1998 nach Chemnitz umgezogene Unternehmen für klassische Werbung kaum Geld hatte, legte Jassner den Schwerpunkt auf PR, also auf Aktionen, über welche die Medien auch ohne Bezahlung berichten. So schickte bruno banani Abenteurer mit dem Kamel durch die Wüste, ließ Fallschirmspringer im freien Fall abspringen und schickte ein Team zum australischen Extremwettbewerb Eco Challenge. Natürlich wurden all diese Protagonisten mit bruno-banani-Wäsche ausgestattet, die sich so unter härtesten Bedingungen bewähren musste. „bruno banani, bereit für den härtesten Wettkampf, sucht überall die Herausforderung", hieß die Devise. Mit zur Strategie gehört auch das Sponsoring von Kickboxing-, Snowboard- und Skateboard-Veranstaltungen.

Das Meisterstück in Sachen PR bot das Unternehmen zweifellos mit dem Auftritt ihrer Unterhosen an einem Ort, der extremer und herausfordernder nicht sein konnte: im Weltall. 1998 beförderte eine russische Sojus-Rakete eine Ladung bruno-banani-Ware, die zuvor schon einige Tests in den Labors der russischen Weltraumbehörde überstanden hatte, zur Weltraumstation MIR. In 400 Kilometern Höhe und bei einer Geschwindigkeit von 28.000 Stundenkilometern testete anschließend ein Mitglied der MIR-Crew die bruno-banani-Wäsche bei seinem täglichen Fitnessprogramm. „Flugingenieur Nikolai Budarin war vor allem von der Elastizität und der dynamischen

bruno banani gegen die etablierten Unterwäscheanbieter

Passform der Underwear begeistert", hieß es anschließend in einer Presseinformation. Nach dieser Aktion blieben die getesteten Wäschestücke im All zurück, und so könnte es sein, dass Außerirdische auf dem Weg zur Erde eines Tages als Erstes auf einen Satz Designerwäsche stoßen.

Wer wollte nun angesichts der sogar weltraumgetesteten („space proofed") bruno-banani-Produkte noch herkömmliche Unterwäsche tragen? Die gesamte Weltraumaktion kostete das Unternehmen nur eine sechsstellige Summe, was angesichts der enormen Berichterstattung in den Medien einen Schnäppchenpreis bedeutete. Kein Wunder, dass bruno bananis Weltraumabenteuer heute zu den erfolgreichsten PR-Aktionen überhaupt gezählt wird.

Unter dem Motto „Wie viel Druck hält eine Unterhose aus?" verlegte bruno banani seinen nächsten Extremtest ins Bermuda-Dreieck und ließ dort im Jahr 2001 eine Schaufensterpuppe mit Unterwäsche der Kollektion „Oxygen" bekleidet per U-Boot in 4.800 Meter Tiefe

Mit Designerunterwäsche zu erschwinglichen Preisen gelang bruno banani der Durchbruch in einem scheinbar längst gesättigten Markt.

transportieren. Erwartungsgemäß überstand die Wäsche den Druck von 480 Bar. „Damit ist bruno banani der erste Underwear-Hersteller, der seine Wäsche einem offiziellen Drucktest unterzog", berichtete das Unternehmen anschließend der wiederum sehr interessierten Presse.

Ein Jahr später blieben die bruno-banani-Manager für die nächste Aktion in der Heimat und wählten das Forschungszentrum Jülich als Schauplatz für das nächste PR-Spektakel. Dieses Mal ließen sie Protonen aus Wäsche der Serie „Your Active Underwear" mit Hilfe eines Teilchenbeschleunigers auf eine Geschwindigkeit von über 66 Millionen Metern pro Sekunde beschleunigen – dies sind immerhin 22 Prozent der Lichtgeschwindigkeit. Damit konnte bruno banani die „schnellste Unterhose der Welt" zu seinen Produkten zählen.

Für die vorläufig jüngste PR-Aktion wählte bruno banani erneut das Weltall aus. Im Sommer 2003 transportierte eine Sojus-Rakete ein T-Shirt von bruno banani zur Weltraumstation ISS, wo wiederum Kosmonaut Nikolai Budarin zum Model mutierte. Im bruno-banani-T-Shirt verkündete er den Start eines Wettbewerbs zur Wahl der „bruno banani City 2003". Bei der Rückkehr zur Erde überstand Budarin eine leicht missglückte Landung und verließ anschließend seine Kapsel mit dem bruno-banani-Schriftzug auf der Brust. Ein weiterer Härtetest war unter den Augen der Öffentlichkeit souverän überstanden.

Nicht zuletzt durch seine phantasievolle Kommunikationsstrategie hat bruno banani inzwischen sogar etwas geschafft, was ansonsten nur Hollywood-Filme oder Fußballvereine bewerkstelligen: Ein gut laufendes Merchandising ist in Gang gekommen. Nachdem die Unternehmensleitung zahlungswillige Lizenznehmer für Oberbekleidung, Schuhe und Socken gefunden hat, gibt es längst auch Sonnenbrillen, Uhren, Kosmetik und sogar Fahrräder der Marke bruno banani. So entfiel von den 27,1 Millionen Euro Umsatz im Jahr 2001 nur noch ein Drittel auf Unterwäsche, während der Rest mit dem Lizenzgeschäft erwirtschaftet wurde. Bei der Unterwäsche, von der etwa eine Million Teile jährlich in 15 Länder geliefert werden, machen Herrenprodukte zwei Drittel des Umsatzes aus.

bruno banani gegen die etablierten Unterwäscheanbieter

Inzwischen versucht sich bruno banani sogar auf dem Buchmarkt. Wolfgang Jassner hat zusammen mit Gerhard Fischbach, dem Erfinder des Namens, die David-Goliath-Geschichte des Unternehmens zu Papier gebracht und im Herbst 2003 veröffentlicht. Titel: „Wachstumschancen einer Unterhose oder: Wie man einen Markt erregt".

Erfolgsfaktoren

Die bessere Vermarktung Allein der Name bruno banani ist schon ein Erfolgsfaktor. Geschickte PR-Aktionen haben der Marke mit vergleichsweise geringem finanziellen Aufwand einen hohen Bekanntheitsgrad verschafft.

Das bessere Konzept bruno banani fand mit Designerwäsche zu erschwinglichen Preisen eine Marktlücke.

Die besseren Voraussetzungen Nur ein kleines Unternehmen wie bruno banani konnte eine so außergewöhnliche Strategie fahren. Bei einem größeren Anbieter wäre vermutlich weder der Name noch das exzentrische Marketingkonzept jemals zustande gekommen.

Literatur

Wolfgang Jassner, Gerhard Fischbach: *Wachstumschancen einer Unterhose oder: Wie man einen Markt erregt.* Redline Wirtschaft, Frankfurt 2003
Claudia Cornelsen: *Lila Kühe leben länger – PR-Gags, die Geschichte machten.* Carl Ueberreuter, Frankfurt 2001

Internet

www.brunobanani.de

24 Der profitabelste Witz aller Zeiten – Blair Witch Project gegen Hollywood

Manche David-Goliath-Episoden haben eine lange Vorgeschichte. Die des Low-Budget-Films „Blair Witch Project" begann im Jahr 1785, also immerhin 214 Jahre vor der Uraufführung. In besagtem Jahr 1785 lebte in einem kleinen Dorf namens Blair im US-Bundesstaat Maryland eine gewisse Elly Kedward, die von ihren Mitmenschen der Hexerei bezichtigt wurde, was eine Verbannung in einen nahe gelegenen Wald zur Folge hatte. Doch die so Gestrafte rächte sich offensichtlich, denn kurz darauf verschwanden alle ihre Ankläger und zahlreiche Kinder des Dorfs spurlos. Später wurden einige Leichen entdeckt.

Gut zwei Jahrhunderte später machten sich drei Studenten von einem nahe gelegenen College auf die Suche nach Spuren der angeblichen Blair-Hexe. Sie wollten eine Dokumentation darüber drehen.

Wozu Millionen in die Produktion und die Vermarktung eines Films investieren? Das „Blair Witch Project" schaffte es auch mit einem Budget von gerade einmal 40.000 US-Dollar zu einem Kassenschlager zu werden.

Die drei befragten einige Einwohner von Blair, das inzwischen Burkittsville hieß, und erkundeten anschließend den Wald, in dem sich die Verbannte aufgehalten haben musste. Von dort kehrten sie nie wieder zurück. Erst ein Jahr später wurden zufällig einige Gegenstände aus dem Besitz der Vermissten entdeckt. Darunter befanden sich einige Filmdosen und Videobänder, die Aufnahmen der drei Studenten während ihrer Suche nach den Spuren der Hexe enthielten. Die Eltern der Amateurfilmer beauftragten schließlich eine Filmfirma, das Material auszuwerten und zu einem Streifen überschaubarer Länge zusammenzuschneiden. Der Film „Blair Witch Project" war geboren.

So gruselig sich die Entstehungsgeschichte von „Blair Witch Project" auch anhört, sie hat einen Schönheitsfehler: Sie ist frei erfunden. Zwar gibt es in Maryland tatsächlich ein kleines Dorf namens Burkittsville, doch hieß dieses niemals Blair, und eine Hexenlegende ist dort auch nicht bekannt. Das einzig Reale an der gesamten Story ist der 87-minütige Film, der am Ende herauskam und zum erfolgreichsten des Jahres 1999 wurde. Die „Reise in den Schrecken des eigenen Kleinhirns" (*Süddeutsche Zeitung*) lockte die Zuschauer millionenfach in die Kinos und spielte schon im Premierenjahr 240 Millionen US-Dollar ein. Besonders erstaunlich daran ist, dass die Produktion von „Blair Witch Project" kaum mehr als ein Mittelklassewagen kostete.

Die Idee zum späteren Kassenschlager stammte von den Nachwuchs-Filmemachern Daniel Myrick und Eduardo Sanchez. Die beiden Absolventen der Filmschule von Zentral-Florida wollten einen Horrorfilm drehen und erinnerten sich dabei an eine alte US-Fernsehserie namens „In Search of ...". Diese hatte ihnen als Kindern mit ihren Berichten über das Ungeheuer von Loch Ness, Spukhäuser und ähnlichen Gruselgeschichten regelmäßig einen Schrecken eingejagt. Insbesondere wussten die beiden Jungfilmer noch um die Wirkung verwackelter, unscharfer Aufnahmen, die dem Betrachter fast zwangsläufig authentisch vorkamen.

Da Myrick und Sanchez ohnehin kein nennenswertes Budget zur Verfügung hatten, machten die beiden aus der Not eine Tugend und eine unprofessionelle Aufnahmetechnik zum Zweck. Sie erfanden die Geschichte mit der Blair-Hexe und suchten aus etwa 2.000 Bewerbern drei geeignete Schauspieler für ihren Film aus. Die Wahl fiel schließlich auf Heather Donahue, Joshua Leonard und Michael Williams – allesamt völlig unbekannte Mimen Anfang zwanzig, die vor allem aufgrund ihrer Unauffälligkeit den Plänen der beiden Filmemacher entgegenkamen. Die Gage der drei Darsteller, die unter ihrem eigenen Namen auftraten, lag bei ganzen 1.000 US-Dollar pro Person für das gesamte Filmprojekt. Die Gesamtkosten für die Produktion betrugen etwa 40.000 US-Dollar, was „zwischen einem Ford Taurus und einem Jeep Cherokee" (Myrick und Sanchez) lag. Das Durchschnittsbudget für einen Hollywood-Film lag zu dieser Zeit bei etwa 53 Millionen.

Die Dreharbeiten zu „Blair Witch Project" bestanden im Wesentlichen darin, dass Myrick und Sanchez ihre Protagonisten mit zwei Videokameras bewaffnet acht Tage lang in den Wald schickten, wo sie möglichst realistische Aufnahmen machen sollten. Das Drehbuch, das seinen Namen kaum verdiente, hatte ganze 35 Seiten und gab nur grobe Anweisungen, während die Gestaltung der Dialoge durch die Schauspieler selbst übernommen wurde. „Für Eduardo und mich war es eine große Mühe, den Film aussehen zu lassen, als hätten wir überhaupt keine Arbeit gehabt", verriet Myrick später der *Zeit*.

Glaubt man den Berichten über den Film (was man angesichts der erfundenen Story nicht unbedingt tun muss), dann wussten die drei Schauspieler zwar, dass das gesamte Projekt nur ein Bluff war. Den zahlreichen Ereignissen während der Dreharbeiten standen sie jedoch unvorbereitet gegenüber. Angeblich dachten sie, dass es die Hexenlegende tatsächlich gab, und merkten so nicht, dass einige Bewohner des Dorfs, die ihnen vor dem Aufenthalt im Wald Auskunft darüber gaben, Komplizen der Regisseure waren. Bei ihren Aktivitäten hatten die drei Schauspieler gemäß dieser Version keinen Kontakt mit Myrick und Sanchez, wurden von diesen aber mit Verpflegung, nächtlichen Geräuschen und allerlei Merkwürdigkeiten versorgt. „Blair Witch Project" könnte dadurch also tatsächlich authentisches Material enthalten, vielleicht erweckte aber auch nur die schauspieleri-

Blair Witch Project gegen Hollywood

sche Leistung der drei Hauptdarsteller diesen Eindruck. Möglicherweise wirkten diese nicht zuletzt deshalb so echt, weil sie im Laufe des Films knapp 150 Mal das Wort „fuck" verwendeten.

Aus den über 20 Stunden Filmmaterial, das Donahue, Leonard und Williams von ihrem Trip mitbrachten, schnitten Myrick und Sanchez einen knapp eineinhalbstündigen Film zusammen. Diesen galt es nun zu vermarkten. Ein schwieriges Unterfangen, schließlich hatten die beiden Nachwuchsfilmer für das gesamte Projekt kaum mehr Geld zur Verfügung, als eine einzige Anzeige im Kinomagazin *Variety* gekostet hätte. Mit klassischer Werbung versuchten es die beiden daher auch erst gar nicht und nutzten stattdessen das Internet. Über die von ihnen gegründete Firma Haxan gestalteten sie eine Web-Seite, auf der die Hexengeschichte inklusive der drei angeblich verschwundenen Studenten verbreitet und als Tatsache dargestellt wurde. Unter www.blairwitch.com konnten Internetnutzer gefälschte Zeitungsausschnitte und ein angebliches Tagebuch von Heather Donahue einsehen – und sich gruseln. Die Blair-Witch-Seite entwickelte sich schnell zum Geheimtipp, und so rätselten bald Millionen, ob denn an der ganzen Geschichte etwas dran sei.

Im Januar 1999 wurde der Film beim Sundance-Festival in Utah, einer renommierten Veranstaltung für Independent-Filme, erstmals öffentlich gezeigt. Doch die bei diesem Festival stets anwesenden Späher der großen Filmverleiher, die sich „Blair Witch Project" erwartungsvoll anschauten, verließen die Vorführung meist vorzeitig. Der Zusammenschnitt unprofessioneller Filmaufnahmen ohne Stunts, Musik und Spezialeffekte erschien ihnen kommerziell nicht besonders interessant zu sein. Immerhin griff mit der kleinen Verleihfirma Artisan dann doch ein Unternehmen zu und bezahlte 1,1 Millionen US-Dollar dafür. Die Konkurrenz spottete anschließend, der Kaufpreis sei das einzig Erschreckende an diesem vermeintlichen Horrorfilm.

Artisan heizte die über das Internet längst in Gang gekommene Diskussion über „Blair Witch Project" weiter an und investierte noch einmal etwa 1,5 Millionen US-Dollar in Werbemaßnahmen sowie eine technische Nachbearbeitung. Die Internet Movie Database, die bedeutendste Web-Seite für Filmfans, tat Artisan dabei einen großen Gefallen und bezeichnete die Hauptdarsteller als „vermisst und wahrscheinlich tot". Für Fernsehwerbung reichte jedoch auch das Budget von Artisan nicht, doch das war auch nicht notwendig. Die Diskussion um die Hexengeschichte hatte sich längst verselbständigt, ging durch die Medien und zog immer mehr US-Amerikaner in ihren Bann. Elf Monate nach dem Start der ungemein erfolgreichen Internetkampagne kam „Blair Witch Project" schließlich im Juli 1999 in die US-Kinos.

Der Erfolg übertraf alle Erwartungen. Der mit nur 27 Kopien gestartete Streifen lief schon bald in über 2.000 Kinos und spielte bereits in den ersten zwei Wochen über 35 Millionen US-Dollar ein. Drei Tage nach dem Kinostart brachte das US-Magazin *Time* eine Titelgeschichte zum Film und heizte das Interesse damit noch weiter an. Bis Ende des Jahres waren es über 240 Millionen US-Dollar, die Kinobesucher an der Kasse für „Blair Witch Project" bezahlt hatten. Damit schlug der Low-Budget-Film locker den wichtigsten Konkurrenten „Runaway Bride" („Wenn die Braut sich nicht traut") mit Julia Roberts und Richard Gere, der immerhin 70 Millionen US-Dollar gekostet hatte. Allein der Friseur von Roberts war dabei teurer als der gesamte Blair-Witch-Film.

Das österreichische Magazin *Profil* brachte die anschließende Stimmung im Filmgeschäft auf den Punkt: „Die nadelgestreiften Studiobosse in Hollywood zerbrechen sich den Kopf, warum sie eigentlich Unsummen für kapriziöse Megastars, atemberaubende Spezialeffekte und flächendeckende PR-Budgets aus dem Fenster werfen sollen, wo doch offensichtlich ein paar verwackelte Bilder und die eigenständige Dynamik des World Wide Web genügen." Der *Spiegel* sah es ähnlich: „Vielmehr erschreckt das Hollywood-Establishment die Erkenntnis, dass man all diesen teuren Zirkus gar nicht braucht und trotzdem Millionen an den Kinokassen abräumen kann."

Offenbar hatten Myrick und Sanchez mit ihrem Projekt trotz des geringen Budgets genau den Nerv der Zuschauer getroffen. Ihr Film zeigte in verwackelten Bildern, bei denen einigen Zuschauern schlecht wurde, den Kampf der Darsteller gegen Dreck, Regen und

Blair Witch Project gegen Hollywood

Kälte, ihre Diskussionen und Streitereien sowie ihre Begegnungen mit diversen Merkwürdigkeiten. Vieles wurde durch Geraschel und Gefluche nur angedeutet, teilweise herrschte auf der Leinwand sekundenlang einfach nur Dunkelheit. „Das Blut muss fließen, die Opfer müssen gut sichtbar um ihr Leben kämpfen, und am Ende muss es einen Täter geben", fasste die *Süddeutsche Zeitung* die Erfolgskriterien eines Horrorfilms zusammen, um anschließend festzustellen, dass „Blair Witch Project" nichts davon zu bieten hatte.

Als „Blair Witch Project" im November 1999 in Deutschland anlief, glaubte längst niemand mehr an die Mär von der Echtheit des Inhalts. Dafür war zu diesem Zeitpunkt bereits klar, dass es sich bei „Blair Witch Project" um den profitabelsten Film aller Zeiten handelte, und das allein reichte für volle Kinosäle. Das Guinnessbuch der Rekorde ging später von 22.000 US-Dollar Produktionskosten und einem Einspielergebnis von 240,5 Millionen US-Dollar aus, was 10.931 Dollar Ergebnis pro Dollar Produktionskosten und damit einen Weltrekord bedeutet. Da Myrick und Sanchez am Ergebnis beteiligt waren, wurden auch sie quasi über Nacht zu Millionären. Noch ein halbes Jahr zuvor war ihnen wegen unbezahlter Rechnungen das Wasser abgedreht worden.

Bei so viel Erfolg störte es auch niemanden, dass die Presse, die den Film zunächst als Geheimtipp gefeiert hatte, mit der Zeit von ihrem Lob abrückte. Das Ende sei unbefriedigend, so hieß es, und der gesamte Film letztendlich inhaltsleer. „Der profitabelste Kinowitz aller Zeiten", urteilte *Profil*, während sich auch die zahlreichen Zuschauer nicht immer zufrieden äußerten. In der Internet Movie Database erhielt „Blair Witch Project" eine durchschnittliche Bewertung von 6,1 (die Höchstnote liegt bei 10), andere Publikumserfolge erreichen mühelos höhere Punktzahlen.

Vor diesem Hintergrund ist es kein Wunder, dass sich die Blair-Witch-Helden schwer taten, den kurzfristigen Erfolg auf eine längerfristige Basis zu stellen. Bereits im Jahr nach dem Blair-Witch-Erfolg versuchte es Artisan mit einer Fortsetzung des Streifens. Myrick und Sanchez sagten dafür allerdings ab, da ihnen das Konzept nicht zusagte. Beim zweiten Versuch wagten sich fünf Zeitgenossen auf die

Jagd nach der Blair-Hexe, wobei am Anfang des Films erst einmal eingeräumt wird, dass die gesamte Blair-Witch-Geschichte nur eine Erfindung war. Das Budget der Fortsetzung belief sich auf knapp 20 Millionen US-Dollar, was zwar eine erhebliche Steigerung zum Original bedeutete, aber immer noch deutlich unter den Produktionskosten der großen Hollywood-Filme lag. Die Internetpropaganda, mit der es Artisan wieder versuchte, funktionierte bei „Blair Witch Project II" jedoch nicht. Zwar konnten sich die Produzenten über mangelnde Aufmerksamkeit nicht beklagen, die öffentliche Meinung kippte jedoch zu Ungunsten des Fortsetzungswerks. Viele zweifelten am generellen Sinn des Vorhabens, an einen Klassiker dieser Größe noch etwas dranhängen zu wollen. Es war auch nicht zu übersehen, dass die Macher des zweiten Blair-Witch-Teils deutlich kommerzieller zur Sache gingen. So gab es auf der Web-Seite vom Leuchtkugelschreiber bis zum Amulett reichlich Devotionalien zu kaufen, die jedoch nur bescheidenen Absatz fanden.

Der Kinostart von „Blair Witch Project II" verlief – wie bei den meisten Fortsetzungen erfolgreicher Filme – ordentlich, wenn auch nicht so überragend wie beim ersten Teil. Danach brachen die Besucherzahlen jedoch ein, denn das Filmpublikum fand offensichtlich wenig Gefallen an der Blair-Witch-Fortsetzung. Trotzdem dürfte auch der zweite Teil der Hexengeschichte der Firma Artisan einen Überschuss beschert haben. Dieser fiel jedoch offensichtlich so bescheiden aus, dass das Unternehmen auf einen dritten Teil, der bereits eingeplant war, verzichtete. Auch der geplante Börsengang von Artisan kam letztlich nicht zustande.

Myrick und Sanchez mussten sich nach ihrem Erfolg zudem den Vorwurf des Ideenklaus gefallen lassen. Neben einem älteren italienischen Streifen mit zahlreichen Parallelen gab es vor allem den Film „The Last Broadcast", der „Blair Witch Project" verblüffend ähnelte. Darin geht es um vier Männer, die im Wald verschwinden und deren Filmmaterial später gefunden wird. Immerhin verschaffte der Blair-Witch-Erfolg „The Last Broadcast" im Nachhinein eine enorme Publicity, die das ebenfalls mit geringem Budget produzierte Werk ansonsten nie gehabt hätte.

Blair Witch Project gegen Hollywood

Doch trotz allem haben Myrick und Sanchez mit ihrem „Blair Witch Project" für den größten David-Goliath-Erfolg der Filmgeschichte gesorgt. Die „Aschenputtelgeschichte des Jahrzehnts und wenn nicht sogar aller Zeiten" (ein US-Analyst) machte außerdem Burkittsville zu einem Wallfahrtsort für Filmfans und Hexenjäger. Doch zu Unrecht: Die Filmaufnahmen entstanden größtenteils nicht dort, sondern im nahe gelegenen Rocksville. Dies hinderte Blair-Witch-Anhänger allerdings nicht, mehrfach das Ortsschild von Burkittsville zu stehlen.

Erfolgsfaktoren

Die bessere Vermarktung Myrick und Sanchez gelang es, die Medien für ihre erfundene Hexengeschichte zu interessieren. So stieg der Bekanntheitsgrad und die Zuschauer wurden neugierig.

Literatur

Claudia Cornelsen: *Lila Kühe leben länger – PR-Gags, die Geschichte machten.* Carl Ueberreuter, Frankfurt 2001

Milan Pavlovic: „Weniger ist Blair". *Süddeutsche Zeitung* vom 11.11. 2000

Jörg Burger: „Bloß nicht nach Hollywood". *Die Zeit* 48/1999

Sven Gächter: „Hexenzauber". *Profil* 47/1999

Martin Wolf: „Der Ritt der heißen Hexe". *Der Spiegel* 33/1999

Helmut Voss: „Ich seh' etwas, was du nicht siehst". *Die Welt* vom 9.8.1999

Internet

www.blairwitch.com

25 Schnell wie Dell – Dell gegen die großen Computerhersteller

„Es macht Freude, Dinge zu tun, die andere für unmöglich halten", schreibt der amerikanische Vorzeigeunternehmer Michael Dell in seinem 1999 erschienenen Buch *Direkt von Dell*. Für unmöglich hielten sicherlich alle den atemberaubenden Aufstieg seiner Firma Dell Computers, die in den letzten 20 Jahren eine Erfolgsgeschichte hingelegt hat, wie sie in der Wirtschaftsgeschichte ihresgleichen sucht.

Alles fing an, als Michael Dell, Sohn eines Kieferorthopäden und einer Börsenmaklerin, 1984 als 19-jähriger Student in Houston (US-Bundesstaat Texas) seine Firma PC's Limited gründete. Seine späteren Konkurrenten IBM, Hewlett-Packard, Compaq und Apple waren zu diesem Zeitpunkt längst Weltkonzerne mit Milliardenumsätzen. Auch wenn die Computerindustrie den Höhepunkt ihres Booms noch längst nicht erreicht hatte, hätte es kaum eine erdrückendere Übermacht der Branchengoliaths geben können.

Bei Gründung seiner Firma hatte Michael Dell zwar schon erste Geschäftserfahrungen durch den Verkauf von Briefmarken, das Anwerben von Zeitschriftenabonnenten und den Handel mit Computern gesammelt, von einem erfahrenen Unternehmer konnte jedoch keine Rede sein. Sein Startkapital beschränkte sich auf bescheidene 1.000 US-Dollar, die er sich von seinem Vater geliehen hatte. Doch Dell hatte eine Geschäftsidee mit Potenzial, die er von Anfang an verfolgte und an der sich bis heute so gut wie nichts geändert hat: den Verkauf selbst gebauter Computer direkt an den Endkunden ohne Einbeziehung des Zwischen- und Einzelhandels. Deren wegfallende Margen, so der Hauptvorteil dieses Konzepts, kommen dem Kunden zugute.

Die ersten Rechner, die Dell an den Mann brachte, waren leicht veraltete IBM-PCs, die er verschiedenen Händlern für wenig Geld abnahm, aufrüstete und anschließend zu einem günstigen Preis aus seiner Studentenbude heraus verkaufte. Er profitierte davon, dass viele Händler zu diesem Zeitpunkt ihre Lager voll von IBM-Geräten hatten, nachdem sie frühere Lieferschwierigkeiten des Computerriesen zu übertriebenen Bestellungen verleitet hatten. Später baute PC's Li-

Dell gegen die großen Computerhersteller

191

mited seine Computer aus Bauteilen, die größtenteils aus Fernost kamen, selbst zusammen.

Bereits im ersten Jahr des Bestehens erwirtschaftete PC's Limited sensationelle 6 Millionen US-Dollar Umsatz. Kein Zweifel, Dell hatte als David eine echte Marktlücke in einem scheinbar von Goliaths überbevölkerten Markt entdeckt. Der typische Preis für einen PC betrug zu dieser Zeit etwa 3.000 US-Dollar, obwohl die Einzelteile kaum mehr als 700 US-Dollar wert waren – genug Freiraum für PC's Limited, um die Konkurrenz um etwa 15 Prozent zu unterbieten. Dell profitierte außerdem davon, dass so mancher Verkäufer seinen Kunden veraltete Geräte andrehte, um Lagerbestände abzubauen. So konnte Dell, der durch den Direktverkauf kürzere Lagerzeiten erreichte, es sich leisten, für den günstigen Preis oftmals die leistungsfähigeren Geräte anzubieten. Dass der Service und die Beratung vieler Computerhändler angesichts der komplizierten Technik zu wünschen übrig ließen, lieferte Dell eine weitere willkommene Vorlage. Er legte großen Wert auf kompetentes Personal und ließ seine

Dell Computers fertigt nur auf Bestellung und kann damit die Lagerkapazitäten klein halten. Dieser Aspekt trug zum enormen Erfolg des eigentlich zu spät gestarteten Unternehmens bei.

Verkäufer ihre Computer selbst einrichten, um sich besser in die Rolle des Kunden versetzen zu können.

1986, also im dritten Jahr der Unternehmensgeschichte, beschäftigte PC's Limited bereits 250 Mitarbeiter, nachdem das Unternehmen bereits mehrfach in größere Räumlichkeiten umgezogen war. Dennoch registrierten offensichtlich noch nicht alle in der Branche die Vorteile der Dell-Strategie. „Unsere Konkurrenten haben uns lange Zeit nicht ernst genommen und damit unsere Chancen vergrößert, sie durch unseren Erfolg zu überraschen", schreibt Dell in seinem Buch. Ein Jahr später benannte er seine Firma in Dell Computers um und gründete in England die erste Auslandsniederlassung. Nach dem Börsengang, der 1988 neues Kapital in die Firmenkasse spülte, richtete das Unternehmen 1990 im irischen Limerick eine Produktionsstätte für den europäischen Markt ein. Dells Geschäftsmodell schlug nahezu überall ein. Von Kanada über Frankreich bis nach China und Japan bestellten hauptsächlich Geschäftskunden ihre EDV-Geräte per Telefon bei Dell Computers, das in manchen Jahren seinen Umsatz mehr als verdoppelte.

Natürlich erkannte Michael Dell schon bald, dass das Internet ein ideales Medium für den Direktverkauf von Rechnern ist. Seit 1996 bietet Dell Computers seine Waren auf diese Weise an. Zu den Erweiterungen des Dell-Geschäftsmodells gehörte außerdem der Vor-Ort-Support, den das Unternehmen seit 1987 für seine Produkte anbietet. Bis dahin war es üblich, defekte Computer zum Händler zurückzubringen oder sie gar an den Hersteller zu schicken. Dell bot dagegen erstmals die Möglichkeit, dass eine Service-Kraft persönlich zum Kunden kommt und das Problem löst. Bis heute hat Dell diesbezüglich einen guten Ruf, auch wenn Vor-Ort-Support natürlich längst von vielen angeboten wird.

1993 führten Qualitäts- und Lieferprobleme zum ersten und bisher einzigen Quartalsverlust in der Dell-Geschichte. Doch ein schlechtes Quartal brachte Dell Computers nicht aus dem Tritt, und so legte das Unternehmen auch in den Neunzigerjahren weiterhin kräftig zu. Noch immer lagen die Wachstumsraten über 50 Prozent jährlich, was einem Wachstum in der drei- bis vierfachen Höhe des Branchen-

Dell gegen die großen Computerhersteller

schnitts entsprach. 1992, also gerade einmal acht Jahre nach Unternehmensgründung, schaffte Dell den Sprung in die berühmte Rangliste der Zeitschrift *Fortune* und konnte sich damit zu den 500 größten Unternehmen der Welt zählen.

Heute gilt Dell als der zweitgrößte Computerhersteller der Welt hinter Hewlett-Packard (das bekanntlich mit Compaq fusionierte), und das obwohl die texanische Firma mit dem Direktverkauf nach wie vor nur einen Vertriebsweg nutzt. Wer 1988 Dell-Aktien kaufte, konnte sich zwischenzeitlich über eine Steigerung um das Vierhundertfache freuen, was neben dem Erfolg des Unternehmens natürlich auch die Tatsache beweist, dass Dell auch von den Finanzexperten unterschätzt wurde. Wie die gesamte Branche, so musste jedoch auch Dell in den letzten Jahren einige Rückschläge hinnehmen. Der Aktienkurs fiel vom Höchststand fast um die Hälfte, auch das Umsatzwachstum verlief nicht mehr ganz so schnell wie in den Boomzeiten. Schuld daran ist neben einer generellen Wirtschaftsflaute auch die Tatsache, dass der PC-Markt inzwischen deutliche Sättigungserscheinungen zeigt und die gängigen Softwareprogramme nicht mehr um Quantensprünge verbessert werden können. Dell hat einen Teil dieser unvermeidlichen Wachstumskiller durch Zuwächse im Privatkundenbereich und auf dem Server-Markt aufgefangen. Der Jahresumsatz im Jahr 2002 lag bei etwa 8 Milliarden US-Dollar und damit 10 Prozent über dem Vorjahr.

Zu den großen Computermärkten, in denen Dell am schlechtesten Fuß fassen konnte, gehört ausgerechnet Deutschland. Hier haben nach wie vor starke Einzelhandelsketten wie MediaMarkt und Saturn die Nase vorn, während auch Discounter wie ALDI mit erstaunlichem Erfolg PCs und Zubehör verkaufen. Bisher haben sich diese Anbieter nicht von der US-Konkurrenz verdrängen lassen.

Das auffälligste und sicherlich auch wichtigste Merkmal des Dell-Erfolgs ist zweifellos der Direktvertrieb. Kein anderes in diesem Buch beschriebenes Unternehmen ist so sehr mit seinem Vertriebskonzept verknüpft wie Dell Computers, und fast alle Vorteile, die sich Dell gegenüber der Konkurrenz erarbeitet hat, hängen damit zusammen. Dazu gehören natürlich zunächst einmal die günstigen Preise, die Dell bieten kann. „Was wir am Händler sparen, spart der Kunde am Rechner", beschreibt Michael Dell die ausgesprochen simple Idee. Da Dell Computers durch den Direktvertrieb den Zwischen- und Einzelhandel übergeht und erst auf Bestellung fertigt, spart das Unternehmen zudem an Lagerkapazitäten, was zunächst einmal einen Kostenvorteil bringt. Doch auch die kurzen Lagerzeiten an sich sind in einer Branche, in der der Wert von Hardware nahezu täglich sinkt, als Vorteil kaum zu unterschätzen.

Doch das Direktmodell hat noch weitere Vorteile. Als mindestens so wichtig wie die diversen Möglichkeiten der Kostenersparnis erachtet Michael Dell beispielsweise den kurzen Draht zum Kunden, den das Unternehmen durch die direkte Annahme der Bestellungen erhält. Anstatt Marktforschung zu betreiben, schaut man bei Dell einfach auf die Bestelllisten, um die neuesten Trends zu erkunden. Wenn so beispielsweise PCs mit zwei Diskettenlaufwerken oder mit besonderer Grafikkarte auf einmal besonders gefragt sind, kann Dell viel schneller reagieren als jeder auf Zwischenhändler angewiesene Hersteller. Natürlich nutzt Dell Computers seinen Kundenzugang auch dazu, Kunden anzurufen oder mit Werbematerial zu versorgen, und sichert sich so einen weiteren Vorteil gegenüber der Konkurrenz.

Im Laufe der Jahre hat Dell Computers sein Vertriebskonzept immer weiter perfektioniert. Um seine Kunden besser bedienen zu können, setzt das Unternehmen beispielsweise auf Segmentierung. Dies bedeutet, dass jeder Verkäufer nur für eine bestimmte Zielgruppe verantwortlich ist, beispielsweise für Behörden oder Bildungseinrichtungen. Dadurch ist gewährleistet, dass der Verkäufer die Sorgen und Nöte des Kunden bis ins Detail kennt und darauf reagieren kann. Durch das schnelle Wachstum wurde es immer wieder notwendig, die Segmente neu zu gliedern und den Fokus enger zu fassen. So entstand beispielsweise zu den Segmenten „Großunternehmen" und „Kleinunternehmen" zusätzlich das Segment „mittelgroße Unternehmen".

Zu den Vorteilen des Dell-Prinzips gehört nicht zuletzt, dass die Konkurrenz sich bisher schwer damit tut, es zu kopieren. Durch das schnelle Wachstum des Dell-Imperiums kamen Nachahmer schlichtweg zu spät, um noch ein größeres Stück vom Kuchen abzubekommen. Mitbewerber wie Compaq und Hewlett-Packard wollten sich

Dell gegen die großen Computerhersteller

bisher verständlicherweise nicht von ihren klassischen Vertriebs-
wegen trennen und mussten für den Aufbau eines Direktvertriebs
daher mehrgleisig fahren. Offensichtlich funktioniert diese halbherzi-
ge Strategie nicht annähernd so gut wie die Methode von Dell, sich
voll auf den Direktverkauf zu konzentrieren.

Zu den Besonderheiten der Dell-Geschichte zählt zweifellos, dass
das Unternehmen keine nennenswerten Akquisitionen tätigte und das
gesamte Wachstum damit ohne Einverleibung anderer Unternehmen
schaffte. Wer schon einmal eine größere Unternehmensfusion erlebt
hat und weiß, wie viel Kraft und Effizienz so eine Zusammenlegung
kosten kann, wird den Vorteil daran sicherlich erkennen. Interessanterweise hat Dell in dieser Hinsicht genau die entgegengesetzte Strategie als beispielsweise die AXA-Versicherung gewählt, die sich mit
Übernahmen am Fließband vom David zum Goliath nach oben ge-
kämpft hat. Es führen eben viele Wege nach Rom.

Natürlich gilt auch bei Dell, dass jedes Konzept nur so gut ist wie
die Person, die dahinter steht. In der Tat hat Michael Dell in den zwei
Jahrzehnten der Unternehmensentwicklung fast immer eine glückliche Hand bewiesen. Er holte zum richtigen Zeitpunkt erfahrene Manager ins Unternehmen, ließ sich nicht zur Aufweichung des Konzepts
verleiten und steuerte das Unternehmen klug durch das Wachstum.

Gegenüber Mitarbeitern und Zulieferern gilt Michael Dell als hart,
aber fair. Wer die geforderte Leistung nicht bringt, muss die Segel
streichen. So traf es auch den früheren Deutschlandchef Uwe Mottner, der nach unbefriedigenden Zahlen den Laufpass erhielt. Dafür
motiviert Dell seine Mitarbeiter – wie nahezu jedes vergleichbare
Unternehmen – mit ordentlichen Gewinnbeteiligungen, wodurch
schon so mancher Dell-Angestellte zum Millionär, mancher sogar
zum Milliardär geworden ist. Menschen, die Dell persönlich kennen,
beschreiben ihn als Vollblutunternehmer, der auf Exzentrik und Allüren verzichtet. So schreibt das *Manager Magazin*: „Er wirkt eher zu-
rückhaltend und linkisch als weltläufig, lächelt freundlich und
strahlt Gelassenheit aus." Wer sich in zwei Jahrzehnten zu einem der
20 reichsten Menschen der Welt hochgearbeitet hat, kann auch Gelassenheit ausstrahlen.

David und die bessere Vermarktung

Erfolgsfaktoren

Die bessere Vermarktung Dell setzte von Anfang an konsequent auf den Direktvertrieb. Daraus ergaben sich Kosteneinsparungen, kurze Lagerzeiten und ein direkter Draht zum Kunden.

Das bessere Management Dell ist fast ausschließlich aus eigener Kraft gewachsen und musste sich daher nicht mit Ressourcen fressenden Akquisitionen abgeben.

Literatur

Michael Dell: *Direkt von Dell.* Piper Verlag GmbH, München 2003
Anne Preissner: „Schnell, schneller, Dell". *Manager Magazin* 4/99

Internet

www.dell.de

Schlussfolgerungen

Auch wenn es um die bessere Vermarktung geht, gibt es an anderer Stelle in diesem Buch noch einige interessante Beispiele. Diese sind im Folgenden getrennt nach Werbung, PR und Vertrieb aufgeführt, wobei jeweils auch auf die entsprechenden Schlussfolgerungen eingegangen wird.

Werbung

Mit Hilfe der Werbung haben folgende weitere Unternehmen ihren David-Sieg untermauert:

Lange Uhren verdankt seinen Wiederaufstieg nicht zuletzt einer geschickten Kampagne mit dem Werbespruch „Die Schweizer bauen die besten Uhren der Welt – die Sachsen auch" (siehe Kapitel 12).

Jung von Matt gilt als diejenige deutsche Werbeagentur, die die beste Eigenwerbung betreibt (siehe Kapitel 15).

Sixt schaffte mit aggressiver Werbung den Aufstieg zu Deutschlands größter Autovermietung (siehe Kapitel 27).

Kein Zweifel, geschickte Werbung hat schon so manchen David zum Goliath befördert. Dabei haben viele kleine Unternehmen sicherlich den Vorteil, dass sie unkonventioneller und aggressiver als ihre großen Konkurrenten vorgehen können. Allerdings ist Werbung teuer, und so funktioniert diese Waffe nur, wenn dem Herausforderer ein ausreichendes Budget zur Verfügung steht. Dafür ist gute Werbung jedoch schlecht kopierbar, da der Verbraucher dies meist erkennt.

Zu den hervorragenden Möglichkeiten, die sich einem David im Bereich Marketing bieten, gehört zweifellos die vergleichende Werbung. Der Herausforderer tut sich nun einmal leichter, gezielt seine Vorteile gegenüber dem übermächtigen Gegner zu kommunizieren. So konnte zum Beispiel auch Sixt vergleichende Werbung einsetzen. Selbst heute, wo das Unternehmen längst die Marktführerschaft erreicht hat, steht Sixt immer noch als Herausforderer da und kann per Anzeige seine Angebote mit denen der Konkurrenz vergleichen.

Wer also als David eine Strategie für den Kampf gegen Goliath sucht und finanziell nicht ganz auf dem Trockenen sitzt, tut gut daran, nach einer überzeugenden Werbekampagne Ausschau zu halten. Falls dazu jedoch kein Geld vorhanden ist, dann kann vielleicht PR weiterhelfen.

PR

Auch die Fälle von Red Bull, bruno banani, PGP und „Blair Witch Project" zeigen eindrucksvoll, welche Macht PR entfalten kann. Zweifellos ist PR gerade für kleine Unternehmen eine wertvolle Waffe, da es für solche oftmals einfacher und risikoloser ist, Schlagzeilen zu produzieren als für eine Branchengröße. So wäre beispielsweise Coca Cola das Risiko von Negativschlagzeilen, wie sie bei Red Bull immer wieder vorkamen, nie eingegangen. Aus den gleichen Gründen lässt sich gute PR von einem großen Rivalen nicht ohne weiteres kopieren, zumal kopierte PR-Aktionen beim Verbraucher ohnehin nicht gut ankommen.

Besonders interessant ist PR nicht zuletzt für besonders kleine Davids. Dies belegen PGP und das „Blair Witch Project". In beiden Fällen tendierte das Budget für die Vermarktung gegen Null, und doch sind gigantische Erfolge entstanden. Wer sich also selbst unter anderen David-Akteuren noch als David fühlt und nach einem Ansatz für den Erfolg sucht, sollte sich über PR Gedanken machen. Vielleicht gelingt es ja, durch geschickte Geheimniskrämerei oder gar einen Skandal die Presse auf das eigene Produkt aufmerksam zu machen und so kostenlose Werbung zu erhalten. Doch Vorsicht: PGP-Erfinder Phil Zimmermann bezahlte seinen PR-Erfolg beinahe mit einem Gefängnisaufenthalt!

Vertrieb

Weitere in diesem Buch erwähnte Unternehmen, die ihren Erfolg nicht zuletzt dem Vertrieb verdanken:

Oettinger beliefert nur den Einzelhandel und tut dies direkt mit einer eigenen Fahrzeugflotte (siehe Kapitel 1).

Multicar nutzte Vertragswerkstätten aus der DDR-Zeit für den Vertrieb der kleinen Nutzfahrzeuge (siehe Kapitel 12).

Natural American Spirit erreichte durch den Verkauf in Naturkostläden neue Kundenschichten (siehe Kapitel 4).

Kürt Datenrettung nutzte sein Kerngeschäft, um damit Kunden für Beratungsaufträge zu gewinnen (siehe Kapitel 11).

Lange Uhren beliefert weltweit nur 136 hochexklusive Verkaufsstel-

Schlussfolgerungen

len. Der Erfolg dieses Vertriebskonzepts zeigt, dass weniger manchmal mehr ist (siehe Kapitel 12).

Obwohl es damit eine ganze Reihe von David-Erfolgen gibt, die auch auf ein geschicktes Vertriebskonzept zurückzuführen sind, ist es schwierig, daraus einen allgemein gültigen Trend abzuleiten. Zu unterschiedlich liegen die Fälle: Teilweise ist der Vertriebsvorteil aus besonderen Voraussetzungen entstanden, teilweise aus Zufall und teilweise handelt es sich dabei ohnehin nur um einen Teilaspekt. Es fällt auch auf, dass außer Dell kein anderes Unternehmen seinen Erfolg in erster Linie dem besseren Vertrieb verdankt. Auf den ersten Blick kann man daraus den Schluss ziehen, dass ein guter Vertrieb zwar sehr wichtig, als alleiniges Werkzeug jedoch nicht besonders wirksam ist. Die Kombination mit anderen Erfolgsfaktoren ist entscheidend.

Dennoch lässt sich bei genauer Betrachtung ein spezieller und ausgesprochen wirksamer David-Vorteil im Bereich des Vertriebs erkennen: die Spezialisierung auf bestimmte Vertriebswege. Das Musterbeispiel dafür ist Dell, das seine Computer bekanntlich nur direkt und ohne den Umweg über den Einzelhandel verkauft. Eine ähnliche Art der Spezialisierung hat Lange Uhren gewählt, das seine Produkte weltweit nur über 136 superexklusive Juweliere anbietet. Ein weiteres Beispiel ist die Zigarettenmarke Natural American Spirit, die – wenn auch nicht ausschließlich – in Naturkostläden verkauft wird. In diesen drei Fällen aus unterschiedlichen Branchen ergeben sich jeweils andere Vorteile, doch für alle gilt: Das Konzept ist für einen David besonders interessant und es kann von einem Goliath nur schlecht kopiert werden. Oder würde es etwa der Zigarettenmarke Marlboro wirklich etwas bringen, wenn sie im Naturkostladen angeboten würde?

Teil 5

David und das bessere Management

Es müssen nicht immer die für den Kunden sichtbaren Aspekte wie das Produkt oder die Marketingkampagne sein, die dem David einen Vorteil gegenüber seinen Konkurrenten verschaffen. Vielmehr sind die Ursachen für einen David-Sieg oftmals hinter den Kulissen im Management zu finden. Die richtige strategische Entscheidung zur richtigen Zeit kann dabei genauso einen Goliath-Vorteil wettmachen wie eine glückliche Hand in vielen kleinen Dingen.

Natürlich sind so gut wie alle David-Goliath-Geschichten in diesem Buch zu einem wesentlichen Teil auf das Managementgeschick der Beteiligten zurückzuführen. Von Interesse sind in diesem letzten Teil allerdings nur solche Fälle, in denen es nicht um erfolgreiche Vorgehensweisen in Sachen Angebotskonzept, Technik oder Vermarktung geht, da diese Themen bereits in den vorhergehenden Kapitelblöcken zur Sprache gekommen sind. Außerdem werden nur solche Fälle dem Thema besseres Management zugeordnet, in denen dieses durch ein besonders starkes Wachstum oder andere außergewöhnliche Merkmale erkennbar ist. Keinesfalls soll dabei die Aussage gemacht werden, dass die in diesem fünften Teil des Buchs nicht erwähnten Unternehmen von schlechten Managern geleitet werden.

26 | Amerikanischer Traum in Frankreich – AXA gegen Allianz

Betrachtet man die David-Goliath-Erfolge der letzten Jahrzehnte, dann können sich zweifellos die wenigsten davon mit dem atemberaubenden Aufstieg des französischen Versicherungskonzerns AXA messen. Ende der Siebzigerjahre praktisch noch bedeutungslos, entwickelte sich die von dem genialen Manager Claude Bébéar geleitete Gesellschaft innerhalb von nur zwei Jahrzehnten zum Weltmarktführer, mit dem nur noch die deutsche Allianz und die japanische Nippon Life mithalten konnten. Diese Erfolgsgeschichte sucht vor allem deshalb ihresgleichen, weil sie nicht in einer neuen Branche mit starkem Wachstum stattfand, sondern in einem Markt, auf dem sich zu dieser Zeit längst zahlreiche Platzhirsche tummelten.

Obwohl sich AXAs Entwicklung vom David zum Branchen-Goliath nahezu komplett in den letzten 25 Jahren abgespielt hat, kann das Unternehmen auf eine lange Tradition zurückblicken. Bereits 1816 wurde in Paris mit der Mutuelle de l'Assurance contre l'Incedie die erste Gesellschaft gegründet, die später im AXA-Vorläufer aufging. Die Mutuelle de l'Assurance contre l'Incedie beruhte auf dem Gegenseitigkeitsprinzip, einer Gesellschaftsform, bei der die Unternehmensgewinne an die Versicherten ausbezahlt werden. Die Geschichte des Unternehmens, aus dem später die AXA-Versicherung hervorging, begann jedoch erst 1946, als sich mehrere regionale Gegenseitigkeitsversicherer zur Ancienne-Mutuelle-Gruppe zusammenschlossen. Unter der Leitung des in AXA-Kreisen heute noch verehrten André Sahut d'Izarn musste sich die neu entstandene Gesellschaft vor allem gegen zahlreiche Konkurrenten behaupten, die nach dem Krieg verstaatlicht worden waren.

Mit viel Geschick und einem rigorosen Kostenmanagement steuerte Sahut d'Izarn die Ancienne Mutuelle durch die schwierige Nachkriegszeit und etablierte das Unternehmen als kleinen, aber soliden Versicherer. Die Kunden kamen vor allem aus der Gegend um die französische Stadt Rouen in der Normandie, wo die Ancienne Mutuelle ihren Sitz hatte. Als Sahut d'Izarn 1972 starb, konnte sein Nachfolger Lucien Aubert ein profitables Unternehmen mit etwa 400 Mitarbeitern übernehmen. Aubert bewies bei der Leitung der Gesellschaft jedoch keine glückliche Hand, wobei insbesondere sein archaischer Führungsstil, der seinen Mitarbeitern nur wenig Freiraum erlaubte, auf wenig Gegenliebe stieß. Dies fiel auch dem Nachwuchsmanager und Personalchef der Ancienne Mutuelle, Claude Bébéar,

Drei der wichtigsten Personen in der Geschichte von AXA: Claude Bébéar, André Sahut d'Izarn und Lucien Aubert. Bébéar formte aus der kleinen Provinzversicherung Ancienne Mutuelle den Milliardenkonzern AXA.

auf, der sich zwischenzeitlich zum zweitwichtigsten Mann des Unternehmens hochgearbeitet hatte. Bereits André Sahut d'Izarn hatte in dem begabten und ehrgeizigen Bébéar, der 1958 mit 23 Jahren zum Unternehmen gestoßen war, den zukünftigen Leiter des Unternehmens gesehen.

1974 entschloss sich Bébéar schließlich zu einer Aktion, wie sie typisch für seine nun folgende Karriere werden sollte. Nachdem ein Streik die Ancienne Mutuelle sechs Wochen lang lahm gelegt und die Stellung von Aubert geschwächt hatte, nutzte Bébéar die Gunst der Stunde und setzte dem Aufsichtsrat ein Ultimatum. Sollte dieser Aubert nicht abberufen, dann würde Bébéar zusammen mit mehreren anderen hochrangigen Mitarbeitern die Ancienne Mutuelle verlassen. Der Königsmord gelang. Aubert musste seinen Posten räumen, während Claude Bébéar im Alter von 40 Jahren die Leitung des kleinen Versicherungsunternehmens übernahm.

Die Ancienne Mutuelle war zu dieser Zeit noch größtenteils in Frankreich aktiv und hielt dort einen bescheidenen Marktanteil von unter einem Prozent. In der Liste der größten Versicherungen des Landes, die von der staatlichen UAP angeführt wurde, belegte das Unternehmen Platz 24. Es versteht sich von selbst, dass damals niemand auch nur im Entferntesten damit rechnete, dass die Ancienne Mutuelle einmal zu den 20 größten Unternehmen der Welt vorstoßen würde. Auch Claude Bébéar selbst ahnte wohl kaum, welche Entwicklung ihm nun bevorstand. Seine ersten Aktivitäten an der Unternehmensspitze hatten ohnehin noch nicht das Wachstum des Unternehmens, sondern die Motivation der Mitarbeiter zum Ziel. Da deren ohnehin vorhandenes Misstrauen gegenüber der Firmenleitung durch den Streik noch gestiegen war, setzte Bébéar auf den Dialog mit den Angestellten und führte produktivitätsabhängige Gehälter ein. Dem Prinzip, großen Wert auf Personalfragen zu legen, blieb Bébéar auch in den Folgejahren treu, wobei er nach eigenen Aussagen etwa drei Viertel seiner Zeit für diesen Zweck investierte.

Bébéar erkannte schnell, dass seine kleine Firma wachsen musste, um zu überleben. Anders als viele andere Unternehmen dieser Zeit suchte er das Heil der Ancienne Mutuelle jedoch nicht in der Diversifizierung, sondern beschloss, sich auf den Versicherungsmarkt – später kam noch die Vermögensverwaltung hinzu – zu konzentrieren. Insbesondere verzichtete Bébéar auf Aktivitäten im scheinbar lukrativen Immobilienbereich, was sich angesichts einer bevorstehenden Krise in diesem Markt als großes Glück erwies. Von Anfang an war Bébéar jedoch klar, dass das Wachstum der Ancienne Mutuelle nicht nur in Frankreich, sondern auch im Ausland stattfinden sollte. Zu den geschickten Schachzügen Bébéars gehörte, dass er 1977 den Einstieg der Ancienne Mutuelle ins Rückversicherungsgeschäft veranlasste, um damit nicht nur zusätzliche Umsätze zu generieren, sondern um vor allem auch interessante Informationen über den Versicherungsmarkt an sich zu gewinnen.

Seinen ehrgeizigen Plänen stand Bébéars Meinung nach auch der hausbackene Name der Gesellschaft im Wege, der auf Deutsch „Alte Gegenseitige" bedeutete. 1978 wurde er in „Mutuelles Unies" geändert, wobei die einzelnen Teilgesellschaften nach wie vor unter ihrer eigenen Bezeichnung auftraten. Dem auf Einfachheit und Übersichtlichkeit bedachten Bébéar war diese Vielfalt natürlich ein Dorn im Auge. Bis 1981 konnte er das Problem durch Fusionen der diversen Unternehmensteile beheben, was sich anschließend auch in den Bilanzen positiv bemerkbar machte. Ein zentralistischer Ansatz, bei dem einzelne Unternehmensbereiche nur relativ wenig Eigenständigkeit besitzen, sollte ein weiteres Markenzeichen von Bébéars Managementstil werden.

Zu diesem Zeitpunkt hatte die Mutuelles Unies bereits zum ersten Mal eine andere Versicherungsgesellschaft aufgekauft, und zwar die angeschlagene Compagnie Parisienne de Garantie, die ihren Umsatz hauptsächlich mit Autoversicherungen machte. So konnte das Unternehmen 1980 immerhin bei 1.850 Mitarbeitern einen Umsatz von umgerechnet 200 Millionen Euro verbuchen. Doch trotz des bereits jetzt ansehnlichen Wachstums stellte die Mutuelles Unies im Weltmarktmaßstab noch immer keine wahrnehmbare Größe dar.

Das Akquisitionsfieber bei der Mutuelles Unies hatte nun jedoch begonnen. Als Nächstes knöpfte sich Bébéar die Versicherungsgruppe Drouot vor, die immerhin fast die doppelte Größe seiner eigenen Firma hatte. Drouot war durch schlecht laufende Immobilienspekulationen in Probleme geraten und gehörte außerdem zu den Unternehmen, denen angesichts von Plänen der sozialistischen Regierung eine Verstaatlichung drohte. 1982 übernahm Mutuelles Unies den Konkurrenten und katapultierte sich damit an die Spitze der Liste von Frankreichs größten Privatversicherungen. Später bezeichnete Claude Bébéar diesen Schritt als einen der drei wichtigsten Meilensteine seines Unternehmens auf dem Weg an die Spitze.

Eine weitere wichtige Entscheidung traf Bébéar 1985. Nachdem die Presse die Mutuelles Unies bereits als „Bébéar-Gruppe" bezeichnete, schien ihm die Suche nach einem neuen Firmennamen dringend geboten. Die interne Arbeitsgruppe, die zu diesem Zweck eingerichtet wurde, bevorzugte zunächst „Elan", musste dann aber einen Rückzieher machen, weil dieser Begriff im Französischen nicht nur die der Verwendung im Deutschen entsprechende Bedeutung hat, sondern

AXA gegen Allianz

auch für „Elch" steht. Gespräche mit Kollegen in Kanada hatten ergeben, dass Elche dort einen denkbar schlechten Ruf hatten und somit als Namensvetter schwerlich infrage kamen. So machte schließlich das bedeutungslose Kunstwort „AXA" das Rennen. Dieses hatte immerhin den Vorteil, dass das Unternehmen fortan in alphabetischen Aufzählungen weit vorne stand, wenn auch hinter dem späteren Hauptkonkurrenten Allianz.

Unter dem neuen Namen ging AXA weiter auf Einkaufstour. Das nächste Opfer war mit der Présence-Gruppe, die sich aus Le Secours und der größeren La Providence zusammensetzte, einer der angesehensten Versicherungskonzerne Frankreichs. Auch die Présence-Gruppe war zu diesem Zeitpunkt etwa doppelt so groß wie AXA, was Bébéar jedoch nicht weiter störte. So begann eine Episode, die bis heute als eines der spektakulärsten Kapitel der französischen Wirtschaftsgeschichte gilt und in deren Verlauf Claude Bébéar einmal mehr als meisterhafter Taktiker zu Hochform auflief. Der inzwischen in Sachen Akquisitionen erfahrene Manager schielte auf die Aktienmehrheit bei der Providence. Um deren Aktionären ein öffentliches Kaufangebot unterbreiten zu können, musste AXA gemäß der Rechtslage selbst Gesellschafter des Unternehmens sein. Dies bewerkstelligte Bébéar, indem er kurzerhand einen kleinen Finanzdienstleister aufkaufte, der ein paar Providence-Aktien besaß.

Nun konnte AXA zwar öffentlich den Ankauf weiterer Providence-Papiere anbieten, Bébéars Unternehmen hatte jedoch keine Möglichkeit, die Gesellschafter direkt anzusprechen, da diese nicht öffentlich bekannt waren. Da half nur eine List: Unter konspirativen Umständen verschafften sich die AXA-Manager über einen sympathisierenden Providence-Mitarbeiter eine komplette Aktionärsliste und konnten nun tatsächlich ihre Argumente direkt an die Gesellschafter bringen. Nun tauchte jedoch in Form der Versicherungsgesellschaft Compagnie du Midi ein unerwarteter Konkurrent auf, der sich ebenfalls für Providence interessierte, im Gegensatz zu AXA jedoch nicht bar, sondern in Form eines Aktientauschs bezahlen wollte. Zwischen AXA und der Compagnie du Midi begann daraufhin eine Bieterschlacht, die den Preis immer weiter in die Höhe trieb. Schließlich wurde der überhitzte Wettkampf von der Börsenaufsicht gestoppt, die beide Kontrahenten zur Abgabe eines letzten Angebots aufforderte. AXA bot 3.724 Francs pro Aktie und lag damit über der Compagnie du Midi, die 3.042 Francs zahlen wollte. Die erste geglückte feindliche Übernahme im französischen Versicherungswesen war perfekt.

Wer nun gedacht hatte, AXA und die Compagnie du Midi gingen sich nach dieser Übernahmeschlacht aus dem Wege, sah sich getäuscht. Im Gegenteil: Als die Compagnie du Midi 1988 eine feindliche Übernahme des italienischen Generali-Konzerns befürchtete, wandte sich deren Chef Bernard Pagezy vertrauensvoll an Claude Bébéar und schlug eine Fusion vor. Damit rannte Pagezy bei seinem früheren Widersacher offene Türen ein, und so kam es, dass die beiden Konzerne ihre Versicherungsaktivitäten zusammenlegten. Doch da sich die Zusammenarbeit der beiden eigenwilligen Topmanager in den Folgejahren schwierig gestaltete, holte Bébéar zum nächsten Schlag aus. Als er erfuhr, dass Pagezy eine feindliche Übernahme der französischen Großbank Sociéte Générale plante, warnte er das Opfer und trug so zum Scheitern der Aktion bei. Die schlechte Position, die Pagezy nun bei den Aktionären hatte, nutzte Bébéar, um den Kollegen ganz aus dem Unternehmen zu drängen. Er überzeugte die Eigentümer davon, dass eine Übernahme der Compagnie du Midi durch AXA das Beste für das Unternehmen sei, und bekam diese schließlich auf seine Seite. 1989 wurde die Compagnie du Midi von AXA geschluckt.

Damit war AXA zur zweitgrößten französischen Versicherung aufgerückt, was dem Akquisitionsdrang von Claude Bébéar allerdings nicht den geringsten Abbruch tat. Bereits mit der Übernahme der Compagnie du Midi hatte AXA deren britische Tochter Equity & Law erworben, was einen wichtigen Schritt in Richtung Internationalisierung bedeutete. 1992 kam eine Beteiligung an der drittgrößten US-Lebensversicherung, Equitable Life, dazu, für die Claude Bébéar 1,15 Milliarden US-Dollar auf den Tisch blätterte. Viele Experten hielten den Kaufpreis angesichts der Probleme, in denen Equitable Life steckte, für viel zu hoch. Doch sie hatten Unrecht, denn die neue Akquisition öffnete AXA nicht nur die Tür zum US-Markt, sondern entwickelte sich zudem zu einem profitablen Vorzeigebereich des Unternehmens.

1995 übernahm AXA mit der National Mutual Life Anteile an der zweitgrößten Lebensversicherung in Australien und Neuseeland. Erstmals verkündete Bébéar nun das Ziel, die größte Versicherung der Welt werden zu wollen, was bis zum Jahr 2001 erreicht werden sollte. Um seinem Plan Nachdruck zu verleihen, reiste Bébéar um die Welt und besuchte die diversen AXA-Niederlassungen, wo er aufwendige Motivationsveranstaltungen für seine Mitarbeiter abhielt.

Doch nach wie vor gab es in Frankreich einen Konkurrenten, der AXA an Größe überragte: der Versicherungskonzern Union des Assurances du Paris (UAP). Das in Staatsbesitz befindliche Unternehmen sollte bereits in den Achtzigerjahren privatisiert werden, was jedoch zunächst am Börsencrash von 1987 und später am Widerstand des sozialistischen Staatspräsidenten François Mitterrand scheiterte. So dauerte es bis 1994, ehe UAP schließlich per Börsengang in den Besitz privater Gesellschafter überging. Das Unternehmen geriet jedoch schnell in eine Krise, die Claude Bébéar, der schon lange ein Auge auf seinen größten Konkurrenten gerichtet hatte, einmal mehr geschickt nutzte. Er bot UAP eine Fusion an und drohte für den Fall einer Ablehnung mit einer feindlichen Übernahme. Wieder einmal pokerte Bébéar hoch und gewann. AXA fusionierte mit UAP, wobei die Rahmenbedingungen eher den Charakter einer Übernahme hatten. Mit 110.000 Mitarbeitern und einem Jahresumsatz von 57 Milliarden Euro war AXA nun nach der Allianz die zweitgrößte Versicherung der Welt.

Durch die Übernahme der britischen Guardian Royal Exchange und der japanischen Nippon Dantai kletterte AXA anschließend an der Allianz vorbei an die Spitze. Mit 80 Milliarden Euro Umsatz im Jahr 2000 gehörte AXA zu den 20 größten Unternehmen der Welt und konnte sich als größte Versicherung überhaupt bezeichnen (je nach Auswahl der Kriterien stand jedoch auch der Allianz diese Ehre zu). Auch im Bereich der Vermögensverwaltung belegte AXA mit Kundeneinlagen in Höhe von 800 Milliarden US-Dollar die weltweite Spitzenposition.

In Deutschland, der Heimat des Hauptkonkurrenten Allianz, war AXA zunächst so gut wie nicht aktiv gewesen, obwohl es mehrfach Übernahmegerüchte etwa bezüglich der Volksfürsorge oder der AMB-Versicherung gab. Dies änderte sich jedoch, als UAP mit der Fusion die deutsche Tochter Colonia mit Sitz in Köln in den Konzern einbrachte, die anschließend unter dem Namen AXA Colonia firmierte. Nun hatte AXA plötzlich auch ein deutsches Standbein, in das später noch die Albingia, die als Tochter der Guardian Royal Exchange zum Unternehmen kam, integriert wurde. Nachdem sich die Übernahmewogen geglättet hatten, strich die Unternehmensleitung das „Colonia" aus dem Namen, wodurch auch die deutsche Sparte fortan unter der Bezeichnung AXA geführt wurde. Mit dem Werbespruch „Für Ihre Sicherheit, für Ihr Vermögen" stellte das Unternehmen seine beiden Kerngeschäftsbereiche in den Vordergrund.

Fragt man nach den Gründen für den unglaublichen Aufstieg von AXA zur Nummer 1 der Welt, dann kann die Antwort natürlich nur

Der langjährige AXA-Chef Claude Bébéar ist für außergewöhnliche Managementmethoden bekannt. So schickte er auch schon einmal Führungskräfte zu einem Seminar in die Wüste.

AXA gegen Allianz

Claude Bébéar heißen. Doch wie lautet dessen Erfolgsrezept? „Eigentlich ist unsere Geschichte ganz einfach", berichtet der geniale Unternehmenslenker in einer AXA-Veröffentlichung. „Wir haben eine Strategie ausgearbeitet; wir haben an sie geglaubt; und wir haben nichts daran geändert." Doch so schön Bébéars Worte auch klingen, aus betriebswirtschaftlicher Sicht bleiben sie unbefriedigend. Wenigstens ist klar, woran der Erfolg nicht liegt: So fällt beispielsweise auf, dass Bébéar das Versicherungsgeschäft sicherlich nicht neu erfunden hat. Sogar in den von AXA selbst veröffentlichten Unterlagen ist wenig von innovativen Versicherungsprodukten die Rede, die zum Erfolg hätten beitragen können. Auch das professionelle, aber eher unspektakuläre Marketing von AXA dürfte kaum den Ausschlag gegeben haben.

So bleibt wohl nur die Feststellung, dass Claude Bébéar nicht alles anders, aber eben vieles besser gemacht hat als seine Konkurrenten. Wichtigster Faktor für den schnellen Aufstieg waren natürlich die zahlreichen Übernahmen, die AXA ständig wachsen ließen. Bekanntermaßen sind solche Akquisitionen eine alles andere als einfache Sache, die schon so manches Unternehmen in eine tiefe Krise gestürzt haben. Zweifellos gehört es zu Bébéars wichtigsten Stärken, dass er das „Übernehmen, ohne sich zu übernehmen", perfekt beherrscht und damit bisher alle Aufkäufe zum letztendlichen Erfolg geführt hat. Sein „untrüglicher Spürsinn für Turnaround-Kandidaten" (*Manager Magazin*) half ihm dabei sicherlich genauso wie sein immer wieder betontes Geschick in Personalfragen. Dieses zeigte sich etwa darin, dass Bébéar schon früh flexible Arbeitszeitmodelle einführte und Teilzeitarbeit propagierte. Legendär sind seine Aktionen zur Motivation und Schulung von Führungskräften, die er auch schon in der Sahara und im Orientexpress stattfinden ließ.

Auffällig ist zudem, dass sich die Firmenstrategie von AXA in vielen Punkten von der der Allianz unterscheidet. So ist AXA in den Geschäftsbereichen deutlich fokussierter als der deutsche Konkurrent und hält sich im Gegensatz zu diesem (in Form der Dresdner Bank) auch keine eigene Großbank. Bébéar ist eben kein Freund der in Deutschland populären Allfinanz-Idee, gemäß der Versicherungen und Bankleistungen über den gleichen Vertriebsweg vermarktet werden. Im Gegensatz zur Allianz ist AXA zudem internationaler ausgerichtet, agiert jedoch deutlich zentralistischer. Anders ausgedrückt: AXA ist auf Claude Bébéar (und inzwischen natürlich auf seinen Nachfolger) zugeschnitten.

Im Gegensatz zu seinem Unternehmen erweist sich Claude Bébéar selbst als weniger spezialisiert. Der „Taufpate des französischen Kapitalismus", wie er oft genannt wird, hat auch schon in der Politik und bei diversen Übernahmeaktivitäten anderer Unternehmen mitgemischt. „Bébéar provoziert gern und hat eine Meinung zu allem, die er auch öffentlich kundtut", schrieb das *Manager Magazin* über den passionierten Großwildjäger. Wie nahezu das gesamte Establishment der französischen Wirtschaft, so hat auch Bébéar an einer der Elitehochschulen des Landes studiert. Beim AXA-Vorläufer Ancienne Mutuelle landete er jedoch nur, weil er aufgrund schlechter Noten keine angesehenere Position fand. So gelang Bébéar eine wahrlich erstaunliche Karriere, die mit einer aus der Not geborenen Entscheidung begann. „Claude Bébéar hat den amerikanischen Traum in Frankreich verwirklicht", schrieb dazu das Fachmagazin *Finanzen.*

Im Jahr 2000 ließ es Bébéar schließlich gut sein und übergab die Unternehmensleitung seinem Kronprinzen Henri de Castries. Der jugendlich wirkende de Castries, der im Alter von 46 Jahren die AXA-Spitze übernommen hat, erwischte eine turbulente Zeit für seinen Start. Die Terroranschläge vom 11. September 2001 gingen auch am weltgrößten Versicherungskonzern nicht spurlos vorüber. Doch de Castries, der aus einem alten französischen Adelsgeschlecht stammt, müsste das Lösen schwieriger Aufgaben eigentlich im Blut liegen. Seine Vorfahren waren unter anderem als Kreuzfahrer und hochrangige Militärführer aktiv.

Erfolgsfaktoren

Das bessere Management Claude Bébéar brachte AXA durch eine kluge Übernahmepolitik ganz nach oben.

AXA gegen Allianz

Literatur

Marie-Christine Couwez: *Diary of a journey*. AXA, Paris 2002
Jürgen Gaulke: „Mit A wie Allianz". *Manager Magazin* 11/1995
Tinka C. Martin: „Der Unersättliche". *Finanzen* 3/1997

Internet

www.axa.de

27 Erich gibt Gas – Sixt gegen die etablierten Autovermietungen

Was hat Prinz Charles mit der Autovermietungsfirma Sixt zu tun? Ein Blick auf ein Werbeplakat des Unternehmens beantwortet die Frage: „Ohren anlegen lassen ohne OP" steht dort geschrieben, als Unterschrift zu einem Bild des englischen Thronfolgers. Kein Zweifel, die Münchener Autoverleiher um den Vorzeigeunternehmer Erich Sixt schrecken vor nichts zurück, wenn es gilt, die neuesten Angebote in Szene zu setzen. Jedenfalls nicht vor platten Witzen.

Während Unternehmen wie die Oettinger-Brauerei oder Google nahezu ohne Marketingaktivitäten die Konkurrenz hinter sich gelassen haben, gehört aggressive Werbung bei Sixt unübersehbar zum Selbstverständnis. Offensichtlich mit Erfolg, denn seit 1993 ist die Münchener Aktiengesellschaft Marktführer in der deutschen Mietwagenbranche, und vom Bekanntheitsgrad her sticht Sixt – Werbung sei Dank – sowieso alle Konkurrenten aus. Das war nicht immer so: Als Erich Sixt 1969 als Studienabbrecher in das Unternehmen seines Vaters einstieg, war Sixt mit einer Flotte von gut 200 Fahrzeugen nur eine kleine Nummer unter den größten deutschen Autovermietern. Interrent, Avis, Hertz, Autohansa und Europcar hießen damals die großen fünf der Branche, die ansonsten von regionalen Mittelständlern geprägt war.

David und das bessere Management

Immerhin konnte die Firma Sixt auf eine lange Tradition zurückblicken. Bereits 1912 hatte Erich Sixts Großonkel Martin das Unternehmen „Sixt Autofahrten und Selbstfahrten" als eines der ersten seiner Art gegründet. Mit anfangs sieben Fahrzeugen organisierte Martin Sixt Tagesreisen und Sonderfahrten für eine betuchte Kundschaft und konnte dabei erste Erfolge verbuchen. Mit Beginn des Ersten Weltkriegs musste er seine Flotte jedoch dem deutschen Militär überlassen. Gleiches widerfuhr dem Unternehmen nach zwischenzeitlichem Wiederbeginn auch im Zweiten Weltkrieg, wobei Sixt jedoch immerhin eines seiner Fahrzeuge vor dem staatlichen Zugriff retten konnte. Dies ermöglichte seinem Neffen Hans Sixt 1946 die Neuaufnahme des Geschäfts als Betreiber eines Nobeltaxis für Angehörige der US-Armee. 1951 stieg das Unternehmen schließlich ins Vermietungsgeschäft ein und entwickelte sich in den Wirtschaftswunderjahren zu einem ordentlichen, aber keineswegs marktführenden Unternehmen.

Hans Sixts Sohn Erich verspürte bei seinem Firmeneintritt 1969 jedoch keine Lust, sich mit der Rolle des traditionsbewussten Mittelständlers aus der Provinz zufrieden zu geben. Stattdessen gefiel er sich als frecher Herausforderer, der es mit den Großen der Branche aufnahm. „Selten hat jemand in Deutschland einen Markt aufgerollt, indem er so unverfroren auf die Sympathie der Öffentlichkeit mit ihm, dem schwachen David, spekulierte, der den Kampf aufnahm gegen den starken Goliath", schrieb später die *Wirtschaftswoche* zu seiner Strategie. Seine wichtigsten Konkurrenten, die allesamt zu Großkonzernen gehörten und mit Autoherstellern verbandelt waren, erwiesen sich dabei als ideale Opfer für den quirligen Sixt, zumal diese zu dieser Zeit nicht gerade durch Kampfpreise auffielen.

So ergab sich der erste Angriffspunkt für Sixt fast von allein. Das Unternehmen bot seine Fahrzeuge preisgünstiger an als die Konkurrenz und startete aggressive Werbeaktionen, um auf diesen Vorteil aufmerksam zu machen. In einer bis heute fortgesetzten Kampagne, die inzwischen von der Hamburger Werbeagentur Jung von Matt betreut wird, baute Sixt hauptsächlich auf provozierende Anzeigenmotive, die mit frechen Sprüchen günstige Angebote hervorhoben.

Sixt gegen die etablierten Autovermietungen

Seitenhiebe gegenüber der Konkurrenz gehörten dabei zur Methode. „Mieten Sie Ihren 190 E zum Golftarif", forderte Sixt die Kundschaft beispielsweise auf, was ihm wegen vergleichender Werbung gerichtlich untersagt wurde. Doch die Botschaft kam an und sorgte bei Sixt für immer bessere Geschäfte. Bezeichnungen wie „Luxorent" (für Interrent) und „Teurocar" (für Europcar) innerhalb einer Werbekampagne heizten den Konkurrenzkampf weiter an.

Offenbar registrierten die Kunden den neuen Umgangston in der bis dahin eher drögen Autovermietungsbranche mit Wohlwollen, denn die Umsätze von Sixt legten deutlich zu. Nahm das Unternehmen 1981 noch 19 Millionen Mark mit der Vermietung von Fahrzeugen ein, so waren es 1984 bereits 45 und 1988 149 Millionen Mark. „Erich gibt Gas", kommentierte die *Zeit* das rasante Wachstum.

In der Liste der größten deutschen Autovermieter kletterte Sixt immer weiter nach oben und erreichte 1993 schließlich die Spitze. Als letzten Konkurrenten überholte das Münchener Unternehmen Europcar und belegte anschließend umsatzmäßig die Nummer 1 in Deutschland. Heute liegt der Marktanteil von Sixt bei über 30 Prozent, während über 2.000 Mitarbeiter in mehreren Geschäftsfeldern 2,2 Milliarden Euro Umsatz jährlich erwirtschaften. Aus dem David von einst ist der Goliath der Branche geworden.

An der Außendarstellung hat sich derweil wenig geändert. Nach wie vor gehört Klappern bei Sixt zum Handwerk, und die Rolle des frechen Herausforderers steht dem Unternehmen auch als Nummer 1 der Branche noch bestens. So versprach das Unternehmen beispielsweise per Werbeplakat, „Schneller kommen Sie nicht nach Flensburg", und pries dabei einen Ferrari Maranello zu Sonderkonditionen an. „Günstiger wird's nur, wenn Aldi aufmacht" und „Lieber zu Sixt als zu teuer" wiesen ebenfalls auf Billigangebote hin. Neben Prinz Charles musste auch dessen Mutter Königin Elisabeth für eine Sixt-Anzeige herhalten. Mit leicht säuerlicher Miene sah man sie auf einer Kutsche sitzend mit der Bildunterschrift „Hätte sie bei Sixt gebucht, dürfte sie Mercedes fahren".

Kein Wunder, dass man bei Sixt mit Abmahnungen längst die Wände tapezieren kann und dass einige Anzeigenmotive schnellstens wieder eingestellt werden mussten. So auch eine Anzeige aus dem Jahr 1987, die einen Mercedes nebst dem Satz „Neid und Missgunst für 99 Mark am Tag" zeigte. Der Deutsche Werberat sah darin einen Appell an die niederen Instinkte und empfahl die Einstellung des Motivs. Obwohl die „Neid-und-Missgunst"-Anzeige daraufhin nach nur einmaligem Erscheinen im *Spiegel* wieder in der Schublade verschwand, blieb sie bis heute die bekannteste in der Sixt-Geschichte.

Natürlich waren es nicht allein geschickte Werbebotschaften, die Sixt zum Branchenprimus machten. Erich Sixts Erfolgsgeheimnis liegt wohl eher darin, dass er der Konkurrenz in einer ganzen Reihe von Bereichen eine Nasenlänge voraus ist. So ist ein gehöriger Teil des Sixt-Wachstums auf eine erfolgreiche Ausdehnung der Geschäftstätigkeit zurückzuführen. Sixt vermietet Autos aller Klassen, genauso wie Motorräder und Lastwagen. Nicht nur als klassischer Autovermieter, sondern auch als Leasing-Anbieter, Gebrauchtwagenhändler und Reisebüro betätigt sich das Unternehmen inzwischen. Nur noch knapp 30 Prozent des Unternehmensumsatzes werden durch das Vermieten von Fahrzeugen erwirtschaftet (dies ist jedoch nach wie vor der höchste Umsatz der Branche).

Auffällig bei Sixt ist der im Branchenvergleich besonders hohe Anteil an Nobelkarossen vom Jaguar bis zum Ferrari, zu denen auch gleich der Fahrer mitgemietet werden kann. Auch sonst hat Erich Sixt erkannt, dass Mietwagenkunden mehr als ein bloßes Fortbewegungsmittel suchen, und so gehören auch Cabriolets zu den Spezialitäten des Unternehmens. Für den kleineren Geldbeutel stehen Minis und Smarts, für Abenteurer Range Rovers und Motorräder der Marke Harley-Davidson bereit.

Dabei profitiert Sixt davon, dass immer noch einige wichtige Konkurrenten einen Automobilhersteller als Gesellschafter haben, während der heutige Marktführer bei seiner Modellauswahl keinerlei Rücksicht nehmen muss. Trotz oder gerade wegen seiner Unabhängigkeit gelingt es Sixt, die branchenweit höchsten Rabatte bei den Autoherstellern durchzudrücken, auf die selbst Vertragshändler neidisch sind. Bei weltweit etwa 1.250 Vermietungsstationen ist die Einkaufsmacht von Sixt auch größer als bei jedem Händler.

Sixt gegen die etablierten Autovermietungen

Zweifellos ist die Unabhängigkeit von Autoherstellern oder sonstigen Großkonzernen einer der wichtigsten Erfolgsfaktoren bei Sixt. Daran hat sich auch nach dem Börsengang im Jahr 1986 nichts geändert, denn Erich Sixt besitzt nach wie vor die Mehrheit der Aktien. Da Sixt niemanden um Erlaubnis fragen muss, kann der clevere Unternehmer, der nichts mehr hasst als Konzernstrukturen, innerhalb von Tagen neue Ideen entwickeln und umsetzen.

So kann sich Sixt auch voll auf die Wünsche der Kunden konzentrieren. Wo immer ein solcher einen Mietwagen sucht, darf Sixt nicht weit sein, lautet die Devise. Deshalb ist das Unternehmen an ICE-Bahnhöfen und Flughäfen genauso präsent wie im Internet. An unbemannten Schaltern und über die Sixt-Web-Seite kann der Kunde sogar ohne persönlichen Kontakt sein Auto mieten.

Und Erich Sixt selbst? Von Leuten, die ihn kennen, wird er als zum Zynismus neigender Superkapitalist beschrieben. „Profit ist meine Religion", wird der Münchener Unternehmer zitiert, der selbst Autos nur als Profitobjekte sieht. Seit seinem abgebrochenen BWL-Studiengang hat er auch zu den Wirtschaftswissenschaften ein gestörtes Verhältnis, schwärmt dafür jedoch für antike Philosophen wie Seneca, Cicero und Sokrates. Seine Angestellten bezahlt er erfolgsabhängig, auf Sozialleistungen verzichtet er. Hohe Abfindungen zu zahlen ist ihm allemal lieber, als schlechte Mitarbeiter weiter zu beschäftigen.

„Tue Gutes und rede darüber" gehört auch sonst nicht zu seinen Maximen, denn zum einen verzichtet er fast vollständig auf Aktionen mit rein karitativem Nutzen, und zum anderen redet er lieber über andere Dinge. Beispielsweise über den Reformstau in Deutschland, der ihm ein besonderer Dorn im Auge ist. Im März 2003 meldete er sich dazu in der Zeitschrift *Focus Money* zu Wort. Er beklagte sich über ein „Heer von über 5 Millionen Beamten", den „allmächtigen Wohlfahrtsstaat", eine „Flut von Verordnungen und Vorschriften" und ein „inhaltsleeres Ideal namens soziale Gerechtigkeit". Über die Reformpläne von Gerhard Schröder fällt er ein hartes Urteil: „Ich bezweifle, dass er damit Erfolg haben wird."

Erfolgsfaktoren

Das bessere Management Erich Sixt fand offenbar die richtige Strategie, um aus einem wenig bekannten Unternehmen Deutschlands größten Autovermieter zu machen.

Die besseren Voraussetzungen Sixt ist nicht in einen Konzern eingebunden. Diese Unabhängigkeit nutzt das Unternehmen zu unkonventionellen Methoden, beispielsweise zu aggressiver Werbung.

Die bessere Vermarktung Aggressive, oftmals vergleichende Werbung ist ein Markenzeichen von Sixt, das den Erfolg mitgeprägt hat.

Literatur

Dietmar H. Lamparter: „Erich gibt Gas". *Die Zeit* 52/1998
Reinhold Böhmer: „Bayerischer Kugelblitz". *Wirtschaftswoche* 11/1996
Wolfgang Zdral: „Auf Schleuderkurs". *Capital* 24/2001
Focus Money vom 12.3.2002, zitiert nach Sixt-Web-Seite

Internet

www.sixt.de

28 Das Low-Budget-Dreamteam – SC Freiburg gegen die Topvereine der Bundesliga

„Wenn die nicht absteigen, dann haben wir jahrelang alles falsch gemacht", verkündete 1993 Dieter Hoeneß, damals Manager des VfB Stuttgart, nachdem der SC Freiburg den Aufstieg in die Bundesliga geschafft hatte. Ob der frühere Bundesligastar und Nationalspieler später tatsächlich sein gesamtes Tun als gescheitert betrachtete, ist nicht bekannt. Unbestritten ist jedenfalls, dass der SC Freiburg trotz bescheidener Möglichkeiten nicht nur die Klasse hielt, sondern auch die folgenden zehn Jahre größtenteils im Fußballoberhaus verbrachte und sich sogar für den UEFA-Cup qualifizierte. Die *Zeit* bezeichnete den Verein aus dem Breisgau als „Phänomen, das sich mit den Gesetzen des Marktes nicht beschreiben lässt".

In der Tat steht der SC Freiburg für die erstaunlichste David-Goliath-Geschichte, die der deutsche Fußball zu bieten hat. Auch wenn der Verein, der 1912 aus der Fusion zweier kleiner Fußballclubs hervorging, auf eine lange Geschichte zurückblicken kann, kam der spätere Erfolg buchstäblich aus dem Nichts. So mussten bis Ende der Siebzigerjahre ein Sieg gegen den damals großen 1. FC Nürnberg aus dem Jahr 1928 sowie zwei südbadische Meisterschaften als größte Erfolge der Vereinsgeschichte herhalten. Erst 1978 gelang erstmals der Aufstieg in die Zweitklassigkeit, nachdem sich der Club zuvor rekordverdächtige 28 Jahre lang in der dritten Liga getummelt hatte.

Dabei war der SC Freiburg nicht einmal in seiner Heimatstadt die Nummer 1. Diese Rolle nahm stattdessen traditionell der Freiburger FC ein, der auch in den Zeiten der gemeinsamen Zweitligazugehörigkeit deutlich mehr Zuschauer anzog. Noch Jahre später war in Freiburg nur das Mösle-Stadion, in dem der FC seine Heimspiele austrug, ausgeschildert, während das vom SC genutzte Dreisamstadion auf den Wegweisern unerwähnt blieb. Zu den nicht besonders zahlreichen Fans des SC Freiburg gehörten vor allem einfache Leute, die nur wenig Fanatismus entwickelten – „Schrebergartenverein" wurde der Club vom Ufer des kleinen Flusses Dreisam deshalb oft genannt.

Der Aufstieg des SC Freiburg in die Zweitklassigkeit war vor allem dem bis heute amtierenden Präsidenten Achim Stocker zu verdanken. Der seit 1971 amtierende Vereinsvorsteher suchte in akribischer Arbeit Talente aus unterklassigen Vereinen der Region zusammen und formte aus ihnen immer wieder schlagkräftige Mannschaften. Da Stocker auf Leute mit Bundesligaerfahrung verzichtete, sprach die Presse oft auch von einer Mannschaft der Namenlosen. Doch Stocker hatte offensichtlich einen Blick für Talente, und so brachte der SC Spieler wie Souleyman Sane, Andreas Buck und Alfons Higl hervor, die gegen entsprechende Ablösesummen in die Bundesliga wechselten.

David und das bessere Management

Achim Stocker, der noch zu Bundesligazeiten im Hauptberuf als Finanzbeamter arbeitete, ist kein Mensch, der sich in den Vordergrund drängt, und wirkt auch ansonsten nicht wie ein kühler Geschäftsmann in Sachen Fußball. Während der Spiele seines Vereins geht er meist spazieren, um sein schwaches Herz zu schonen, und schaut sich erst später die Partien auf Video an. Für Stocker, der während seines Studiums in Freiburg als Spieler zum SC kam, ist Bescheidenheit oberstes Gebot. Der Erfolg seines Vereins kommt ihm teilweise fast wie ein Versehen vor, sein längst sprichwörtlicher Pietismus brachte schon manchen Trainer auf die Palme. So wurde Eckhard Krautzun eine Telefonrechnung von 1.200 Mark zum Verhängnis – zu viel für den sparsamen Achim Stocker. Zum geflügelten Wort wurde auch dessen Begründung für den Verzicht auf in anderen Vereinen übliche Investitionen: „Eine Schreibmaschine schießt keine Tore." So musste die Geschäftsstelle immerhin bis 1992 warten, um erstmals ein Faxgerät in Betrieb nehmen zu können. Nicht ganz zu Unrecht behauptete der *Spiegel* im Jahr des ersten Bundesligaaufstiegs, der SC Freiburg sei „in seinem Wesen immer Amateurverein geblieben".

Doch Bescheidenheit war für den SC Freiburg weniger eine Strategie als vielmehr ein notwendiges Übel. Trotz guter Leistungen stieg der Zuschauerschnitt in den Zweitligajahren nie über 3.000. Dem Verein fehlten das Umfeld, die enthusiastischen Fans und nicht zuletzt die Sponsoren, und so musste ein Rentner auf der Geschäftsstelle die Stellung halten, während die Buchhaltung von der Präsidentengattin übernommen wurde. Die Spieler stießen auf Trainingsbedingungen, die eines Profivereins unwürdig waren: Der Rasen im Dreisamstadion, das kein Flutlicht hatte, glich eher einem Acker als einem Fußballfeld, von den Trainingsplätzen ganz zu schweigen. Oft genug mussten die SC-Kicker im Training den Ball aus der Dreisam fischen.

Als Achim Stocker 1991 wieder einmal einen neuen Trainer suchte, stieß er auf den Niedersachsen Volker Finke. Dieser hatte sich zuvor mit dem Hannoveraner Vorortverein TSV Havelse bis in die Zweite Bundesliga hochgearbeitet und absolvierte dort auch ein Spiel gegen den SC Freiburg. Gewisse Parallelen zwischen Finke und dem Verein aus dem Breisgau waren kaum zu übersehen. Wie der SC, so kam auch Finke aus der tiefen Versenkung: Er war eigentlich Lehrer für Geschichte, Gemeinschaftskunde und Sport und hatte sich für seinen Trainerjob in Havelse beurlauben lassen. Im Gegensatz zu den meisten seiner Kollegen hatte er nie in einer höheren Klasse Fußball gespielt, galt jedoch wie Stocker als fleißig und bescheiden. Seinen Posten in Havelse hatte er abgegeben, nachdem sich einige der Vereinsfunktionäre aus seiner Sicht zu sehr in den Vordergrund gedrängt hatten.

Finkes Zielsetzung in Freiburg hieß erst einmal Erhalt der Zweitklassigkeit. Schon in der zweiten Saison unter Finke konnte der SC Freiburg jedoch nach Höherem streben. Nach der Wiedervereinigung spielten in der Zweiten Bundesliga damals zum ersten und bisher einzigen Mal 24 Clubs um Auf- und Abstieg. Es wurde also eine Mammutsaison, und schon früh setzte sich der SC an der Tabellenspitze fest. Für Stocker war dies weniger Anlass zur Freude als eher zu Angst vor der eigenen Courage. „Kommen Sie mir ja nicht auf die Idee und steigen auf. Das geht nicht hier in Freiburg", ist als Aussage von ihm gegenüber Volker Finke verbürgt. Doch Finke und seine Mannschaft verwehrten dem Präsidenten den Gefallen. Sie wurden souverän Meister und stiegen auf. Stocker sah es dann doch positiv, denn nun war wenigstens ein Abstieg ins Amateurlager ein Jahr lang verhindert.

Der kleine SC Freiburg spielte nun also in der Bundesliga und wollte als David mit den Bayerns und Borussias der obersten deutschen Spielklasse mithalten. Am Erfolg dieser Mission zweifelte nicht nur Dieter Hoeneß, denn auch der SC selbst wusste, dass es schwierig werden würde. „Du hast keine Chance, SC Freiburg, nutze sie!", ließ man auf T-Shirts drucken, die sich für Freiburger Verhältnisse gut verkauften. Doch siehe da, der SC nutzte die Chance tatsächlich, auch wenn es zeitweise absolut nicht danach aussah. Zwei Spieltage vor Schluss hatte der Verein vier Punkte Rückstand auf einen Nichtabstiegsplatz und war damit schon fast in Liga zwei angelangt (die Drei-Punkte-Regel wurde erst in der übernächsten Saison eingeführt). Doch mit zwei Siegen und viel Dusel fingen die Freiburger gerade noch den 1. FC Nürnberg ab und blieben in der Bundesliga.

In der folgenden Spielzeit kamen dann selbst die kühnsten Optimisten nicht mehr aus dem Staunen heraus. Der SC Freiburg präsentierte sich als Spitzenmannschaft und spielte sogar um die deutsche Meisterschaft. Am Ende wurde es dann Platz drei, was den Kickern aus dem Breisgau erstmals die Teilnahme am UEFA-Cup sicherte. Zwei Jahre später musste der SC Freiburg allerdings dann doch den Gang zurück in die Zweitklassigkeit antreten, was jedoch ohne den andernorts obligatorischen Trainerwechsel ablief. Finke rechtfertigte das Vertrauen durch den sofortigen Wiederaufstieg. Neben jungen Talenten setzte Finke nun vermehrt auch auf eine Multikulti-Truppe aus Afrikanern und Georgiern, was die Bundesliga um Namen wie Levan Kobiaschwili, Alexander Iaschwili und Zubaier Baya bereicherte. Nach einem weiteren Abstieg 2002 gelang der Finke-Truppe 2003 erneut die postwendende Rückkehr.

Natürlich ist es vor allem Volker Finke, der die Erfolge des SC Freiburg in den letzten Jahren geprägt hat. Der „Joschka Fischer der Bundesliga" (*Spiegel*) hat es glänzend verstanden, seinen Jungs einen Fußball modernster Prägung beizubringen. Seine fehlende Erfahrung im Profibereich glich er dabei durch Fachkenntnisse in anderen Sportarten aus, die er auf den Fußball übertrug. Vom Handball, Basketball und Volleyball wusste er um die Wichtigkeit von Spielzügen und Spielsystemen. Mehr als seine Trainer-Kollegen achtete er daher auf Raumdeckung, Überzahl in Ballnähe, Pressing und andere Finessen. Er ließ Standardsituationen wie Eckbälle und Freistöße intensiv trainieren, was sich später in Torerfolgen messen ließ. Bekannt wurde auch das Freiburger Kurzpassspiel.

Ähnlich wie die Firma Porsche, so entdeckte auch der SC Freiburg die Idee des Davids aus Prinzip. Nicht die Großen kopieren, sondern die Vorteile des Kleinseins nutzen, lautet deren wichtigster Kernpunkt. Zu diesen Vorteilen gehört zweifellos, dass Finke seine Vorstellungen vom modernen Fußball mit jungen, unbekannten Spielern besser durchsetzen kann als mit großen Stars. Diese passten ohnehin nicht in die bescheidenen Freiburger Verhältnisse. So lehnte Finke einst sogar die Verpflichtung des Weltmeisters Andreas Brehme ab, die ein Gönner finanzieren wollte, weil dies das Gehaltsgefüge gesprengt hätte.

SC Freiburg gegen die Topvereine der Bundesliga

Zu den weiteren unbestreitbaren Vorteilen des SC Freiburg gehört außerdem der relativ geringe Erfolgsdruck. „Wer ein Fan des SC Freiburg ist, muss verlieren können", schreibt Finke in seinem Gastbeitrag für Wendelin Wiedekings Buch „Das Davidprinzip". Und tatsächlich, fanatische Fans wie in Schalke oder Dortmund gibt es an der Dreisam nicht, auch die lokale Presse, die im Wesentlichen aus der *Badischen Zeitung* besteht, ist nicht mit der Medienlandschaft in Hamburg zu vergleichen. Nur so ist es zu erklären, dass Finke seit nunmehr zwölf Jahren als Trainer aktiv ist und dabei auch zwei Abstiege ohne Rausschmiss überstand. Statt ständig auf einem angesägten Stuhl zu sitzen, konnte Finke kontinuierlich arbeiten und der Mannschaft seinen Stempel aufdrücken. So ist es auch nicht verwunderlich, dass der SC Freiburg neben Bayern München der einzige Bundesligaverein ohne Schulden ist. Ohne den Druck, um jeden Preis erfolgreich sein zu müssen, konnte das Management auf den Spielerkauf auf Pump verzichten.

Wie praktisch jeder David aus Prinzip, so kann auch der SC Freiburg auf schlanke Strukturen als Wettbewerbsvorteil verweisen. Da das Management zunächst im Wesentlichen aus Finke und Stocker bestand und später nur behutsam erweitert wurde, ist das Fehlen eines Wasserkopfs beim SC Freiburg offensichtlich. Erst seit 1998, als der von Leverkusen kommende Andreas Rettig diese Position übernahm, leistet sich der Verein einen hauptamtlichen Manager. Nach dessen Wechsel zum 1. FC Köln wurde Andreas Bornemann sein Nachfolger. Unter Rettig führte der SC nicht nur einen Umbau des Stadions durch, sondern gründete auch nach den Vorgaben des DFB für 20 Millionen Mark eine vorbildliche Fußballschule. Auch hier kann sich der Verein einen Vorteil seiner David-Stellung auf die Fahnen schreiben: Die Chance, von der Fußballschule irgendwann ins Profiteam zu wechseln, ist beim SC Freiburg natürlich ungleich größer als beim mit Nationalspielern gespickten FC Bayern.

Nimmt man die elf Jahre zwischen 1993 und 2003, dann kann der SC Freiburg die neuntbeste Erfolgsbilanz aller deutschen Fußballvereine vorweisen. Zweifellos ein gigantischer Erfolg für einen Verein, der aus dem Nichts kam und dem beim ersten Aufstieg 1993 kaum jemand etwas zutraute. Kein Wunder, dass der Club längst Freunde in ganz Deutschland hat und laut der *Zeit* zum „Projektionsfeld für die guten Wünsche aller besseren Menschen" geworden ist. Andere sprechen vom Fußball-Biotop am Rande des Schwarzwalds. Momentan spricht nichts dafür, dass die Vereinsleitung den jahrelangen Kurs der Bescheidenheit verlässt, auch wenn der Erfolg einmal ausbleiben sollte. Volker Finke, den „optimistische Parolen auf die Palme" bringen (*Focus*), kann sich noch immer vorstellen, wieder in den Schuldienst zurückzukehren. Dabei betont er, „dass es nie selbstverständlich war und auch nie selbstverständlich sein wird, in Freiburg erstklassigen Fußball zu spielen."

Erfolgsfaktoren

Das bessere Management Mit akribischer Arbeit kämpfen Volker Finke und Achim Stocker erfolgreich gegen die Vorteile größerer Fußballvereine an.

Die besseren Voraussetzungen In Freiburg gibt es kein fanatisches Publikum und keine sensationshungrige Boulevardpresse. Das Management kann so ruhiger arbeiten als bei jedem anderen Bundesligaverein.

Literatur

Wendelin Wiedeking: *Das Davidprinzip*. Eichborn, Frankfur 2002
Adolf Theobald: „Warum der Sportclub Freiburg so gut ist und alle guten Menschen hoffen, dass er es auch bleibt – der Autor inbegriffen". *Die Zeit* 33/1995
Anonym: „In Demut nach oben". *Der Spiegel* 19/1993
Klaus Brinkbäumer: „Hemmungslos erfolgreich". *Der Spiegel* 18/1995
Martin Hägele: „Mit Harry aus Holland". *Focus* 13/1996

Internet

www.scfreiburg.com

29 In Gosheim gehen die Uhren anders – Hermle Uhren gegen die Konkurrenz aus Fernost

Spätestens seit der im 19. Jahrhundert populär gewordenen Kuckucksuhr ist der Schwarzwald weltweit als Heimat zahlreicher Uhrenprodukte bekannt. Aus der jahrhundertealten Tradition gingen im Zuge der Industrialisierung zahlreiche Uhrenfabriken hervor, die schließlich ein kleines Gebiet im südlichen Schwarzwald mit der im Osten angrenzenden Region um die Stadt Rottweil zu einem weltweiten Zentrum der Uhrenindustrie machten. Ein Großteil der 40.000 Arbeitsplätze, welche die Branche noch um 1970 in Deutschland aufwies, konzentrierte sich auf diesen Standort. Der Stolz der gesamten Region und außerdem der laut Guinnessbuch der Rekorde größte Uhrenhersteller Europas war die Schramberger Firma Junghans, die zu Hochzeiten über 2.500 Mitarbeiter beschäftigte.

Doch dann kam die Krise. Mit dem Aufkommen von Quarzuhren erlebte die Schwarzwälder Uhrenindustrie einen Niedergang, der innerhalb von gut zwei Jahrzehnten nahezu alle Unternehmen der Branche die Existenz kostete und über 90 Prozent der Arbeitsplätze vernichtete. Erstaunlicherweise war der einzige Anbieter, der das gesamte wirtschaftliche Erdbeben nahezu unbeschadet überstand, ausgerechnet ein vergleichsweise kleines Unternehmen, das vor der großen Uhrenkrise nur unter „ferner liefen" rangiert hatte: die Uhrenfabrik Franz Hermle & Sohn in Gosheim. Ein David hatte in stürmischen Zeiten alle Goliaths geschlagen.

Als Hermle Uhren in der Zeit der Weimarer Republik den Betrieb aufnahm, hatte die Uhrenbranche im Schwarzwald bereits eine lange Geschichte hinter sich, die im 17. Jahrhundert begann. Damals zählten vor allem Glaswaren zu den Exportartikeln der Region, und so war es vermutlich ein Glashändler, der um das Jahr 1630 von seinen Reisen eine Uhr mitbrachte und einen findigen Schwarzwälder auf die Idee brachte, ein solches Gerät aus selbst gefertigten Holzteilen nachzubauen. Schon bald entwickelte sich die Uhrmacherei zu einem wichtigen Nebenerwerb auf den oft abgelegenen Schwarzwälder

Mit Großuhren in zahlreichen Variationen überlebte die vergleichsweise kleine Firma Hermle Uhren die Krise in der deutschen Uhrenbranche unbeschadet. Nahezu alle anderen Anbieter verschwanden vom Markt oder mussten erhebliche Einbußen in Kauf nehmen.

Bauernhöfen, die vor allem in den langen Wintermonaten betrieben wurde. Ende des 19. Jahrhunderts entstanden erste Fabriken, die den Uhrenbau unter industriellen Bedingungen weiter verbesserten und zu wichtigen Arbeitgebern der Region wurden.

Auch in dem kleinen Dorf Gosheim unweit von Rottweil gab es bereits eine langjährige Uhrmachertradition, als die Firma Kienzle, einer der größten Uhrenhersteller der Gegend, dort 1922 ein Zulieferwerk gründete. Dieses brachte dem Unternehmen jedoch nicht den gewünschten Erfolg und sollte daher bereits 1928 wieder geschlossen werden. Doch der Werksleiter Franz Hermle, dessen Vater bereits als Uhrenverkäufer gearbeitet hatte, glaubte an den Standort und entschloss sich, auf eigene Rechnung weiterzumachen. Als kurz danach Hermles Sohn Gebhard zum neuen Unternehmen stieß, war die Uhrenfabrik Franz Hermle & Sohn geboren.

Offenbar steckte in Franz Hermle ein echter David, denn 1932 entschied er sich mitten in der Weltwirtschaftskrise dazu, von der Teilefertigung auf die Produktion ganzer Uhrwerke umzusteigen, obwohl dieser Markt von Unternehmen aus der Region längst besetzt war. Mit „viel Fleiß, schwäbischer Zähigkeit und Tatkraft" (Firmenpublikation) und nicht zuletzt dank der nach 1932 wieder langsam wachsenden Wirtschaft konnte sich Hermle trotz aller Konkurrenz im Markt etablieren. 1939 musste das Unternehmen die Produktion jedoch auf Rüstungsgüter umstellen und stand so nach dem Krieg und umfangreichen Demontagen vor einem Neuanfang.

In den Fünfzigerjahren profitierte Hermle wie die gesamte Branche vom deutschen Wirtschaftswunder. Die Zahl der Beschäftigten in der Schwarzwälder Uhrenindustrie stieg in dieser Zeit auf über 30.000, wobei Gosheim jedoch einen eher unbedeutenden Nebenschauplatz darstellte. Neben Junghans, dem größten Uhrenhersteller der Region, etablierten sich vor allem in Schwenningen mehrere Anbieter und machten die Stadt am oberen Neckar zur deutschen Uhrenstadt schlechthin. Noch 1970 konnte sich Deutschland vor Japan und den USA als Nummer 1 in der Welt unter den Uhren produzierenden Nationen bezeichnen.

Dass diese Vormachtstellung verloren ging und die gesamte deutsche Uhrenbranche ein wahres Waterloo erlebte, ist zweifellos ein lehrreiches, wenn auch noch längst nicht ausreichend analysiertes Stück Wirtschaftsgeschichte. Vordergründig waren es die billigen Quarzuhren aus Fernost, die den deutschen Markt überschwemmten und die deutschen Tüftler, denen die Feinmechanik viel mehr im Blut lag als die Elektronik, unvorbereitet trafen. Auch wenn diese Einschätzung nicht ganz falsch ist, so ist die Wirklichkeit doch etwas komplexer. Fakt ist, dass der Absatz von Armbanduhren aus der Schwarzwaldregion bereits ab 1960 stagnierte und dass damit viele Unternehmen schon vor Beginn des Quarz-Zeitalters schwächelten. Die Wirtschaftskrise der frühen Siebzigerjahre verschärfte dieses Problem noch.

Das Aufkommen der Quarzuhren registrierte man im Schwarzwald schon früh, und so schreibt Helmut Kahlert in seinem Buch „300 Jahre Schwarzwälder Uhrenindustrie": „Es wäre verfehlt zu sagen, die deutsche Uhrenindustrie hätte in diesem Zeitraum den elektrischen Uhren keine Aufmerksamkeit geschenkt, das belegen einige Entwicklungen, die in der Fachwelt Aufsehen erregt haben." So war die „Astrochron", die erste in größeren Stückzahlen hergestellte Quarzuhr für den Privatgebrauch, nicht etwa eine fernöstliche Entwicklung, sondern wurde

1967 von Junghans in Schramberg auf den Markt gebracht. Die beiden vergleichsweise kleinen Unternehmen Kundo und Staiger, die später fusionierten, legten sogar schon früh den Schwerpunkt auf die Quarztechnik und wurden so zu weltweiten Vorreitern in dieser Technologie. Dieses typische David-Vorgehen, das den beiden Anbietern später das Überleben sichern sollte, blieb jedoch die Ausnahme, und so muss man es wohl als den größten Fehler der Branche betrachten, dass die Schwarzwälder Uhrenmanager die neue Technik zwar kommen sahen, ihre Wucht aber unterschätzten. Viele dachten, der Übergang zur Quarzuhr wäre ein langfristiger Vorgang, und hielten so zu lange an den mechanischen Uhrwerken fest.

Während der Weltmarkt für Uhren so zu einer leichten Beute für die hauptsächlich japanischen Hersteller von Quarzuhren wurde, ging den ersten Schwarzwälder Uhrenproduzenten die Luft aus: Als Erstes schlitterte 1973 die J. Kaiser GmbH in Villingen in die Pleite, danach traf es mit Blessing und später mit Maute zwei der renommiertesten Unternehmen der Gegend. Zwischen 1970 und 1985 sank so die Zahl der Beschäftigten in der Schwarzwälder Uhrenindustrie von über 30.000 auf unter 15.000. Die Tendenz zeigte auch dann noch weiterhin nach unten.

Als die größeren Schwarzwälder Uhrenhersteller Ende der Siebzigerjahre schließlich dann doch komplett auf Quarz umstellten, war es für viele bereits zu spät. So gab es in den Folgejahren eine weitere Pleitewelle, zumal sich nach den Armbanduhren nun auch Großuhren immer schlechter verkauften. Mit Kienzle musste schließlich auch die Nummer 2 am Platze die Segel streichen, während der Branchenprimus Junghans die Krise nur durch eine radikale Schrumpfkur überlebte und über 90 Prozent des Personals im Uhrenbereich abbauen musste. Nach dem Aufkauf durch eine Firma aus Hongkong ist Junghans inzwischen nicht mehr in deutschem Besitz.

Heute sind nur noch 2.000 Arbeitnehmer in der einst so stolzen Schwarzwälder Uhrenindustrie beschäftigt. Sieht man von den erfolgreichen Manufakturen im sächsischen Glashütte einmal ab, dann lief es auch bei den anderen deutschen Uhrenproduzenten nicht besser. „Nicht einmal eine Hand voll großer deutscher Uhrenhersteller hat den Niedergang der Branche überlebt", fasste das *Handelsblatt* 1998 das Desaster zusammen.

Vor diesem Hintergrund grenzt es fast an ein Wunder, dass sich die Gosheimer Firma Hermle dem Pleitestrudel erfolgreich entziehen konnte. Das Unternehmen, das heute über 400 Personen beschäftigt, erlebte keinen tiefen Einbruch und musste auch keine Mitarbeiter entlassen. Natürlich war dies nur möglich, weil der David Hermle – teilweise bewusst, teilweise jedoch auch aus der Not heraus – einiges anders machte als die Goliaths, die ja fast alle vor der eigenen Haustür saßen. Kurioserweise rettete die Gosheimer letztendlich gerade das, was die Konkurrenten in den Abgrund gestürzt hatte: das Festhalten an der Mechanik.

Zwar hatte Hermle auch schon früh Quarzuhren im Programm. Der Schwerpunkt lag jedoch eindeutig auf mechanischen Uhrwerken, und das blieb auch noch so, als sich die anderen Anbieter der Region längst auf Quarz festgelegt hatten. Was viele nicht vorausgesehen hatten, war, dass trotz der offensichtlichen Überlegenheit der Quarztechnik die Nachfrage nach mechanischen Uhren nicht völlig wegbrach. Immerhin galten diese im Vergleich zu Quarz als langlebiger und dank dem Fehlen einer Batterie auch als umweltfreundlicher, zumal viele Technikbegeisterte klassische Uhrwerke schlichtweg für interessanter hielten. Dieser deutlich geschrumpfte, jedoch immer noch vorhandene Markt für mechanische Uhren bildete für den David Hermle eine ideale Nische, in der er überleben konnte.

Als weiterer überlebenswichtiger Vorteil erwies sich, dass Franz Hermle & Sohn im Gegensatz zur Konkurrenz keine Bauteile aus Fernost zukaufte. Unternehmen, die so vorgingen, mussten mehrfach mit ansehen, wie ihre Abnehmer sie umgingen und direkt beim Lieferanten kauften. Dabei lag es zunächst auch für Hermle nahe, Zulieferer aus Ostasien zu nutzen, denn im Zuge der Branchenkrise brachen viele Lieferanten aus der Region weg. Die geschäftsführenden Cousins Gerd und Rolf Hermle trafen jedoch die weise Entscheidung, dies nicht zu tun, und stellten die benötigten Teile lieber selbst her oder kauften kleine Zulieferer aus der Region auf. So rühmt sich Hermle noch heute einer Fertigungstiefe von fast 100 Prozent, es wird also

David und das bessere Management

praktisch alles in den eigenen Werken hergestellt. Gerd Hermle betont daher: „Wir können uns mit Fug und Recht als Manufaktur bezeichnen." Die wenigen zugekauften Teile bezieht das Unternehmen fast ausschließlich aus der näheren Umgebung.

Mit Glück und Geschick ist es Hermle damit gelungen, eine schwierige Zeit zu überstehen. Heute hat das Unternehmen über 1.000 Uhrenmodelle sowie etwa 60 unterschiedliche Uhrwerke im Programm und gilt in Deutschland als Marktführer für Großuhren. Auf Letztere ist Hermle spezialisiert, wobei laut Gerd Hermle „außer Armbanduhren und Weckern alles, was hängt und steht", hergestellt wird. 75 Prozent der Produktion geht in den Export, etwa 50 Millionen Euro Umsatz teilen sich je zur Hälfte in Uhren und Werke auf. Als zweites Standbein hat sich das Unternehmen, das seit 1977 in den USA eine Produktionsstätte betreibt, die Fertigung von Drehteilen für die Automobilindustrie aufgebaut.

Besonders stolz ist man bei Hermle darauf, dass sich selbst die Mächtigsten dieser Welt mit den Uhren aus Gosheim anzeigen lassen, was die Stunde geschlagen hat: Sowohl im Weißen Haus als auch im Kreml stehen Hermle-Uhren.

Erfolgsfaktoren

Das bessere Management Hermle traf die Entscheidung, den mechanischen Uhren treu zu bleiben, und eroberte sich so eine lukrative Marktnische. Das Unternehmen verzichtete auf Zulieferer aus Fernost, die Hermle irgendwann hätten Konkurrenz machen können.

Literatur

Helmut Kahlert: *300 Jahre Schwarzwälder Uhrenindustrie*. Casimir Katz Verlag, Rastatt 1986

Andrea Jocham: „Hermle trotzt Branchenkrise. Rückbesinnung auf ‚Made in Germany'". *Focus* 13/1996

Internet

www.hermle-clocks.com

30 Der Müllkönig – USA Waste gegen Waste Management

Spätestens seitdem ein Bestechungsskandal um eine Kölner Müllverbrennungsanlage bundesweit für Aufsehen gesorgt hat, ist bekannt, dass die Müllentsorgung alles andere als eine langweilige Branche ist. Noch mehr als für Deutschland gilt dies allerdings für die Vereinigten Staaten, wo die diversen Entsorgungskonzerne in den letzten Jahren mehrere Skandale, unzählige Übernahmen und nicht zuletzt eine spektakuläre David-Goliath-Geschichte hervorgebracht haben.

Die Rolle des Goliaths fiel dabei ausgerechnet einem Unternehmen zu, das selbst einen beeindruckenden Aufstieg hinter sich hatte: der Firma Waste Management mit Sitz in Houston, Texas. Die Geschichte von Waste Management begann in den Sechzigerjahren, als der 25-jährige Wayne Huizenga, Sohn eines Zimmermanns und Enkel eines Müllkutschers, mit einem gebrauchten Müllfahrzeug und 5.000 von seinem Schwiegervater geliehenen US-Dollar seine ersten bescheidenen Schritte als Entsorgungsunternehmer machte. Die Firma Waste Management gründete er einige Jahre später zusammen mit seinem Cousin Dean Buntrock.

Der Entsorgungsmarkt in den USA war zu dieser Zeit von lokalen Kleinunternehmen geprägt, die nicht selten aus nur einer Person und einem Lastwagen bestanden. Huizenga und Buntrock erkannten in diesem zersplitterten Markt ihre Chance und begannen nach und nach, kleine Entsorger aufzukaufen. Auf diese Weise formten die beiden aus Waste Management einen nationalen Konzern, der gegenüber den kleinen Konkurrenten natürlich deutliche Vorteile hatte. Damit setzte sich das Unternehmen an die Spitze einer Konzentrationsbewegung in der amerikanischen Entsorgungsbranche, in der schnell auch andere – wie etwa Waste Managements größter Konkurrent Browning-Ferris – aktiv wurden.

Im Jahr 1984, als sich Waste Management längst zum größten Entsorgungskonzern der USA entwickelt hatte, verließ Huizenga überraschend das Unternehmen. Der „Vater des modernen Müllgeschäfts", wie er ehrfurchtsvoll genannt wurde, widmete sich nun mit dem damals aufkommenden Videoverleih einem ganz anderen Bereich. Als Vorstandsvorsitzender der Videothekenkette Blockbuster machte Huizenga das Unternehmen zum weltweit größten seiner Art, wobei er es wiederum verstand, in einem von Kleinunternehmen dominierten Markt ein Großunternehmen zu formen. Als 1997 der Medienkonzern Viacom Blockbuster übernahm, musste dieser 8,5 Milliarden US-Dollar dafür bezahlen.

Wayne Huizenga wurde anschließend mit Erfolg für die Autohandelskette AutoNation aktiv, wobei er sich wiederum in seiner Lieblingsaufgabe, dem Aufrollen eines zersplitterten Markts, übte. Weitere Aktivitäten startete der agile Unternehmer, der inzwischen auch eine Football- und eine Baseball-Mannschaft besitzt, in der Hotel- sowie wieder in der Entsorgungsbranche. Der 1937 geborene Großindustrielle lebt heute als einer der reichsten Amerikaner in Fort Lauderdale, Florida.

Waste Management florierte zunächst weiter, auch ohne Wayne Huizenga. Als die Neunzigerjahre einen Wirtschaftsboom und immer weiter steigende Aktien mit sich brachten, verstärkte sich das in der Entsorgungsbranche ohnehin grassierende Übernahmefieber noch einmal. Alle größeren Anbieter schluckten kleinere Konkurrenten quasi am Fließband und Waste Management mischte als Marktführer besonders aggressiv beim Fressen und Gefressenwerden mit. Das Unternehmen mit Sitz in Illinois war es dann allerdings auch, das die Folgen dieser hemmungslosen Akquisitionitis als Erstes zu spüren bekam. Von den über 100 Waste-Management-Übernahmen erwiesen sich viele als überteuert oder unpassend und sorgten zudem für eine personelle Überbelegung in vielen Bereichen. Ganz nebenbei war das Unternehmen durch die Zukäufe auch in Branchen wie der Sondermüllentsorgung oder Rasenpflege aktiv geworden und begann nun, sich zu verzetteln. Mitte der Neunzigerjahre steckte Waste Management trotz seiner klaren Marktführerschaft in einer tiefen Krise.

Das konnte man von USA Waste, dem David in dieser Geschichte, sicherlich nicht behaupten. Das erst 1987 gegründete Entsorgungsunternehmen kam 1994 auf einen Jahresumsatz von 434 Millionen US-Dollar und rangierte damit weit hinter Milliardenkonzernen wie

USA Waste gegen Waste Management

Waste Management oder Browning-Ferris. Doch das sollte sich ändern, als in diesem Jahr der erfahrene Entsorgungsmanager John Drury die Leitung des Unternehmens übernahm. Drury war bis 1991 Vorstandschef bei Browning-Ferris gewesen und hatte anschließend drei Jahre als Investmentbanker gearbeitet. Mit seinem Engagement beim Regionalanbieter USA Waste befand er sich nun in einer typischen David-Situation, an der er jedoch schnellstens etwas ändern wollte.

Um seinen übermächtigen Konkurrenten Paroli bieten zu können, startete auch Drury ein wahres Übernahmefestival. Er fing mit kleinen Unternehmen an, arbeitete sich schließlich zu fünf Großentsorgern hoch und brachte USA Waste so in der Rangliste der größten Entsorger des Landes immer weiter nach vorne. Als vorläufig wichtigste Akquisition verleibte sich USA Waste für 2,5 Milliarden US-Dollar den Konkurrenten United Waste Systems ein und konnte sich anschließend als drittgrößtes Entsorgungsunternehmen in den USA bezeichnen. Bei seinen Aufkauforgien bewies Drury deutlich mehr Geschick als der Konkurrent Waste Management und konnte so auch dessen Probleme vermeiden. So stand USA Waste im Zusammenspiel zwischen Deponien und Fahrzeugrouten deutlich besser da als die Konkurrenz und musste zudem an andere Unternehmen weniger Gebühren für die Abnahme von nicht selbst entsorgbarem Müll bezahlen.

Währenddessen war die Lage bei Waste Management eskaliert. Angesichts der immer offener zu Tage tretenden Probleme gingen die Aktionäre – allen voran der bekannte Börsenspekulant George Soros – auf die Barrikaden und setzten das Management immer mehr unter Druck. Zwischen 1996 und 1998 gaben sich nacheinander vier Vorstandschefs gleichsam die Klinke in die Hand, doch selbst eine kurzzeitige Rückkehr des Firmenmitgründers Dean Buntrock beruhigte die Aktionäre nicht. Mehrere Strategiewechsel und eine Rückumbenennung, nachdem das Unternehmen 1993 in WMX umgetauft worden war, brachten genauso wenig wie ein Restrukturierungskonzept inklusive Personalabbau. Doch das dicke Ende kam erst, als 1997 mit Robert Miller wieder einmal ein neuer Vorstandschef sein Amt antrat.

Miller entdeckte, dass das Unternehmen fünf Jahre lang systematisch falsch bilanziert und damit die wahre Lage verschleiert hatte. Die nun notwendigen Wertberichtigungen lagen bei 3,5 Milliarden US-Dollar.

Mit seinem Bilanzskandal hatte sich der Goliath Waste Management selbst sturmreif geschossen. Miller, der ohnehin nur als Übergangslösung angetreten war, und die Aktionäre sahen angesichts der misslichen Lage nur noch im kompletten Auswechseln des Managements einen Ausweg. Als einfachste Möglichkeit erwies sich dabei die Flucht in einen anderen Konzern, und so bot Miller dem aufstrebenden Konkurrenten USA Waste die Übernahme von Waste Management an. Dem David wurde der Goliath damit gleichsam auf dem silbernen Tablett serviert.

John Drury, der zu dieser Zeit als bester Manager der Entsorgungsbranche galt, ließ sich diese Chance nicht entgehen. Keine drei Wochen nach Bekanntwerden der Bilanzprobleme verkündeten Waste Management und USA Waste ihre Fusion, die allerdings mit einem kompletten Rausschmiss der Waste-Management-Führung verbunden und damit in Wirklichkeit eine Übernahme war. 58.800 Mitarbeiter zählte der übernommene Marktführer zu diesem Zeitpunkt, bei einem Jahresumsatz von 9,2 Milliarden US-Dollar, während USA Waste es als Nummer 3 der Branche auf 17.700 Mitarbeiter und 2,6 Milliarden Umsatz pro Jahr brachte. Aktien im Wert von 13,5 Milliarden US-Dollar ließ sich USA Waste die Übernahme kosten.

Die Reaktionen auf die Übernahme gerieten zu einer schallenden Ohrfeige für die frühere Führungsriege von Waste Management. Ein Sprecher von George Soros verkündete, diese sei „das inkompetenteste Management, das ich je gesehen habe", während die *Business Week* angesichts der Übernahme von der „besten Nachricht, die die Aktionäre seit Jahren gehört haben", sprach. Tatsächlich stieg der Aktienkurs von Waste Management sofort nach Bekanntwerden der Fusionspläne. Neben einer Stärkung der Managementkompetenz versprachen sich Experten von der Zusammenlegung der beiden Unternehmen vor allem Synergieeffekte, die 800 Millionen US-Dollar Einsparung bringen sollten.

USA Waste gegen Waste Management

Nach der Übernahme des größten Konkurrenten übernahm USA Waste dessen für internationale Aktivitäten besser geeigneten Namen und firmierte fortan unter Waste Management. Das „neue Waste Management", wie die Firma nun in der Presse genannt wurde, brachte es in den USA auf einen Marktanteil von 20 Prozent und konnte sich bei über 11 Milliarden US-Dollar Umsatz und über 300 Deponien größtes Festmüllentsorgungsunternehmen der Welt nennen.

Der 53-jährige John Drury, der als Sohn eines Müllmanns einen traumhaften Aufstieg erlebt hatte, leitete den neu formierten Konzern und stand nun auf dem Höhepunkt seiner Karriere. In seiner Branche galt er als Lichtgestalt, die aus dem Mittelmaß herausragte. „Die erfahrenen Manager der Branche, von denen viele noch auf dem Müllauto groß geworden sind, erscheinen unfähig, die Firmen zu leiten, die sie sich selbst zusammengebastelt haben", schrieb die *Business Week*.

Mit John Drury ist der Aufstieg von USA Waste zum Weltmarktführer innerhalb von gut zehn Jahren mit einer genialen Persönlichkeit verbunden, ohne die der Erfolg undenkbar gewesen wäre. Dies ist typisch für David-Goliath-Geschichten. Weniger typisch ist, dass Drury diesen Erfolg nicht lange genießen konnte. Dies lag zum einen an Gesundheitsproblemen – Drury musste sich mehreren Gehirnoperationen unterziehen –, zum anderen aber auch an den geschäftlichen Problemen, die das neue Waste Management nun hinnehmen musste. Als im Mai 1999 einige hochrangige Kollegen Drurys einige ihrer Aktien verkauften, bevor das Unternehmen einige Wochen später einen Umsatzrückgang vermelden musste, stand Waste Management erneut in den Schlagzeilen. Da zudem die Bilanzierungsprobleme immer noch nicht bewältigt waren, sackte der Aktienkurs kräftig ab. Für einen Turnaround fehlte Drury jedoch offenbar die Kraft, und so reichte er im August 1999 seinen Rücktritt ein. Erneut übernahm Robert Miller übergangsweise die Leitung des Unternehmens. Erst unter dem neuen Vorstandsvorsitzenden Maurice Myers, der 1999 das Ruder übernahm, erreichte Waste Management wieder ruhigeres Fahrwasser.

Fast genau ein Jahr nach der Waste-Management-Übernahme

durch US Waste fand in der US-Entsorgungsbranche eine weitere David-Goliath-Geschichte ihren Höhepunkt. Allied Waste, zum damaligen Zeitpunkt Nummer 3 unter den Entsorgungskonzernen, übernahm für 7,3 Milliarden US-Dollar die Nummer 2, den verschuldeten Browning-Ferris-Konzern. Damit schluckte erneut ein US-Entsorgungsunternehmen einen dreimal so großen Konkurrenten. Dass die Entsorgungsbranche langweilig ist, kann nun wahrlich niemand mehr behaupten.

Erfolgsfaktoren

Das bessere Management John Drury, der als bester Manager seiner Branche galt, agierte beim Aufkaufen kleinerer Anbieter deutlich geschickter als die Konkurrenz.

Die besseren Voraussetzungen Durch erhebliche Managementfehler und Bilanzierungsprobleme manövrierte sich Waste Management in eine missliche Lage, die für USA Waste eine hervorragende Voraussetzung zur Übernahme darstellte.

Literatur
Richard A. Melcher: „Can Waste Management climb out of the muck?" *Business Week* vom 23.3.1998

Internet
www.wm.com

USA Waste gegen Waste Management

31 Der Leuchtturm des Ostfußballs – Hansa Rostock gegen die Topclubs aus dem Westen

Als 1990 die DDR aufhörte zu existieren, ging auch eine jahrzehntelange Erfolgsgeschichte im Sport zu Ende. Titel und Medaillen, so lautete die im Ostblock übliche Denkweise, sollte die Welt von der Überlegenheit des Sozialismus überzeugen, wenn dies schon mit wirtschaftlichen Argumenten nicht gelingen wollte. Die DDR erwies sich dabei als Musterschüler der in Sachen Leistungssport ebenfalls recht aktiven Sowjetunion und sammelte Weltmeistertitel und olympische Medaillen am Fließband. Eiskunstlaufen, Rudern, Leichtathletik, Rodeln – kaum eine Disziplin, in der die Kaderschmieden in Deutschland-Ost nicht kräftig abräumten. Ärgerlich nur, dass die DDR ausgerechnet im Fußball – immerhin Deutschlands Volkssport Nummer 1 – nie mit dem Westen mithalten konnte. Zwar gelang der DDR-Auswahl 1974 ein legendärer Sieg gegen die Bundesrepublik, nachdem im gleichen Jahr der 1. FC Magdeburg den einzigen Europapokalgewinn in der DDR-

Das Stadion von Hansa Rostock galt zu DDR-Zeiten als das schönste des Landes. Der Verein selbst verkörperte jedoch nur Mittelmaß. Überraschenderweise konnten sich die Rostocker nach der Wende als einzige Ostmannschaft der Bundesliga etablieren.

Geschichte eingefahren hatte. Von solchen seltenen Höhepunkten abgesehen, konnten die Fußballfunktionäre der DDR jedoch noch so sehr ihre Nase über die hoch bezahlten Westprofis rümpfen, sportlich waren diese den Staatsamateuren aus dem Osten deutlich überlegen.

Nach der Wiedervereinigung zählten diese deutsch-deutschen Rivalitäten ohnehin nicht mehr, denn nun mussten sich die einstigen Helden der DDR-Sportkultur in der Marktwirtschaft beweisen. Erwartungsgemäß taten sich Weltklasseathleten wie Katharina Witt oder Henry Maske damit deutlich leichter als die international nicht besonders angesehenen Fußballvereine. Man durfte also auf die Zukunft des DDR-Fußballs gespannt sein, als 1990 die letzte Saison der DDR-Fußballoberliga angepfiffen wurde.

Natürlich hatte der DDR-Abonnementsmeister Dynamo Berlin gute Voraussetzungen für den Sprung in Liga 1. Doch ob der verhätschelte Stasiclub, dessen fußballerische Qualitäten oft nur dank der Unterstützung parteiischer Schiedsrichter gedeihen konnten, im freien Spiel der Kräfte eine Chance hatte, daran zweifelten viele. Hohe Stücke hielten dagegen viele auf Dynamo Dresden, der 1989 und 1990 dem Berliner Konkurrenten die Meisterschaft weggeschnappt und sich zudem im Europapokal Respekt verschafft hatte. Auch Lokomotive Leipzig und der Ex-Europapokalsieger 1. FC Magdeburg gingen mit guten Chancen ins Qualifikationsrennen.

Den FC Hansa Rostock dagegen hatte zunächst niemand auf der Rechnung. Zu DDR-Zeiten hatte der Verein von der Ostsee weder Meisterschaften noch Pokalsiege erringen können und dabei allenfalls durch seine zahlreichen Abstiege und Trainerwechsel Aufsehen erregt. So galt vor der Wende nicht etwa ein sportlicher Erfolg als Höhepunkt der Rostocker Fußballgeschichte, sondern der Bau des dortigen Ostseestadions. Dieses wurde 1954 eingeweiht, nachdem es unter Beteiligung Tausender freiwilliger Helfer in über 200.000 unentgeltlichen Arbeitsstunden entstanden war. Das Ergebnis konnte sich sehen lassen und galt über Jahrzehnte hinweg als die schönste Arena der DDR. Selbst nach der Wende bezeichneten viele das Ostseestadion noch als bestes seiner Art in den neuen Bundesländern.

Mit dem neuen Stadion hatten die Rostocker zwar Beachtliches auf

Hansa Rostock gegen die Topclubs aus dem Westen

die Beine gestellt, doch eine adäquate Fußballmannschaft dazu gab es an der Ostsee nicht. Dies lag nicht zuletzt an der fehlenden Fußballtradition im Norden der Republik, wo man zu dieser Zeit eher vom Handball angetan war. So musste neben einem Länderspiel gegen Polen sogar die Nationalmannschaft der Feldhandballerinnen herhalten, um das neu gebaute Schmuckstück mit Leben zu füllen. Um an diesem Zustand etwas zu ändern, dachten sich einige Fußballfunktionäre eine aus heutiger Sicht unglaubliche Aktion aus: Sie versetzten die nahezu komplette Mannschaft eines Vereins aus dem Süden des Landes nach Rostock und ließen sie dort in einem neu gegründeten Club antreten.

Leidtragender dieser Mannschaftstransplantation war der sächsische Dorfverein Empor Lauter, der in den Jahren zuvor durch den Aufstieg in die DDR-Oberliga Furore gemacht hatte. Die Empor-Kicker aus der 8.000-Einwohner-Gemeinde, die auch nach dem Aufstieg mit guten Leistungen aufwarteten, hatten damit eine David-Goliath-Geschichte par excellence produziert, zumal sie ihre Er-folge ohne größere Parteiunterstützung erreicht hatten. Von Harry Tisch, dem späteren Vorsitzenden des Ost-Gewerkschaftsbundes FDGB, soll schließlich die Idee gestammt haben, die Spieler von Empor Lauter kollektiv nach Rostock zu transferieren. Planwirtschaftlich gedacht machte das zweifellos Sinn, denn im fußballbegeisterten Süden der DDR tummelten sich zu dieser Zeit zahlreiche Mannschaften, wobei es vor allem in der Erzgebirge-Region eine große Konzentration gab.

So kam es, dass im Oktober 1954 – die Saison lief bereits – elf Spieler aus dem Kader von Empor Lauter nach Rostock abreisten und dort mit dem neu gegründeten Verein Empor Rostock den Platz der Lauterer in der Oberliga einnahmen. Die wütenden Reaktionen der Lauterer Fußballfans hatten die Funktionäre dabei kalt gelassen, und auch der Protest des Bürgermeisters blieb ohne Folgen. Als Empor Rostock im November sein erstes Spiel austrug, war der Oberligafußball in Lauter bereits Geschichte. Während man im Erzgebirge noch grollte, hatte das Ostseestadion endlich seinen Publikumsmagneten gefunden.

Auch wenn das Rostocker Publikum die importierte Fußballelf erstaunlich gut annahm, rissen die Rostocker Kicker in den folgenden

Bitte schicken Sie Ihre Informationen an
meine Privatadresse:

Name/Vorname

Straße

Land/PLZ/Ort

Telefon/Telefax

email

oder an meine Firmenadresse:

Firma

Name/Vorname

Abteilung/Position

Straße

Land/PLZ/Ort

Telefon/Telefax

email

Antwort

REDLINE WIRTSCHAFT
z. Hd. Ursula Weber
Lurgiallee 6-8

D-60439 Frankfurt

Bitte
freimachen,
falls Marke
zur Hand

Liebe Leserin, lieber Leser

Gerne informieren wir Sie regelmäßig über unser aktuelles Buchprogramm. Bitte kreuzen Sie Ihre Interessengebiete an und senden Sie diese Karte an uns zurück.

○ *Management*
○ *Controlling und Finanzen*
○ *Office und Sekretariat*

○ *Marketing, Werbung und Verkauf*
○ *Beruf und Karriere*
○ *Ich bin an Veranstaltungen zu den von mir genannten Themen interessiert*

Diese Karte entnahm ich dem Buch ....

Unter den Einsendern dieser Karte verlosen wir monatlich 10 x unseren Spitzentitel des Monats.

Noch mehr Lust auf Informationen? Besuchen Sie uns im Internet!

www.redline-wirtschaft.de.

Bis bald – wir freuen uns auf Sie.

REDLINE WIRTSCHAFT

IMMER EIN BUCH VORAUS

Jahrzehnten keine Bäume aus. Daran änderte sich auch nichts, als 1965 die Fußballabteilung des inzwischen in verschiedenen Sportarten aktiven Vereins unter dem Namen „FC Hansa" ausgegliedert wurde. Da Empor und Hansa gleichermaßen zu DDR-Zeiten keinen einzigen Titel erringen konnten, nennen die Klubannalen heute fünf Vizemeisterschaften und ebenso viele verlorene Pokalendspiele als größte Erfolge der Vereinsgeschichte. Bei den seltenen Auftritten auf europäischer Ebene war stets spätestens in Runde 2 Schluss. Hansa-Spieler wie der spätere Vereinspräsident Gerd Kische berichteten später über eine nicht sonderlich professionelle Einstellung in Mannschaft und Clubführung, die größere Erfolge verhinderte. Als nicht gerade förderlich erwies sich zudem die Tatsache, dass immer wieder wichtige Hansa-Leistungsträger an bedeutendere Ostvereine abgegeben werden mussten, um die Zentren des Fußballsports zu stärken.

So gesehen war der FC Hansa nun wirklich nicht der Verein, der die richtigen Voraussetzungen für spätere Heldentaten in der Bundesliga mitbrachte. Dennoch darf man nicht übersehen, dass man in Rostock bereits Mitte der Achtzigerjahre einige Weichen stellte, die zum späteren Erfolg im vereinigten Deutschland führen sollten. Wie so oft war es eine Krisenzeit, in der die Neuorientierung gelang. 1986 musste Hansa Rostock nach schwachen Leistungen in der Oberliga wieder einmal in den sauren Abstiegsapfel beißen und sich damit zum fünften Mal mit der Zweitklassigkeit zufrieden geben. Im gleichen Jahr nahm mit dem Schiffsmakler Robert Pischke ein neuer Präsident sein Amt auf, der die Hansa-Kogge später mit glücklicher Hand durch die Unwägbarkeiten der Wiedervereinigung steuern sollte. Als eine der ersten Amtshandlungen verpflichtete Pischke mit Werner Voigt einen neuen Trainer, der sich zuvor einen Ruf als harter Hund erworben hatte.

Offenbar brauchten die etwas nachlässig agierenden Hansa-Kicker einen Trainer wie Voigt, denn nun ging es wieder aufwärts. Die Mannschaft stieg souverän zurück in die Oberliga auf und errang in der Saison 1988/89 mit Platz 4 in der Meisterschaft die beste Platzierung seit 20 Jahren. In der darauf folgenden Spielzeit überschatteten die historischen Ereignisse das Geschehen auf dem Fußballplatz. Die Mauer fiel, und nichts war mehr, wie es einmal gewesen war. Vereine

Hansa Rostock gegen die Topclubs aus dem Westen

aus dem Westen nutzten die Gunst der Stunde und machten Jagd auf die Topspieler aus dem Osten, die sich angesichts entsprechender Gehälter meist schnell überzeugen ließen. Doch während Vereine wie Dynamo Berlin oder Dynamo Dresden wichtige Leistungsträger verloren, konnte Hansa sein Team erst einmal zusammenhalten. Neben der Tatsache, dass in den Rostocker Reihen kein Topmann vom Schlage eines Matthias Sammer oder Ulf Kirsten kickte, kam ein Zufall dem Hansa-Management zu Hilfe. Kurz vor der Wende war nämlich der Hansa-Spieler Axel Kruse in den Westen geflohen, stand aber offiziell noch in den Diensten der Rostocker. Präsident Pischke konnte daher von Kruses neuem Klub Hertha BSC insgesamt eine halbe Million Mark Ablösesumme loseisen, was den Hanseaten erst einmal die Möglichkeit gab, ihre Spieler zu halten.

Weniger erfolgreich gestaltete sich für Hansa dagegen ein in der Saison 1989/90 abgeschlossener Kooperationsvertrag mit dem Bundesligisten Werder Bremen. Da die Wesermetropole bereits zu DDR-Zeiten eine Städtepartnerschaft mit Rostock eingegangen war, konnte Hansa-Präsident Pischke die bestehenden Kontakte zu Gesprächen mit den Werderanern nutzen. Im Februar 1990 schlossen die beiden Vereine schließlich ein Abkommen, das Werder Bremen die Kontrolle über die Spielertransfers von Hansa und eine 50-Prozent-Beteiligung an den Werbeeinnahmen zusicherte. Im Gegenzug sicherte Bremen verschiedene Unterstützungsleistungen zu, die jedoch recht bescheiden ausfielen. Da es den Rostockern schnell dämmerte, dass sie sich auf einen reichlich fragwürdigen Kontrakt eingelassen hatten, kündigte Pischke-Nachfolger Wolfgang Zöllick den Vertrag nach einjähriger Laufzeit. Der ansonsten auf Seriosität bedachte Werder-Manager Willi Lemke musste sich nun vorwerfen lassen, Hansa über den Tisch gezogen zu haben.

In der Zwischenzeit hatte sich neben den ehemaligen DDR-Vereinen auch der DFB zusammen mit seinem Ostgegenstück DFV Gedanken über die sportliche Wiedervereinigung gemacht. Für 1990/91 wurde die letzte DDR-Oberliga-Saison anberaumt, die gleichzeitig als Qualifikationsrunde diente. Auf die beiden Erstplatzierten dieser letzten Spielzeit wartete ein Platz in der Bundesliga, Platz 3 bis 6 berechtigte zum Start in Liga 2, während die verbleibenden Teams mit dem Amateurlager vorlieb nehmen mussten. Die unteren Fußballklassen der DDR wurden nach ähnlichen Regelungen in den Spielplan West einbezogen.

Als die DDR-Oberliga im Sommer 1990 unter diesen Vorzeichen in die letzte Saison startete, rechnete also kaum jemand mit Erfolgen von Hansa Rostock. Doch wieder einmal kam alles anders, als alle dachten. Nachdem Trainer Werner Voigt in den Wendewirren seinen Rücktritt eingereicht hatte, hatten die Hanseaten als erster Ostverein mit dem ehemaligen Bremer Uwe Reinders einen Trainer aus dem Westen verpflichtet. Der ursprünglich aus dem Ruhrgebiet stammende Reinders schaffte es vor allem, der Mannschaft die notwendige Abgebrühtheit zu vermitteln, um im Qualifikationskampf zu bestehen. So kam es, dass der jahrzehntelang allenfalls mittelmäßige FC Hansa ausgerechnet in der wichtigsten aller DDR-Oberliga-Spielzeiten zu einem Höhenflug ansetzte. Die Reinders-Truppe eroberte schnell die Tabellenspitze und wurde Herbstmeister. Bereits drei Spieltage vor Schluss stand Hansa als letzter DDR-Meister fest und hatte sich damit für die Bundesliga qualifiziert. Im Pokal trumpften die Rostocker ebenfalls auf und sicherten sich erstmals in der Vereinsgeschichte den Titel.

Um den zweiten Platz in der Bundesliga entbrannte ein ungleich härterer Kampf, den dank eines starken Endspurts schließlich Favorit Dynamo Dresden für sich entschied. Die Entwicklung der beiden ersten Bundesligisten aus dem Osten verlief in den Folgejahren jedoch ausgesprochen unterschiedlich. Dynamo Dresden musste nach einigen guten Jahren dem Missmanagement und den verbotenen Praktiken der Vereinsführung Tribut zollen und stürzte nach einem Lizenzentzug ins Bodenlose. Heute kickt der einstige Vorzeigeverein der letzten DDR-Jahre in der Regionalliga gegen Paderborn und Neumünster. Hansa Rostock dagegen entwickelte sich zur souveränen Nummer 1 im Osten Deutschlands und ließ als David von der Ostsee die ehemaligen DDR-Spitzenvereine weit hinter sich.

Zunächst einmal erhielten die Rostocker Zukunftshoffnungen jedoch einen herben Dämpfer, denn gleich in der ersten Bundesligasaison verpassten die Ostseekicker den Klassenerhalt. Nach gutem Start

Hansa Rostock gegen die Topclubs aus dem Westen

inklusive Tabellenführung und einem Auswärtssieg gegen Bayern München wurden die Hanseaten immer weiter nach hinten durchgereicht und mussten am Ende den Gang in die Zweite Liga antreten. Viele Experten sahen nun schon das Ende der Rostocker Herrlichkeit gekommen und gaben Dynamo Dresden für die Zukunft größere Chancen. Doch nach drei Jahren der Zweitklassigkeit schaffte Hansa den erneuten Sprung in die Erstklassigkeit, während Dresden abstürzte. Beim zweiten Anlauf in der Bundesliga hatte der FC Hansa mehr Glück als bei der Premiere 1991 und konnte sich so bis heute in der Eliteklasse halten.

Eine ausgesprochene Besonderheit am Rostocker Erfolg ist, dass er nicht mit einer bestimmten Person verbunden ist. Praktisch alle anderen in diesem Buch vorgestellten David-Unternehmen wurden über einen längeren Zeitraum hinweg von einer einzelnen Persönlichkeit oder einem kleinen Team geführt und groß gemacht. So wäre Microsoft ohne Bill Gates genauso wenig denkbar wie Red Bull ohne den genialen Marketingfachmann Dietrich Mateschitz oder Axa ohne den umtriebigen Claude Bébéar. Bei Hansa dagegen blieb bei der Besetzung der wichtigsten Vereinspositionen allenfalls der Wandel beständig. Als Trainer gaben sich seit dem Bundesligastart Fußballlehrer wie Erich Rutemöller, Horst Hrubesch, Ewald Lienen und Andreas Zachhuber die Klinke in die Hand, während auf dem Präsidentenstuhl unter anderem Gerd Kische, Gernot Pöttrich, Peter-Michael Diestel und Eckhardt Rehberg saßen und wieder gingen. Einen krassen Gegensatz stellt dies insbesondere zum SC Freiburg, dem anderen Liga-David, dar, bei dem Präsident Achim Stocker längst das dreißigjährige und Trainer Volker Finke das zehnjährige Dienstjubiläum feiern konnten. Doch trotz dieser scheinbar fehlenden Kontinuität hat es der FC Hansa offensichtlich geschafft, den nötigen Sachverstand in den entscheidenden Positionen des Vereins aufzubringen. Dabei erwies sich – aus welchen Gründen auch immer – die Strategie, die Trainer aus dem Westen, das Management dagegen aus dem Osten zu holen, als äußerst erfolgreich.

Es gibt jedoch auch Parallelen zum SC Freiburg. Die Situation der Stadt Rostock als sozialer Brennpunkt mit hoher Arbeitslosigkeit ge-

242   *David und das bessere Management*

hört sicherlich nicht dazu, denn die beschauliche Breisgau-Stadt steht wirtschaftlich deutlich besser da. Doch trotz der nicht gerade rosigen Lage ist Rostock – im Gegensatz zu anderen Krisenregionen – kein Zentrum der Fußballbegeisterung. Als die Hanseaten in der Zweiten Liga kickten, lag der Zuschauerschnitt bei 3.000 pro Spiel, an schlechten Tagen verirrten sich gerade noch 600 Hansa-Fans ins Ostseestadion. Doch gerade dieser fehlende Fanatismus ermöglicht dem Hansa-Management offensichtlich ein ruhiges Arbeiten, wie es auch in Freiburg möglich ist. Natürlich kann der finanziell nicht gerade auf Rosen gebettete FC Hansa auch einige andere typische David-Vorteile nutzen. So ist der Ostseeclub für viele junge Talente gerade deshalb interessant, weil die großen Stars fehlen und so auch Nachwuchskräfte ihre Chance erhalten.

Ein anderer Umstand, von dem Hansa Rostock zweifellos profitiert, ist die geringe Konkurrenz im Osten. Da sich die Hanseaten als einzige Mannschaft aus den neuen Bundesländern seit Jahren in der Bundesliga halten können, bleibt vielen Fußballfans aus dem Osten gar nichts anderes übrig, als dem häufig als „Leuchtturm des Ostfußballs" bezeichneten Verein die Daumen zu drücken. Kein Wunder, dass die Rostocker selbst zu mageren Zweitligazeiten gute Einschaltquoten im Deutschen Sportfernsehen (DSF) erzielten. Diese Popularität lässt sich auch gegenüber Sponsoren gut geltend machen, zumindest so lange, bis sich ein weiterer Ostclub in der Bundesliga etabliert.

Abgesehen von den Hanseaten aus der Ostseestadt konnte in den vergangenen Jahren nur ein weiterer Ostverein dem deutschen Profifußball seinen Stempel aufdrücken: Energie Cottbus. Auch bei dem Verein aus der Lausitz handelt es sich um einen David reinsten Wassers, der zu DDR-Zeiten nur unter „ferner liefen" rangierte. Die wie Hansa Rostock aus einer Mannschaftsverpflanzung entstandene Energie aus Cottbus verschlief die meisten Jahre des DDR-Fußballs in der Zweitklassigkeit und konnte sich in der letzten Oberligasaison nicht einmal für die Zweite Bundesliga qualifizieren. Die Wende kam, als 1994 Trainer Eduard Geyer das Ruder übernahm. Geyer, der nicht gerade als Freund eines antiautoritären Führungsstils gilt, formte eine schlagkräftige Truppe, setzte auf Spieler aus Osteuropa und

Hansa Rostock gegen die Topclubs aus dem Westen

schaffte 1996 den Sprung in Liga 2. War schon dieser Aufstieg in die Zweite Bundesliga für die Geyer-Truppe eine Sensation, so übertraf der Aufstieg in die Bundesliga im Jahr 2000 alle Erwartungen. Immerhin drei Spielzeiten konnte sich die ostdeutsche Multikulti-Truppe im Oberhaus halten, bevor man 2003 den Abstieg in die Zweitklassigkeit antreten musste.

Hansa Rostock blieb dieses Schicksal bisher erspart, auch wenn die Kicker von der Ostsee mehrmals in den letzten Jahren das rettende Ufer erst im letzten Moment erreichten. So konnten die Hanseaten bisher ihre Stellung als „deutschlandweiter Multiplikator für das Land" (Ministerpräsident Bernd Seite) behaupten. Die legendäre Ost-Rockbands Puhdys wusste schon beim Bundesligaaufstieg, woran dies lag. Sie sangen „FC Hansa, du bist so genial".

Erfolgsfaktoren

Das bessere Management Obwohl es in der Hansa-Führung zahlreiche Wechsel gab, war offenbar immer genügend Sachverstand vorhanden, um den Verein trotz bescheidener Möglichkeiten auf Erfolgskurs zu halten.

Die besseren Voraussetzungen Da die anderen Ostclubs in den letzten Jahren nur wenig zustande brachten, hat Hansa Rostock zwangsläufig einen großen Einzugsbereich.
In Rostock gibt es vergleichsweise wenig Fußball-Fanatismus und eine moderate Presse, was dem Management die Arbeit erleichtert.

Literatur

Markus Hesselmann, Michael Rosentritt: *Hansa Rostock. Der Osten lebt.* Verlag Die Werkstatt, Göttingen 1999
Matthias Wolf: „Die letzte Hochburg des Ostens". *Die Welt* vom 24.5.1995

Internet

www.fc-hansa-rostock.de

32 Die Wendelin-Wende – Porsche gegen die Giganten der Automobilindustrie

„Kaum vorstellbar, dass dieser unscheinbare Mann eines der renommiertesten deutschen Unternehmen retten kann", schrieb der *Spiegel* 1993 über den damals neuen Vorstandsvorsitzenden der Porsche AG, Wendelin Wiedeking. Kein Wunder, wirkte der damals 41-jährige Nachwuchsmanager doch nun wirklich etwas unbeholfen in der maroden Luxuswelt des Porsche-Konzerns, dessen Rettung sowieso niemand mehr für möglich hielt. Porsche steckte in einer tiefen Krise, und Wiedeking, so dachten alle Experten, würde bestenfalls als derjenige Porsche-Lenker in die Unternehmensgeschichte eingehen, der mit einem Käufer die Bedingungen für die Übernahme aushandelte. Jeder, der gesagt hätte, dass Porsche schon wenige Jahre später der profitabelste aller Automobilproduzenten werden sollte, wäre für verrückt erklärt worden. Doch es kam anders.

Unter Führung von Wendelin Wiedeking stieg Porsche zum Vorzeige-David auf. Als kleinster unabhängiger Autobauer erwirtschaftete das Unternehmen die branchenweit höchsten Umsatzrenditen.

Wie so viele andere Unternehmenskrisen, so begann auch das Porsche-Debakel mit schweren Fehlern in Erfolgszeiten. Unter der Führung des Verkaufstalents Peter Schutz durchlebte Porsche von 1984 bis 1987 einige sorgenfreie Jahre, die nicht zuletzt von einem hohen Dollarkurs begünstigt wurden. Der Wechselkurs der amerikanischen Währung spielt bei Porsche traditionell eine wichtige Rolle, da fast die Hälfte der Sportwagen in die USA geliefert werden. Im Taumel des Erfolgs verpasste es Schutz jedoch, neue Modelle entwickeln zu lassen und die Produktion zu modernisieren. Als die Nachfrage nach den langsam veraltenden Modellen 924 und 944 nachließ und sich dann auch noch der Dollarkurs wieder nach unten entwickelte, stand Porsche auf einmal in der tiefen Krise. Zu spät, so meinen viele Kritiker, reagierte der Aufsichtsrat unter Ferry Porsche und ersetzte Schutz durch Heinz Branitzki, dem später Arno Bohn folgte.

Bohn, der vom Computerbauer Nixdorf kam, ging jedoch auch nicht gerade als richtiger Mann zur richtigen Zeit in die Firmengeschichte ein. Im Gegenteil: Wirtschaftsjournalist Günter Ogger nahm den Vertriebsexperten 1992 an prominenter Stelle in seinen Bestseller „Nieten in Nadelstreifen" auf – als einen von 22 besonders unfähigen Missmanagern. Zu den Fehlgriffen Bohns zählte zweifellos, dass er für den Weg aus der Krise zunächst einen neuen, viersitzigen Sportwagen konzipieren ließ und das Projekt anschließend noch vor der Vollendung wieder einstampfte. Immerhin sollte sich das von ihm anschließend initiierte Roadster-Modell Boxster später als Erfolg erweisen.

Neben Kompetenzmangel im Management galt vor allem die bescheidene Größe des Unternehmens als Grund für die Krise. Während Konzerne wie Daimler und Volkswagen ihre Fahrzeuge in Millionenstückzahlen auf den Markt brachten, konnte Porsche selbst in seinen besten Zeiten die Marke von 60.000 Autos pro Jahr nicht überschreiten. Warum dies ein Nachteil ist, liegt auf der Hand: Ein David unter den Autobauern wie Porsche muss die teilweise milliardenschwere Entwicklung eines Automodells auf eine vergleichsweise geringe Stückzahl umlegen, was das einzelne Fahrzeug unweigerlich teurer macht. Ein Goliath in Form eines Großkonzerns kann den Stückpreis dagegen deutlich niedriger veranschlagen. Dies ist auch der Grund, warum Unternehmen wie Daimler-Benz und Chrysler fusionierten und warum zahlreiche Autobauer inklusive Jaguar, Opel und Volvo längst ihre Unabhängigkeit verloren haben.

Porsche, der kleinste noch unabhängige Automobilproduzent, galt somit Anfang der Neunzigerjahre als Übernahmekandidat. Die Zahlen des Jahres 1992 sprachen eine deutliche Sprache: Fast 120 Millionen Euro Verlust und eine Marktkapitalisierung von geradezu lächerlichen 300 Millionen Euro standen zu Buche, während nur noch kümmerliche 15.000 Exemplare der Stuttgarter Sportwagen pro Jahr ihre Käufer fanden. „Die Mannschaft war weniger demotiviert als verzweifelt", kommentiert der spätere Aufsichtsratsvorsitzende Helmut Sihler die Stimmung im Porsche-Management angesichts der ausweglos scheinenden Lage.

In dieser Situation sollte nun ausgerechnet der bis dahin kaum bekannte Nachwuchsmann Wendelin Wiedeking die Kohlen aus dem Feuer holen. Immerhin hatte dieser zuvor als Porsche-Produktionschef gute Arbeit geleistet und konnte in Form von Produktivitätssteigerungen einige Achtungserfolge vorweisen. Seine Karriere hatte alle Züge einer David-Goliath-Geschichte: Der 1952 geborene promovierte Maschinenbauer stammt aus einfachen Verhältnissen („Ich habe für mein erstes Auto hart arbeiten müssen") und kletterte in Rekordzeit nach oben. Seine berufliche Laufbahn startete er bei Porsche, wohin er nach einem Gastspiel bei einem Zulieferer wieder zurückkehrte. Doch allen unbestrittenen Erfolgen zum Trotz, den angeschlagenen Porsche-Konzern wieder auf Vordermann zu bringen, das traute Wiedeking kaum jemand zu.

Heute wissen wir längst, dass es anders kam. Doch wie schaffte Wiedeking die Wende? Natürlich fing er erst einmal dort an, wo er sich am besten auskannte: in der Produktion. Er ließ den gesamten Fertigungsprozess systematisch analysieren, forderte von seinen Mitarbeitern mehr Leistung und setzte damit einige Rationalisierungsmaßnahmen in Gang. Nachdem Porsche nicht zuletzt wegen der japanischen Konkurrenz ins Hintertreffen geraten war, engagierte Wiedeking kurzerhand japanische Organisationsexperten, die mit ihrem

Porsche gegen die Giganten der Automobilindustrie

Know-how für weitere Verbesserungen sorgten. Die harte Rationalisierung machte zahlreiche Arbeitskräfte überflüssig – 1800 Mitarbeiter mussten gehen.

Doch selbst mit dem härtesten Rationalisierungskurs war die Wende bei Porsche nicht zu schaffen. Der Schlüssel zum Erfolg lag laut Wiedeking daher in einer anderen Idee: Er nutzte die Tatsache, dass eine überschaubare Unternehmensgröße auch ihre Vorteile hat. Einige davon liegen auf der Hand: Ein Unternehmen wie Porsche mit nur einer Marke, drei Baureihen und etwa 10.000 Mitarbeitern lässt sich nun einmal einfacher manövrieren als ein Koloss wie DaimlerChrysler, der neben unterschiedlichen Firmenkulturen auch zahlreiche Marken – etwa Mercedes, Chrysler, Jeep und Maybach – unter einen Hut bringen muss.

Wiedeking sieht es als größten Trumpf seines Unternehmens an, dass er die Gewohnheiten der großen Konkurrenten kennt und schnell auf sie reagieren kann. Leider schweigt er sich darüber aus, wie seine Reaktionen auf die Gewohnheiten der Großen in der Praxis aussehen – Geschäftsgeheimnis.

Kein Geschäftsgeheimnis ist dagegen das Geschäftsprinzip von Porsche, das eigene Know-how und eigene Entwicklungskapazitäten an andere Automobilbauer zu verkaufen und somit auch als Zulieferer – beispielsweise für Audi und Mercedes – aufzutreten. Auch dies ist für ein kleines Unternehmen, das die Konkurrenten nicht als Bedrohung betrachten, einfacher zu bewerkstelligen als für einen Branchenriesen.

Porsche betont damit mehr als jedes andere in diesem Buch erwähnte Unternehmen die Vorteile der geringen Größe. Auch wenn andere bereits beschriebene Unternehmen – etwa Jung von Matt oder der SC Freiburg – ähnliche Argumente anführen, so bleibt Porsche doch das Musterbeispiel für das bewusste Dasein eines Davids aus Prinzip. Was Porsche allerdings weniger in den Vordergrund stellt, ist die Tatsache, dass zweifellos noch ein weiterer Aspekt einen großen Anteil an der Bewältigung der Porsche-Krise hatte: der Name des Unternehmens. Porsche gehört nun einmal zu den bekanntesten Automarken der Welt und hatte selbst in der tiefsten Krise noch einen guten Klang. Kaum anzunehmen, dass Wiedeking die Wende geschafft hätte, wenn sein Unternehmen Daewoo oder Hyundai geheißen hätte.

Wiedeking unternahm einige Anstrengungen, um das David-Prinzip durch eine Verschlankung noch intensiver nutzen zu können. Er strich zwei von sechs Hierarchieebenen und lagerte zahlreiche Arbeitsgänge, die zuvor im Unternehmen erledigt wurden, an externe Anbieter aus. Nicht zuletzt reduzierte er auch die Stellen im Management um ein Drittel, wobei vor allem die mittlere Ebene kräftig Federn lassen musste. Die Produktion der Modelle 928 und 968 stellte Wiedeking ein.

Mit dieser Schrumpfkur war es natürlich nicht getan, und so gründete Wiedeking konzerneigene Vertriebsgesellschaften, um die Präsenz in den jeweiligen Absatzmärkten zu stärken und neue zu erschließen. Darüber hinaus knöpfte er sich die Modellpalette vor: Dem Porsche 911, nach wie vor das bekannteste Produkt des Hauses, verordnete er einige Neuerungen, während mit dem Roadster Boxster endlich auch wieder ein neues Porsche-Modell auf den Markt kam und die Verkaufszahlen spürbar anheizte. Der Boxster schlug genauso ein wie 2002 die Einführung des Cayenne, mit dem sich das Unternehmen erstmals in den Markt für Geländewagen traute. Doch nicht nur im Autobau tat sich einiges in Zuffenhausen: Unter dem Namen Porsche Accessoires bietet das Unternehmen inzwischen vom Spielzeugauto bis zur Kaffeetasse zahlreiche weitere Produkte an, die das Porsche-Logo tragen, weil sie „zeitlos, hochwertig und individuell sind" (Web-Seite).

Das David-Prinzip, die Nutzung des guten Namens und das Managementgeschick Wiedekings verfehlten ihre Wirkung nicht, und so ging es mit Porsche nach dessen Amtsantritt steil bergauf. Bereits nach drei Jahren erreichte das Unternehmen wieder die Gewinnzone und zerstreute damit alle Übernahmespekulationen. Porsche steigerte sich von Jahr zu Jahr und produzierte „mit der Präzision eines Automatikgetriebes ein Rekordergebnis nach dem anderen" (*Manager Magazin*). Im Geschäftsjahr 2002/2003 kam das Unternehmen auf 5,58 Milliarden Euro Jahresumsatz und 68.800 verkaufte Fahrzeuge, wobei die Umsatzrendite sensationelle 17 Prozent betrug. Das war

Porsche gegen die Giganten der Automobilindustrie

ein klarer Rekord für die Autobranche. Darüber konnten sich auch die Aktionäre freuen, denn der Aktienkurs wuchs gegenüber dem Tiefstand um mehr als das 25fache. Aus dem Sorgenkind war das Vorzeigeunternehmen der gesamten Branche geworden.

Wie sein Unternehmen, so hat sich auch Wiedeking im Laufe seiner Vorstandstätigkeit gewandelt. Sein Pressesprecher Anton Hunger, der zweifellos ebenfalls einen erheblichen Anteil am Porsche-Erfolg hat, baute für ihn ein Image auf, als ginge es darum, einen Sportler für Sponsoren interessant zu machen. Wiedeking präsentierte sich in der Öffentlichkeit als unbequemer Querdenker, der seine oftmals undiplomatischen Äußerungen sicherlich nicht immer ganz aus Versehen platzierte. So verkündete er, Helmut Kohl habe von Wirtschaft „nachweislich keine Ahnung", schimpfte über Manager, die sich auch im Misserfolg steigende Gehälter genehmigen, und legte sich mit der Deutschen Börse an, weil er keine Quartalsberichte mehr veröffentlichte. Er kritisierte Subventionen für Unternehmen und verzichtete beim Bau eines Werks in Leipzig demonstrativ auf eine staatliche Förderung.

Dass Wiedekings Imagepflege so gut funktioniert, liegt sicherlich an einem weiteren David-Vorteil, der homogenen Zielgruppe des Unternehmens. Porschefahrer sind schließlich größtenteils Unternehmer und hochrangige Manager, die sich mit Wiedekings Aussagen bestens identifizieren können. Vielen davon spricht sicherlich auch der meistzitierte Satz des Porsche-Sanierers aus dem Herzen: „Wenn Größe das entscheidende Kriterium wäre, müssten die Dinosaurier noch leben."

Erfolgsfaktoren

Das bessere Management Porsche-Chef Wiedeking nutzt konsequent die Vorteile eines vergleichsweise kleinen Unternehmens.

Die besseren Voraussetzungen Auch in der tiefsten Krise hatte Porsche immer noch einen glanzvollen Namen. Später nutzte das Unternehmen diesen Vorteil zusätzlich für die Vermarktung von Produkten, die nichts mit Autos zu tun haben, wie etwa Kleidung.

Die überschaubare Größe des Unternehmens bietet Vorteile wie Flexibilität und die Möglichkeit, als Zulieferer für andere aufzutreten.

Literatur

Wendelin Wiedeking: *Das Davidprinzip*. Eichborn, Frankfurt 2002
Dietmar Hawranek: „Wer bellt, muss auch beißen". *Der Spiegel* 43/1993
Claus Gorgs: „Wendelins Welt". *Manager Magazin* 5/2003

Internet

www.porsche.de

33 Vom Bauernhof zum Weltmarktführer – Logitech gegen Microsoft

Kein Zweifel, das Weltzentrum der milliardenschweren Branche für PC-Zubehör hätte man sich anders vorgestellt. Anders jedenfalls als das westschweizerische Dörfchen Romanel-sur-Morges bei Lausanne, unweit des Genfer Sees. Die reizvolle Landschaft und der bei guter Fernsicht erkennbare Montblanc würden hier eher eine bedeutende Tourismusregion vermuten lassen, die zahlreichen Bauernhöfe eher eine florierende Landwirtschaft. Nach Hightech sieht es in der beschaulichen 470-Seelen-Gemeinde in der französischen Schweiz jedenfalls nicht aus.

Doch der Schein trügt. Seitdem der Schweizer Daniel Borel zusammen mit seinem italienischen Kollegen Pierluigi Zappacosta in Romanel-sur-Morges eine der erfolgreichsten Firmen der New Economy etabliert hat, ist das kleine Dorf zu einem bedeutenden Unternehmensstandort geworden. In diesem Zusammenhang steht Romanel-sur-Morges zudem für die provinzielle Heimat eines kleinen Davids, der auszog, den Goliaths der Computerbranche das Fürchten zu lehren.

Logitech gegen Microsoft   **251**

Die Geschichte begann Ende der Siebzigerjahre, als Daniel Borel, der es in seiner Jugend zu Weltklasseleistungen im Wasserskifahren gebracht hatte, als Stipendiat an der renommierten US-Universität Stanford studierte. Dort machte der computerbegeisterte Schweizer Bekanntschaft mit einem Gerät, das bereits im Jahr 1964 erfunden worden war, das bis dahin aber kaum jemand kannte: mit der Computermaus. Borel beobachtete, wie einige seiner Kommilitonen mit Mäusen arbeiteten und damit mühelos durch den Internetvorläufer ARPA-Net navigierten. Die Vorteile dieser Technik leuchteten ihm sofort ein.

Zurück in der Schweiz, versuchte Borel, selbst eine Computermaus zu entwickeln. Er schrieb die notwendige Software dazu und ließ die Mechanik von Uhrmachern aus der Region fertigen. Um seine Entwicklung zu vermarkten, gründete er zusammen mit dem Italiener Pierluigi Zappacosta eine Firma, die er „Logitech" nannte – ein Kunstwort, zusammengesetzt aus „Logiciel" (französisch für „Software") und „Technik". Logitech hatte seinen Sitz zunächst im 1.000-Einwohner-Dorf Apples, zog jedoch später in das nahe gelegene Romanel-sur-Morges um. Von einem Wunderwerk der Designkunst konnte bei Logitechs erstem Mausmodell jedoch noch keine Rede sein, sie hatte noch die Form einer Halbkugel mit drei Knöpfen. Für stolze 300 US-Dollar war sie zu haben. Angesichts des wenig erbaulichen Preis-Leistungs-Verhältnisses wurde das Gerät zum Flop und stürzte das junge Unternehmen in die erste existenzbedrohende Krise. Es sollte nicht die letzte bleiben.

Zum Glück für Logitech kam der Markt für Computermäuse gerade noch rechtzeitig in Gang. 1984 nahmen PC-Hersteller wie Hewlett-Packard, Apple und IBM die praktischen Eingabegeräte in ihr Programm auf und bescherten Logitech erste Großaufträge. Borel und Zappacosta richteten daraufhin die erste Produktionsanlage in einem umgebauten Bauernhof ein – die legendäre Geschichte vom Welterfolg aus dem Kuhstall hatte ihren Anfang genommen.

Durch ihr erstes, gescheitertes Produkt hatten die Logitech-Gründer zu dieser Zeit schon einen Wissensvorsprung, und den wussten sie zu nutzen. So konnte Logitech nicht nur der Billigkonkurrenz aus

David und das bessere Management

Fernost Paroli bieten, sondern auch dem immer bedeutender werdenden Branchenriesen Microsoft. Ausgerechnet der Milliardenkonzern von Bill Gates, für den der Verkauf von Computermäusen nicht mehr als ein Zubrot darstellte, entwickelte sich zum wichtigsten Konkurrenten von Logitech. Zusammen beherrschen die beiden ungleichen Firmen heute etwa drei Viertel des Weltmarkts für Computermäuse – ein Vergleich mit David und Goliath drängt sich schon durch den Größenunterschied zwischen den beiden Unternehmen auf.

Logitechs Umsatz stieg nun von Jahr zu Jahr. Das Unternehmen gründete ein zweites Hauptquartier in Kalifornien, richtete in Irland eine Produktionsstätte ein und expandierte erfolgreich in den Markt für PC-Tastaturen. Seine zweite große Krise erlebte Logitech ausgerechnet 1994, als der PC-Markt boomte wie nie zuvor. Das neue Betriebssystem Windows 3.0 von Microsoft mit seiner grafischen Benutzeroberfläche verlangte nach neuen starken Rechnern und heizte so die Nachfrage kräftig an. Doch das brachte Logitech wenig, da sich die PC-Hersteller immer mehr mit Billigprodukten aus Fernost eindeckten. „Wir waren zu verliebt in die Technik", verriet Borel später dem *Spiegel* den Grund für die Krise und räumte ein, dass die Logitech-Manager das Thema Marketing sträflich vernachlässigt hatten. Borel erwies sich jedoch als guter Krisenmanager. Er schloss die Produktion in Irland und gründete dafür eine neue Produktion im Billiglohnland China. Nachdem mehrere Hundert Mitarbeiter entlassen worden waren, gelang es der Firmenleitung mit einer neuen Marketing- und Verkaufsabteilung, das Ruder schließlich herumzureißen.

In den Folgejahren konnte Logitech außerdem seine Abhängigkeit von den Computerherstellern verringern. Zwar belieferte das Unternehmen nach wie vor die Großen der Branche wie Dell und Hewlett-Packard, doch der Anteil des Einzelhandels wuchs auf etwa die Hälfte des Umsatzes. Insbesondere zu den Elektronikfachmärkten in aller Welt unterhält das Unternehmen bis heute gute Beziehungen, was Experten für einen der Erfolgsfaktoren von Logitech halten. Dabei ist von Vorteil, dass die Margen im Einzelhandel deutlich größer sind als bei den PC-Herstellern. Neben einer geschickten Preispolitik – Logitech-Produkte kosten in der Regel etwas mehr als der Durchschnitt –

Logitech gegen Microsoft　　　　　　　　　　　　　　　　**253**

trug zum Erfolg die Tatsache bei, dass das Management Logitech geschickt als starke Marke etablierte. Dies belegt eine Anekdote: Computernutzer wählten in einer Umfrage Computertastaturen von Logitech auf Platz vier unter den besten Produkten dieser Art – zu einem Zeitpunkt, als das Unternehmen noch gar keine Tastaturen verkaufte.

Doch auch die geschickte Strategie der Logitech-Manager konnte nicht verhindern, dass das Unternehmen Ende 1997 in seine dritte Krise rutschte. Zunächst musste der Mäusespezialist den Ausfall von Millionenbeträgen verkraften, nachdem das Unternehmen, das die Logitech-Scanner-Sparte übernehmen wollte, Pleite gegangen war. Anschließend sorgten verschiedene schlecht laufende Produkte für unerwartete Umsatzeinbrüche und einen deutlichen Gewinnrückgang. In der Krise kam der Italiener Guerrino de Luca, zuvor als Marketingspezialist beim Computerbauer Apple aktiv, als neuer CEO, während Borel sich in den Aufsichtsrat zurückzog. Nach einer Neuordnung des Portfolios inklusive Aufkauf des Digitalkameraherstellers Connectix ging Logitech auch aus dieser schweren Phase gestärkt hervor und konnte das letzte Quartal 1998 sogar mit Rekordzahlen abschließen. Nicht zuletzt die boomenden kabellosen Mäuse und Tastaturen hatten für den Umschwung gesorgt. Borels Entscheidung für de Luca hatte sich ausgezahlt, und seine Begründung erwies sich als richtig: „Er hat Erfahrung mit Misserfolgen."

Was folgte, war alles andere als ein Misserfolg. De Luca trieb Logitech weiter nach oben und konnte nicht weniger als 18 Rekordquartale in Folge vermelden. Angesichts der Tatsache, dass die Schweizer „mit geradezu unglaublicher Konstanz ständig neue Bestwerte" (*Wirtschaftswoche*) lieferten, entdeckten die Börsianer einen neuen Helden und ließen den Logitech-Kurs in ungeahnte Höhen klettern. Im Vergleich zum Mai 1998 stieg der Wert der Logitech-Aktie an der New Yorker Technologiebörse NASDAQ um stolze 637 Prozent – und das trotz der im Frühling 2000 einsetzenden Krise am Aktienmarkt. Zumindest als Investment hatte Logitech damit den Rivalen Microsoft um Längen geschlagen.

Interessant ist, dass Logitech seinen Siegeszug auch angesichts eines bröckelnden PC-Markts fortsetzte. Offensichtlich verkaufte das Unternehmen gerade deshalb so viele Mäuse, Tastaturen und sonstige Peripherie, weil weniger PCs nachgefragt wurden. Dies lag wohl daran, dass sich viele Anwender statt eines neuen Computers lieber einen neuen Joystick oder eine Funkmaus gönnten. Erst im Sommer 2003 sorgte Logitech mit einer Gewinnwarnung nach langer Zeit wieder für schlechte Nachrichten.

Heute sind für das Unternehmen weltweit 4.800 Mitarbeiter aktiv. Etwa die Hälfte des Umsatzes wird mit Mäusen und Tastaturen, der Rest mit anderen Peripherieprodukten vom Joystick über die Lautsprecherbox bis zur Digitalkamera erzielt. Über 100 Millionen Logitech-Artikel finden pro Jahr ihren Käufer. Vor allem der milliardenschwere Markt für Computerspiele-Peripherie – der echte Profispieler liebt Lenkrad, Steuerknüppel und Ähnliches heutzutage authentisch und lässt sich das auch etwas kosten – sorgt für weitere Wachstumsmöglichkeiten. Der neueste Schrei heißt Force Feedback, was bedeutet, dass beispielsweise das Lenkrad am PC im Computerspiel nicht nur lenkt, sondern ein realitätsnahes Eigenleben führt. Innovativ ist zweifellos auch die Textiltastatur, die der Anwender eines Taschencomputers (auch PDA, also Personal Digital Assistant, genannt) wahlweise zum Tippen oder zum Einwickeln des kleinen Geräts verwenden kann.

Die größten Logitech-Umsatzträger sind jedoch nach wie vor Tastaturen und Mäuse, wo das Unternehmen einen Weltmarktanteil von etwa 30 Prozent vorweisen kann. Damit liegt Logitech etwa gleich auf mit dem großen Rivalen Microsoft. In Deutschland kann sich Logitech jedoch mit 40 Prozent als alleinigen Mäusemarktführer bezeichnen. Auch wenn Logitech inzwischen die Grenze von einer Milliarde US-Dollar Jahresumsatz überschritten hat (1998 waren es noch 390,2 Millionen), gegenüber Microsoft, das es jährlich auf etwa das Dreißigfache bringt, ist das Schweizer Unternehmen bis heute nur ein Zwerg. Außer Microsoft und Logitech spielt auf dem Mäusemarkt kein anderer Hersteller eine nennenswerte Rolle.

Natürlich hat es nicht an Erklärungen für den großen Erfolg des ehemaligen Kuhstall-Unternehmens Logitech gefehlt. „Schweizer

Logitech gegen Microsoft

Gründlichkeit und amerikanische Marketingphilosophie" hat beispielsweise die *Financial Times Deutschland* als Erfolgsfaktoren ausgemacht. Neben den immer wieder genannten guten Kontakten zu den Elektronikhandelsketten verweist Logitech-Gründer Daniel Borel auch gerne auf die Kosteneffizienz. Bei Logitech gibt es keine Dienstwagen, geflogen wird stets Economy-Klasse. Entscheidend ist jedoch zweifellos auch, dass Logitech eine Marktnische gefunden hat, die für die großen Elektronikkonzerne zu klein, aber dennoch attraktiv genug für ein mittelgroßes Unternehmen ist.

Dabei ist der Rivale Microsoft in mehrerlei Hinsicht Fluch und Segen gleichzeitig: Mit seiner dominierenden Stellung im Softwaremarkt hat das Unternehmen einen großen Einfluss auf die Nachfrage nach Peripheriegeräten. Hat Microsoft einen Markt erst einmal geöffnet, dann bleibt auch für Logitech meist ein Stück vom Kuchen übrig. Zudem ist die Gates-Firma aufgrund ihrer Vormachtstellung in der Branche und bei vielen Computeranwendern unbeliebt – so mancher Abnehmer entscheidet sich daher schon allein deswegen für Logitech-Produkte, weil sie nicht von Microsoft sind.

Nachdem inzwischen fast 500 Millionen Logitech-Mäuse das Licht der Computerwelt erblickt haben, ist Borels Traum von einer „Intel-inside-Logitech-outside"-Welt fast Realität geworden. Das rasante Wachstum hat sogar dazu geführt, dass sich der aktuelle Logitech-Chef de Luca 2002 mit lila gefärbten Haaren den Analysten präsentieren musste – in einer Wette hatte er dies für den Fall in Aussicht gestellt, dass das Unternehmen die ehrgeizigen Umsatzziele erreichen würde. Dass er nach den 18 Rekordquartalen schließlich wieder einen empfindlichen Gewinnrückgang vermelden musste und dabei für die verspätete Mitteilung gescholten wurde, kann er sicherlich verkraften. Sein Motto lautet schließlich: „Wer immer nur Erfolg hat, lernt nichts."

Erfolgsfaktoren

Das bessere Management Das Logitech-Management schaffte es mit Glück und Geschick, sich zwei Jahrzehnte gegen Microsoft und andere Rivalen zu behaupten.

Die besseren Voraussetzungen Als kleines, unabhängiges, spezialisiertes Unternehmen kann Logitech flexibler agieren als der Riese Microsoft.

Literatur

Thomas Kuhn: „Herr der Mäuse". *Wirtschaftswoche* 29/2002
Klaus-Peter Kerbusk: „Im Kuhstall Mäuse gemacht". *Der Spiegel* 25/2003
Hannes Külz: „Das Mäuseimperium von Romanel". *Financial Times Deutschland* vom 2.12.2002

Internet

www.logitech.de

Schlussfolgerungen

Auch in den Bereich der außergewöhnlichen Managementleistungen fallen noch einige weitere in diesem Buch erwähnte Geschichten:

Arnold Schwarzenegger erwies sich als glänzender Manager seiner selbst und wurde so zum Weltstar (siehe Kapitel 10).

Microsoft profitierte von den Management-Fähigkeiten des Bill Gates, der das Unternehmen zum profitabelsten der Welt machte (siehe Kapitel 13).

Jung von Matt traf die Entscheidung, sich nicht an ein internationales Netzwerk anzuschließen, und hatte Erfolg damit (siehe Kapitel 15).

Müller Milch entwickelte sich dank des Geschicks von Theo Müller von der Minifirma zum Milliardenkonzern (siehe Kapitel 20).

Dell stieg dank der glücklichen Manager-Hand von Michael Dell innerhalb weniger Jahre zu einem der größten Computerbauer auf (siehe Kapitel 25).

Vorteile eines Herausforderers im Management hängen oft mit der überschaubaren Unternehmensgröße und einer größeren Unabhängigkeit zusammen. So gesehen sind diesbezügliche Erfolge nicht selten die Folge der im dritten Teil des Buchs beschriebenen besseren Voraussetzungen.

Diesen Vorteil weiß beispielsweise Sixt zu nutzen, dessen Chef Erich Sixt seine Produkt- und Werbeideen oft schon nach wenigen Tagen in die Tat umsetzen kann. Auch Porsche hat gegenüber einem Großkonzern wie DaimlerChrysler den nicht zu unterschätzenden Vorteil, dass sich der Vorstand weder um zahlreiche Tochterunternehmen noch um die Folgen einer Fusion kümmern muss.

Als weiteren Vorteil können viele kleinere Unternehmen ihre Unabhängigkeit vorweisen. So verzichtet Jung von Matt bewusst auf einen Börsengang und kann so auch schwächere Phasen in der Unternehmensentwicklung überstehen, ohne dass gleich irgendwelche Aktionäre auf die Barrikaden gehen. Auch bruno banani und Red Bull hätten ihre teilweise ausgefallenen Strategien nur schwerlich irgendwelchen Geldgebern vermitteln können.

Für viele Davids erweist sich zudem die Spezialisierung auf ein kleines Marktsegment als Vorteil. So kümmert sich Logitech nur um PC-Peripherie, während sich der größte Konkurrent Microsoft um vieles mehr kümmern muss. Porsche verkauft nur Sportwagen, während die meisten anderen Anbieter ein deutlich größeres Sortiment bewältigen müssen. Auch Red Bull hat bisher der Versuchung widerstanden, wie Coca Cola neue Getränkeformen anzubieten. Für einen Goliath verbietet sich eine solche Fokussierung meist von selbst, da der dabei erzielbare Umsatz viel zu klein wäre.

Und schließlich: Ein David hat meist weniger zu verlieren als ein Goliath, und deshalb kann er auch im Management größere Risiken eingehen.

Der Buchautor als David

Auch als Buchautor befindet man sich zwangsläufig in der Situation eines Davids, der gleich gegen mehrere Goliaths zu kämpfen hat. Einer davon ist der Fehlerteufel. Da man gegen diesen jedoch nicht die geringste Chance hat, haben sich zweifellos auch in dieses Buch wieder einige Fehler und Unstimmigkeiten eingeschlichen. Falls Sie diesbezüglich etwas entdeckt haben oder sonstige Kommentare oder Verbesserungsvorschläge anbringen wollen, teilen Sie mir dies bitte unter der E-Mail-Adresse klaus.schmeh@web.de mit. Ich freue mich über jede Mail zu diesem Buch. Da es außerdem vielleicht einmal eine Fortsetzung oder Neubearbeitung geben wird, suche ich auch nach wie vor weitere David-Goliath-Fälle aus der Wirtschaft, die in diesen Zusammenhang passen.

Ein weiterer aussichtsloser Kampf, den man als Buchautor führt, ist der um das perfekte Buch. Zwar konnte ich auch in diesem Fall den Goliath nicht bezwingen, ich habe aber mein Bestes gegeben. Dabei standen mir zahlreiche Helfer zur Seite, bei denen ich mich an dieser Stelle bedanken möchte.

Insbesondere gilt mein Dank Ursula Artmann vom Verlag Redline Wirtschaft für die Unterstützung und die Realisierung des Buchprojekts. Darüber hinaus bedanke ich mich bei Birgitte Baardseth, Hans-Peter Haupt, Karl-Ulrich Herrmann, Michaela Höpfner, Willi Mannheims, Annette Montag, Dr. Haio Röckle, Thomas Rolf, Volker Schmeh, Dr. Hubert Uebelacker und Franz Weiland für inhaltliche Tipps und Verbesserungsvorschläge.

Bei vielen Kapiteln haben mich außerdem die darin erwähnten Unternehmen unterstützt, denen ich ebenfalls danken möchte. Insbesondere gehören dazu Thomas Bachofer (Müller Milch), Uwe Barfknecht (Focus), Ernst Eder (Kürt Datenrettung), Arnd Einhorn (Lange Uhren), Herbert Hellmann (Multicar), Gerd Hermle (Hermle Uhren), Pia Kollmar (Oettinger Brauerei), Remo Kolz (FC Hansa Rostock), Achim Korres (Axa), Astrid Kranz (Claudia Korenke PR / Rotkäppchen Sekt), Susanne Lippert (Santa Fe Natural American Tobacco Company: Europe), Dominic Marsano (Red Bull), Janin Rothe (Santa Fe Natural American Tobacco Company: Europe), Sabine Schröder (Porsche), Vicki Soliman (plenum stoll fischbach Communication / bruno banani) und Merel Wouters (Jung von Matt).

Ansonsten bleibt mir nur noch, Ihnen viel Spaß bei zukünftigen David-Goliath-Auseinandersetzungen zu wünschen.

Wellendingen im Januar 2004
Klaus Schmeh

Bildnachweis

S. 15: Klaus Schmeh

S. 21: Oettinger Brauerei

S. 25: Multicar Spezialfahrzeuge

S. 38: Santa Fe Natural American Tobacco: Europe

S. 83: picture-alliance/kpa

S. 89, 91: Kürt Datenrettung Deutschland

S. 102, 104: Lange Uhren

S. 123: Jung von Matt

S. 139: Korenke PR

S. 150: Red Bull

S. 180: plenum stoll & fischbach Communication

S. 183: picture alliance/kpa

S. 192: Dell Computers

S. 208, 209: Axa-Konzern

S. 225: Franz Hermle & Sohn Uhrenfabrik

S. 236: FC Hansa Rostock

S. 245: Porsche

Stichwortverzeichnis

1. FC Magdeburg *11, 237*
1. FC Nürnberg *220*

A

A. Lange & Söhne *97*
Adebisi, Mola *67*
Albingia *209*
ALDI *23*
Allen, Paul *107*
Allianz *201, 202*
Altavista *76*
AMB-Versicherung *209*
Ancienne Mutuelle *202*
Apple *132, 252*
Aretsried *159*
ARPA-Net *113*
Artisan *186*
Assmann, Julius *98*
AT&T *135*
Aubert, Lucien *202*
Audi *123*
Augstein, Rudolf *32*
Autohansa *212*
AutoNation *231*
Avis *212*
AXA *201*

B

Baldwin, Gerald *45*
Ballmer, Steve *132*
BBN *114*
Bébéar, Claude *202*
Bechtolsheim, Andreas von *77*
Beck's *20*
Belle, Ekkehardt *55*
Bermuda-Dreieck *180*
Bild-Zeitung *123*
Blair Witch Project *183*
Blair Witch Project II *189*
Bleibtreu, Moritz *41*

Blessing *227*
Blockbuster *231*
BMW *123*
Bohlen, Dieter *163*
Bohn, Arno *246*
Bokelberg, Nils *67*
Boos, Walter *55*
Borel, Daniel *251*
Bornemann, Andreas *222*
Botschatzki, Walter *27*
Bowker, Gordon *45*
Branitzki, Heinz *246*
Brin, Sergey *76*
Browning-Ferris *230*
bruno banani *176*
Buntrock, Dean *230*
Burda, Hubert *33*
Burger King *45*
Burnett, Leo *167*

C

Camel *166*
Caprio, Leonardo di *41*
Cartier *101*
Castries, Henri de *211*
CCITT *115*
Chesterfield *166*
Chrysler *247, 248*
Cisco *78*
Coca Cola *149*
Compagnie du Midi *206*
Compagnie Parisienne de Garantie *205*
Compaq *191*
Convar *90*
Costner, Kevin *41*

D

D2-Mannesmann *126*
Daewoo *249*
Daimler-Benz *247*

DaimlerChrysler 248
Damme, Jean-Claude van 86
DEA 123
Dell Computers 191
Depesche-Verlag 60
Deutsche Telekom 126
Deutsche Treuhand 141
Diddl 59
Diestel, Peter-Michael 242
Disney, Walt 110
Donahue, Heather 185
DoRo 64
Drouot 205
Drury, John 232
Dynamo Berlin 237
Dynamo Dresden 237

E

Eckes-Chantré 142
EMI 65
Eminem 82
Empor Lauter 238
Energie Cottbus 243
Equitable Life 207
Europcar 212
Excite 76

F

Fischach 159
Fischbach, Gerhard 177
Fischer, Joschka 221
Focus 32
Ford, Henry 110
Formel 1 155
Freiburger FC 218
Freundin 120
Freyburg an der Unstrut 140

G

Gates, Bill 106
Geldermann 143
Generali 207
Gere, Richard 187
Gerstner, Lou 106

Geyer, Eduard 243
Glashütte Original 99
Glashütter Uhrenbetriebe 99
Goetz 178
Goletz, Thomas 59
Google 75
Gorny, Dieter 66
Guardian Royal Exchange 208

H

Hagman, Larry 160
Hako-Gruppe 30
Hansa Rostock 236
Harley-Davidson 215
Hartwig, Wolf C. 50
Haxan 186
Hehn, Sascha 55
Heise, Gunter 141
Henkell & Söhnlein 138, 142
Hermle Uhren 224
Hermle, Gerd 228
Hermle, Rolf 228
Hertz 212
Hewlett-Packard 191, 252
Hofbauer, Ernst 54
Honecker, Erich 140
Hrubesch, Horst 242
Huizenga, Wayne 230
Humana 161
Hyundai 249

I

IBAS 91
IBM 106, 133, 252
Interbrew 20
Internet-Mail 112
Interrent 212

J

J. Kaiser GmbH 227
Jacoby, Konstantin 120
Jaguar 247
Jassner, Wolfgang 176
Jeep 248

Jever *120*
Juhnke, Harald *160*
Jung von Matt *119*
Jung, Holger *119*
Junghans *224*

K

Kahlert, Helmut *226*
Kentucky Fried Chicken *45*
Kienzle *225*
Kirsten, Ulf *240*
Kische, Gerd *239*
Klammeraffe *112*
Kleiner Perkins Caufield & Byers *77*
Knothe, Hartmut *100*
Kohl, Helmut *124*
Kolle, Oswald *52*
Kollmar, Günther *19*
Kollmar, Pia *19*
Krautzun, Eckhard *219*
Krombacher *20*
Kruse, Axel *240*
Kundo *227*
Kürt *88*
Kürti, Janos *88*
Kürti, Sandor *88*

L

L'Arronge, Andrea *55*
La Providence *206*
Lange Uhren GmbH *100*
Lange, Adolph *98*
Lange, Gerhard *99*
Lange, Otto *99*
Lange, Rudolf *99*
Lange, Walter *99*
Lauterbach, Heiner *55*
Le Secours *206*
Lee, Bruce *86*
Lemke, Willi *240*
Leonard, Joshua *185*
Leppersdorf *161*
Licher *21*

Lienen, Ewald *242*
Linux *132*
Lippert, Susanne *40*
Logitech *251*
Lokomotive Leipzig *237*
Lopez, Jennifer *82*
Luca,Guerrino de *254*
Lucky Strike *166*

M

Madonna *41*
Makatsch, Heike *67*
Markwort, Helmut *33*
Marlboro *165*
Maske, Henry *237*
Matt, Jean-Remy von *119*
Maute *227*
Maybach *248*
McDonald's *44*
MediaMarkt *194*
Mercedes *248*
Mickymaus *59*
Microsoft *106*
Miersch, Annette *51*
Miller, Robert *232*
Minis *215*
Minolta *120*
MIT (Massachusetts Institute of Technology) *173*
MITS *108*
MME *64*
Morris, Philip *165*
Mottner, Uwe *196*
MTV *64*
Mühle Uhren *104*
Müller Milch *159*
Müller, Gerd *160*
Müller, Theo *159*
Müller-Unternehmensgruppe *159*
Multicar *24*
Mumm *143*
Musicbox *65*
Mutuelle de l'Assurance contre l'Incedie *202*

Stichwortverzeichnis   **265**

Myers, Maurice *234*
Myrick, Daniel *184*

N

Naidoo, Xavier *69*
National Mutual Life *208*
Natural American Spirit *37*
Netscape *133*
Netzwerkcomputer *134*
Nippon Dantai *208*
Nippon Life *202*
Nixdorf *246*
Nomos Glashütte/SA *104*
Nordmilch *161*
NSA (National Security Agency) *170*

O

Oettinger *19*
Ontrack *88*
Opel *247*
OS/2 *133*
Otto, Frank *65*

P

Page, Larry *76*
Pagezy, Bernard *207*
Patek Philippe *97*
PGP *170*
Philip Morris International *165*
Philips *65*
Pischke, Robert *239*
plenum stoll & fischbach Communication *177*
PolyGram *65*
Porsche *120, 245*
Porsche, Ferry *246*
Pöttrich, Gernot *242*
Présence-Gruppe *206*
Pro7 *66*
Procter & Gamble *78*
Puhdys *244*

R

Range Rovers *215*

Rauch *153*
Red Bull *149*
Red Hat *136*
Reemtsma *40*
Rehberg, Eckhardt *242*
Reinders, Uwe *241*
Rettig, Andreas *222*
Reynolds *165*
Ritchie, Dennis *135*
Roberts, Julia *187*
Rolex *101*
Rotkäppchen *138*
RSA Data Security *171*
RTL *66*
Ruhla-Uhren *97*
Rutemöller, Erich *242*

S

Saale-Unstrut *139*
Sachsenmilch AG *161*
Sahut d'Izarn, André *202*
Salm, Christiane zu *69*
Sammer, Matthias *240*
Sanchez, Eduardo *184*
SAT 1 *66*
Saturn *194*
Sauber-Petronas *155*
SC Freiburg *217*
Schießer *178*
Schiotz, Kjeld *60*
Schröder, Gerhard *216*
Schulmädchen-Report *50*
Schultz, Howard *45*
Schützner, Gerhard *160*
Schwarzenegger, Arnold *82*
Schwertner, Roland *104*
Seagram *142*
Seite, Bernd *244*
Sendung mit der Maus *59*
Sequoia Capital *77*
Setlur, Sabrina *69*
Shriver, Maria *87*
Siegl, Zev *45*
Sihler, Helmut *247*

Sixt *120, 212*
Sixt, Erich *212*
Smarts *215*
Sociéte Générale *207*
SONY *65*
Soros, George *232*
Sparkasse *120*
Speedy Gonzales *59*
Speidel, Jutta *55*
Spiegel *32*
Springer & Jacoby *119*
Springer, Reinhard *120*
Staiger *227*
Stallone, Sylvester *82*
Starbucks *44*
Steeger, Ingrid *55*
Steiner, Peter *55*
Stocker, Achim *218*
Summers, Robin *39*
Sundance-Festival *186*
SUSE *136*
Swatch *99*

T

T-Online *78*
Tanenbaum, Andrew S. *116*
Thompson, Ken *135*
Thun, Friedrich von *55*
Tic Tac Toe *69*
Time Warner *65*
Tisch, Harry *238*
Tom und Jerry *59*
Tomlinson, Ray *114*
Torvalds, Linus *135*
Triumph *178*
TSV Havelse *219*

U

UAP *204*
UMTS *126*
Unimog *24*
Union des Assurances du Paris (UAP)
 208
United Waste Systems *232*

Unix *135*
USA Waste *230*

V

VEB Trikotex *176*
Vereinte Versicherung *120*
VfB Stuttgart *217*
Viacom *231*
VIVA *64*
Vogon *90*
Voigt, Werner *239*
Volksfürsorge *209*
Volvo *247*

W

Wallner, Fred *99*
Warsteiner *21*
Waste Management *230*
Weider, Joe *84*
Weihenstephan *161*
Welch, Jack *110*
Werder Bremen *240*
Wiedeking, Wendelin *245*
Williams, Michael *185*
Windows *132*
Windus, Manfred *27*
Winfield *38*
Wireless LAN *126*
Witt, Katharina *237*
Wittrock, Michael *40*
WMX *232*

X

X.400 *112*

Y

Yahoo! *76, 78*

Z

Zachhuber, Andreas *242*
Zappacosta, Pierluigi *251*
Zimmermann, Phil *170*
Zöllick, Wolfgang *240*

Stichwortverzeichnis

Fehlentscheidungen und andere Verbrechen

Wie wird man am schnellsten Millionär? Indem man als Milliardär sein Geld in die falschen Geschäfte investiert! Die Wirtschaftsgeschichte ist voll von gigantischen Flops, vernichteten Milliarden, unglaublichem Unternehmerpech und hin und wieder sogar krimineller Unternehmerenergie. Spannend sind diese Geschichten allemal, denn schließlich erweist sich das Schicksal als ausgesprochen einfallsreich, wenn es darum geht, ambitionierte Projekte scheitern zu lassen. Klaus Schmeh schildert die spektakulärsten und skurrilsten Vorfälle auf unterhaltsame und informative Weise – so lesen sich diese wahren Geschichten spannender als jeder Krimi. Außerdem eignet sich dieses Buch hervorragend als Trostspender: Egal, welche Flops Ihr Berufsleben mit sich bringen sollte – im Vergleich zu den spektakulären Milliardenpleiten, um die es hier geht, ist der angerichtete Schaden mit Sicherheit lächerlich klein.

ca. 272 Seiten
Format 14,5 x 21
Hardcover
ISBN 3-8323-0864-4
24,90 Euro (D)

Klaus Schmeh ist Informatiker und arbeitet als Unternehmensberater in Baden-Württemberg. Schwerpunkt seiner Tätigkeit ist die Sicherheit von Computersystemen; nebenberuflich ist er Journalist und Buchautor.

Jetzt wächst zusammen, was zusammengehört

Kennen auch Sie das Gefühl, in der Flut unproduktiver Meetings und der täglichen E-Mail-Lawine unterzugehen? Herrschen auch in Ihrer Firma politisches Geplänkel und Grabenkriege zwischen den Abteilungen? Das sind Symptome interner Bruchstellen mit drastischen Folgen: Das Unternehmen verliert an Tempo, vergeudet Geld und trifft die falschen Entscheidungen. Die Mitarbeiter verlieren Energie und bekommen Magengeschwüre.

Peter Schütz zeigt mit einer Fülle von Praxisbeispielen, wie Vorurteile im Unternehmen überwunden und tote Winkel ausgeleuchtet werden können. Sein „Bruchstellenfilter" läuft wie ein Virenscanner bei jedem Projekt im Hintergrund und hilft, Bereichsegoismen zu überwinden und Kästchendenker aus ihren Schubladen zu befreien.

240 Seiten
Format 14,8 x 21 cm
Hardcover
ISBN 3-8323-0988-8
24,90 Euro (D) / CHF 42,30

Peter Schütz ist Professor für Marketing an der Fachhochschule Hildesheim. Seit über zehn Jahren schreibt er als Trendforscher für den Handelsblattverlag in Düsseldorf. 2002 führte er gemeinsam mit *Handelsblatt* und *absatzwirtschaft* eine bundesweite und branchenübergreifende Studie zum Thema „Bruchstellen-Management" durch.

REDLINE WIRTSCHAFT
bei ueberreuter

Weck den Berater in dir!

Beratung ist nicht einfach, wie jeder weiß, der schon einmal um einen Rat gebeten wurde. Denn meistens wollen die Leute gar nicht wirklich hören, was man raten würde! Alle, die beruflich beratend tätig sind, brauchen einige psychologische Kniffe, um ihr Wissen erfolgreich an den Mann und die Frau zu bringen. Gerald M. Weinberg erklärt mit zahlreichen überaus humorvollen Eselsbrücken die Gesetze erfolgreicher Beratung – Pflichtlektüre für alle, die mit einem Berater zusammenarbeiten oder selbst beraten!

256 Seiten
Format 14,8 x 21 cm
Hardcover
ISBN 3-8323-0982-9
24,90 Euro (D) / CHF 42,90

Gerald M. Weinberg blickt auf eine über 45-jährige Karriere als Softwareentwickler, Dozent und Berater zurück. Seit 1969 ist er Teilhaber der Beratungsfirma Weinberg & Weinberg in Lincoln, Nebraska. Gerald M. Weinberg ist Autor und Koautor von über 30 Büchern.